〈呼びかけ〉の経験

サルトルのモラル論

澤田 直

L'Appel à l'aventure :

lecture éthique de Sartre

Nao Sawada

人文書院

はじめに

　サルトルは逆説的な思想家であるとしばしば言われる。そのなかでも最大のパラドクスは、サルトルの与えた影響がアンガジュマンという実践の思想であったにもかかわらず、モラルに関する理論的著作を完成することができなかったことだろう。モラルに寄せる関心がサルトル思想を貫通する背骨であり、文学と哲学を結ぶ蝶番であり、アンガジュマンという考えこそが二十世紀思想へのサルトルの最大の寄与であるのに、この主題を中心的に扱った著作が不在だったために、長い間サルトルの倫理思想は、『存在と無』、『実存主義とは何か』、『知識人の擁護』などに見られる断片的な記述から再構成して考えるほかなかった。サルトル自身、さまざまな局面で自由と責任を主軸としたモラルを提唱しながら、理論的な枠組みを与えることには成功しなかったからだ。

　だが、死後に公刊された『倫理学ノート』、『真理と実存』といったテクストを読むと、これまでのモラルとは異なる新たなイメージが焦点を結ぶようにも思われる。それは文学と哲学の接点に位置する〈呼びかけ〉の問題であり、〈贈与〉の問題である。また、サルトルの死後に公開されたさまざまな資料を用いることで、『嘔吐』をはじめとする小説作品にもこれまでとは違う照明をあてることが可能だ。

本書では、近年のサルトル研究の動向を踏まえて、新たなサルトル読解を提唱したい。とはいっても、この巨人の多岐にわたる仕事を網羅することは簡単にはできない。ここでは、初期から一九五〇年ごろまでのサルトル、それもモラルの問題に焦点を絞りたい。サルトルの思想が第三世界を も含めた全世界に素早く伝播したのは、ネガティヴな要素をポジティヴなものへと転換させる、悲観的に見えて根は楽観的なその思想の内容が、復興という現実とも相まって、戦後の風景にぴったりとあっていたことも一因であろう。日本の場合もこのようなパースペクティヴでサルトル思想は受容された。それは同時代人としてのサルトルであった。だが、現在の私たちにとってサルトルは人というよりも、膨大なテクストの集積である。私たちはここで、『倫理学ノート』、『真理と実存』といった遺稿を『文学とは何か』を中心とする文学論と関連させることで、モラルの不在、不在のモラルの意味を探ることにしたい。というのも、倫理の問題と文学の問題はサルトルにおいてけっして二つの別の問題系ではない、いや、それどころか、両者は密接に結びついているからである。

第I部では、まず読書論という形で倫理と文学の接点を探った後、より具体的にサルトルのモラルの諸問題を素描する。第II部では、呼びかけ、贈与、アンガジュマンというタームを通じてサルトルの倫理の可能性を探る。第III部では『嘔吐』の読解を通して、サルトルにおいてモラルとエクリチュールがどのような関係にあるかを見ていくことにしたい。

目次

凡例

サルトル、ボーヴォワール、フッサール、ハイデガー、レヴィナスといった、頻出する文献からの引用にあたっては、以下の表に記した略号を用いた。本文中のレフェランスは、略号、原書頁数／邦訳頁数の順に記されている。なお、邦訳に原典の頁数が記載されているサルトルの『存在と無』、ハイデガーの『存在と時間』など、照合の容易なものについては、原書頁数のみを記した。特に断りのないかぎり、強調は原著者によるものであり、〔 〕内は引用者による補足である。邦訳のあるものはそれを参照させていただき多くの示唆を得たが、翻訳に関しては拙訳を用いた。これは主に文脈上の理由によるものである。また既訳を使わせていただいた場合も字句の若干の変更を加えた箇所がある。訳者の方々のご寛恕をお願いする次第である。

Jean-Paul Sartre

CDG : *Carnets de la drôle de guerre*, Gallimard, 1983, nouvelle édition, 1995.『奇妙な戦争』海老坂武／石崎晴己／西永良成、人文書院、一九八五年。

CM : *Cahiers pour une morale*, Gallimard, 1983.『倫理学ノート』未訳。

CRD : *Critique de la raison dialectique*, tome I, Gallimard, 1960.『弁証法的理性批判Ⅰ』竹内芳郎／矢内原伊作訳、人文書院、一九六二年。『弁証法的理性批判Ⅱ』平井啓之／森本和夫訳、人文書院、一九六五年。『弁証法的理性批判Ⅲ』平井啓之／足立和浩、人文書院、一九七三年。

EH : *L'Existentialisme est un humanisme*, Nagel, 1946.『実存主義とは何か』伊吹武彦訳、人文書院、一九九六年（増補新版）。

EN：*L'Etre et le néant*, Gallimard, 1943.『存在と無』（上・下）松浪信三郎訳、人文書院、一九九九年（新版）。

ES：Michel Contat et Michel Rybalka, *Les écrits de Sartre*, Gallimard, 1970.『サルトル作品解題』未訳。

IF：*L'Idiot de la famille*, I, Gallimard, 1971.『家の馬鹿息子1』平井啓之／鈴木道彦／海老坂武／蓮實重彦訳、人文書院、一九八二年。『家の馬鹿息子2』平井啓之／鈴木道彦／海老坂武／蓮實重彦訳、人文書院、一九八九年。

IF：*L'Idiot de la famille*, II, Gallimard, 1971.

L1：*Lettres au Castor et à quelques autres 1926-1939*, Gallimard, 1983.『女たちへの手紙――サルトル書簡集1』朝吹三吉／二宮フサ／海老坂武訳、人文書院、一九八五年。『ボーヴォワールへの手紙――サルトル書簡集2』二宮フサ／海老坂武／西永良成訳、人文書院、一九八八年。

L2：*Lettres au Castor et à quelques autres 1940-1963*, Gallimard, 1983.

M：*Les Mots*, Gallimard, Paris, 1964.『言葉』白井浩司／永井旦訳、人文書院、一九六七年。

N：*La Nausée*, in *Œuvres romanesques*, Gallimard, Bibliothèque de la Pléiade, 1981, rééd. 1987.『嘔吐』白井浩司訳、人文書院、一九九四年（新版）。

OR：*Œuvres romanesques*, Gallimard, Bibliothèque de la Pléiade, 1981, rééd. 1987.プレイヤード版『小説集』。

QL：*Qu'est-ce que la littérature ?*, Gallimard, 1948, rééd. coll. Idées, 1982.『文学とは何か』加藤周一／白井健三郎／海老坂武訳、人文書院、一九九八年（新版）。

SG：*Saint Genet, comédien et martyr*, Gallimard, 1952.『聖ジュネ』（上・下）白井浩司／平井啓之訳、新潮文庫、一九七一年。

S. I：*Situations I*, Gallimard, 1947.『シチュアシオンI』生田耕作他訳、人文書院、一九六五年。

S. II：*Situations II*, Gallimard, 1948.『シチュアシオンII』加藤周一他訳、人文書院、一九六四年。

S. IX : *Situations IX*, Gallimard, 1972.『シチュアシオンIX』鈴木道彦他訳、人文書院、一九七四年。

S. X : *Situations X*, Gallimard, 1976.『シチュアシオンX』鈴木道彦／海老坂武訳、人文書院、一九七五年。

TE : *La Transcendance de l'Ego*, Vrin, 1978.『自我の超越 情動論粗描』竹内芳郎訳、人文書院、二〇〇〇年（新版）。

VE : *Vérité et existence*, Gallimard, 1989.『真理と実存』澤田直訳、人文書院、二〇〇一年。

Simone de Beauvoir

CA : *La cérémonie des adieux*, Gallimard, 1981.『別れの儀式』朝吹三吉／二宮フサ／海老坂武訳、人文書院、一九八三年。

FA : *La Force de l'âge*, Gallimard, 1960.『女ざかり』（上・下）朝吹登水子／二宮フサ訳、紀伊國屋書店、一九六三年。

Edmund Husserl

Ideen I : *Ideen zu einer reinen Phänomenologie und phänomenologischen Philosophie. Erstes Buch. Allgemeine Einführung in die reine Phänomenologie*. 2 Aufl., Max Niemeyer, 1922.『イデーンI－I』渡辺二郎訳、みすず書房、一九七九年。『イデーンI－II』渡辺二郎訳、みすず書房、一九八四年。

Martin Heidegger

SZ : *Sein und Zeit*, 17 Aufl., Max Niemeyer, 1993.『存在と時間』細谷貞雄訳、ちくま学芸文庫、一九九四年。

US : *Unterwegs zur Sprache*, *Gesamtausgabe*, Band 12, Vittorio Klostermann, 1985.『言葉への途上』亀山健吉・グロス訳、『ハイデガー全集』第一二巻、創文社、一九九六年。

W : *Wegmarken, Gesamtausgabe*, Band 9, Vittorio Klostermann, 1976.『道標』辻村公一／ヘルムート・ブフナー訳、『ハイデガー全集』第九巻、創文社、一九八五年。

Emmanuel Lévinas

TI : *Totalité et Infini*, Martinus Nijhoff, 1971, rééd. Le livre de poche, 1996.『全体性と無限』合田正人訳、国文社、一九八九年。

〈呼びかけ〉の経験——サルトルのモラル論

I　文学と哲学をつなぐもの

私は、読者であるわれわれを大いに刺激するような書物だけを読むべきだと思う。読んでいる本が、頭をぶん殴られたときのようにわれわれを揺り動かし目覚めさせるものでないとしたら、なぜそんなものをわざわざ読む必要があるというのか。

カフカ、オスカー・ポラック宛書簡（一九〇四）

第一章　読者論

1　読者の視点から

サルトルを主題としたこの論考をイタリアの作家、イタロ・カルヴィーノへの目配せによって始めるのは、奇妙な印象を与えるかもしれない。この二人の作家は、同時代の作家とは言えないし、明白な影響関係もないし、その作風や文体から言ってもさほど共通点はないように見える。しかし、それでもこの考察をカルヴィーノの『冬の夜ひとりの旅人が』によって始めよう。一九七九年に発表されたこの小説が、読者を主人公にして展開する二人称小説であり、多彩で多様な作品を編み出した奇才カルヴィーノの作品群のなかでもメタ小説的な要素をもった作品であるからだ。というより、さらに言えば、この作品が読者という問題系を考えさせる格好のきっかけを与えてくれるからである。

あなたはイタロ・カルヴィーノの新しい小説『冬の夜ひとりの旅人が』を読み始めようとしている。さあ、くつろいで。精神を集中して。余計な考えはすっかり遠ざけて。〔……〕

さて、あなたは新聞でここ数年作品を発表していなかったイタロ・カルヴィーノの新しい本『冬の夜ひとりの旅人が』が出たのを知り、本屋に寄って、それを一冊買った。いいことをしましたね。(1)

『冬の夜ひとりの旅人が』の第一章は、このように読者を主人公として始まる。〈あなた〉と呼びかけられる〈彼〉が読んでいるのは、いまひとりの読者である〈私〉が読んでいる本でもある。つまり、『冬の夜ひとりの旅人が』は彼＝読者と私＝読者を〈あなた〉という二人称によって媒介し、そのことによって、作者カルヴィーノと私たち読者を冒頭から共犯関係に引き込む稀有な小説なのだ。ここでは作者と読者が——意識するかどうかは別として——つねに結んでいるはずの密かな共犯関係が、ラディカルな形で露わにされている。もちろん、物語は平坦には進まない。

読者の〈あなた〉は読んでいく途中で、落丁があることに気づく。いや、それだけではなく、それは乱丁本でもあるらしく、〈あなた〉はどうやらカルヴィーノとはまったく違う作者の作品を読み始めていたらしいのだ。〈あなた〉は本屋に文句を言いに行き、別の本を渡されるのだが、その本もまた落丁本であり、と読者は次から次へと異なる世界に招じ入れられ、そのつど別の作品を読む、と同時に、〈女性読者〉と出会うなどのロマンスもあるのだが、こんなふうに話を続けてしまうと、サルトルを読もうと思ってこの本を開いたあなたは、わけがわからなくなってしまうだろうから、カルヴィーノの小説を追うのはひとまずここでやめ、端的にその賭金だけを示そう。一言でいえば、『冬の夜ひとりの旅人が』という本は、同名の不在の本をめぐる読者の物語なのであり、そこで賭けられているのは、〈読むこと〉と〈生きること〉との間にひそむ曖昧な境界線と言える。パロディ、パスティシュを駆使し（そのなかには日本の小説の模作もある）、見事な物語をなすと同時に、物語論でもあるこの小説についてはまだ多くを語る必要があるのだが、とりあえず、ここで問わねばならぬことは、読者の〈あなた〉ないし〈わたし〉はなぜカルヴィーノを求め、読み続けるのかという点であろう。それはひとつには、ここに恋愛と相同的であるような読書の冒険がみごとに書き込まれているからだ、ととりあえずは言うことができる。このとき冒険（aventure）という言葉は、その語がもつ両義的な意味合い、つまり運命的であると同時に主体的でもあり、受動的であると同時に能動的でもある出来事という意味で捉える必要がある。そしてこの冒険小説の底には、創造性と密接に関わった読書の魅力が底流のように流れている。

私たちは、なぜある種の本に惹かれ、それを読むようになるのか。そしてなぜそれを再読するのか。何を求めて本を読んでいるのか。それこそが真に本質的な問題なのではあるまいか。真に問われるべきは、なぜカルヴィーノが（あるいはサルトルが、あるいは他のどの作家でもよいのだが）この作品を書いたのかではなく、なぜ私がそれを読むのかではないか。それなのに、作者がなぜしかじかの作品を書いたのかという実証研究に多くの紙数が費やされてきたのに対して、読者については長いことその存在すら無視されてきた。そのような暗闇から読者を救い出したのが〈受容美学理論〉だ、というのが通説になっている。じっさい、ハンス・ローベルト・ヤウスの『挑発としての文学史』のフランス語訳の序文でジャン・スタロバンスキーは受容美学理論の紹介の遅れを指摘しながら、次のようなコメントを付している。

〈関係〉の優位性というものを認めてこなかっただけではない。文学研究を作者や作品に絞ることによって関係的システムを不当にも制限してきたのだ。このシステムはどうあっても、文学のメッセージの宛先である公衆や読者を考慮すべきなのにである。文学史も芸術史一般も、あまりに長い間、作者や作品の歴史でしかなかった。それは〈第三身分〉である読者、聴衆、無言の観客を抑圧ないしは黙殺してきたのだった。(2)

たしかに、受容美学理論以降、読者の位置は飛躍的に向上を遂げたように見える。そのような流れのなかで多くの読書・読者論が生産されてきている。たとえば、「〔読者は〕物語るという行為の要素としてだけではなく、物語そのものの要素として、いつでも必要なのだ」(3)と述べるウンベルト・エーコの『物語の読者』などを思い起こしておいてもよいかもしれない。

だが、『文学とは何か』でサルトルが提唱したいくつかのトピックスはこのような受容美学理論とその後の流れを先取りしていた、という点にここで注意を促したい。ヤウス自身が自らの研究に先行するいくつかのアプローチに触れている部分に、サルトルの名は明白な形では現れない（サルトルからの引用があるとしても、それは『想像力の問題』などに限られている）。とはいえ、ヤウスの理論の出発点が現象学にあることを思い起こすとき、この類縁関係の想定はあながち的はずれでもないようにも思う。さらにそれは、読解に力点を置くガダマーの解釈学や『時間と物語』のポール・リクールといった思想家たちと並置して考察すべき問題であろう。そして、これらの人びとも多かれ少なかれ現象学的土壌から生まれてきたことを想起すれば、そこに何らかの共通の発想を見ないほうがかえって不自然というものであろう。じっさい、受容美学理論のもう一方の雄ヴォルフガング・イーザーは、『行為としての読書』のなかで積極的にサルトルの『文学とは何か』を評価しているのであり、その書の「読書の現象学」と題された第三章においては、『想像力の問題』、『存在と無』、『自我の超越』などが重要な参照項として引用されている。このことは、イーザーの関心が、後に詳しく見ることになる〈呼びかけ〉という考えと結びついているからでもあろう(4)。

だが、あまり先走らずに、『文学とは何か』がどのような意味で先駆的に、読者という視点をクローズアップしていたのかを整理することから始めよう。二十世紀の文学論の白眉として名高いこのサルトルのテクストは、出版されるやすぐさま世界的な反響を呼び起こした(5)。いや、より正確に言えば、狭義の文学論を越えた作品として衝撃を引き起こし、作家を含めた広い意味での知識人の社会的責任の問題に注意を喚起したと言うべきだろう。その当時、この作品はなによりもアンガジュマン文学の宣言として、良くも悪くも政治と直結したものと考えられていた。そして、人びとの耳目を集めたのはまず、作家の責任と関連したアンガジュマン文学や、詩と散文の区別、といった問題系であった。言いかえれば、この論考はブルジョワ心理主義的文学を乗り越える戦後文学のあり方を具体的に描いたものとして、新たな文学像を求めていた人びとの圧倒的な支持を受けたのだった。

作品と作家の定義、目標、機能を縦横に論じたこのテクストが、既存の文学論とは一線を画したものであったのは、それがなによりも倫理的な意図をも併せもっていたからである。コミュニケーションの手段である散文とオブジェの作成である詩とを峻別し、アンガジュマンは散文によるとした二分法は、第三世界をはじめ、厳しい状況下にある多くの知識人たちに啓示を与えるとともに、さまざまな批判の対象ともなった。とはいえ、サルトル自身の小説は必ずしもそのような構想のもとに書かれたものではないし、アンガジュマン思想も単純な二元論の枠にとどまるものでないことは、「マラルメ論」などの後期の評論が示しているとおりだ。ありがちな誤解を回避するためにも、ここでまず一度確認しておくと、サルトルが提唱しているのは、特定の主義主張を含む傾向小説（いわゆる roman à thèse）を顕彰することではけっしてない。『文学とは何か』が提起するのは、なによりも対他関係の特殊形態としての文学であり、コミュニケーションという問題系だ。端的に言えば、そこで問題となっていたのは「〈呼びかけ〉としての文学」だったのだ。そして、この本の最も斬新な指摘として現在浮かび上がってくるのは、作家に関する数々の分析よりはむしろ、読むこと（lecture）と読み手（lecteur）に関する部分なのである。四章からなる『文学とは何か』は、「書くとは何か」、「なぜ書くのか」、「誰のために書くのか」、「一九四七年における作家の状況」と各章の標題だけを見れば、たしかに〈書き手〉を中心としているように見えるのだが、実際には第二章以下で重要な考察の対象となっているのは〈読むこと〉、〈読み手〉である。そのことは、第一章で、書くことをコミュニケーションと規定したことの当然の帰結と言える。読書と読者の重要性は至るところに見られるが、まず最初に現れるのは、第二章の初めのほうである。

文学作品《オブジエ》は、奇妙な独楽のようなものであって、動いているときにしか存在しない。それを現出させるためには、読書と呼ばれる具体的な行為が必要であり、それはただ読書の続く間だけ続くのである。（QL 52/50）

ここには、作品の成立に読書と読者が不可欠であることが端的に明記されている。だがそれだけのことであれば、とりたてて騒ぐほどの指摘でもあるまい。読者の役割は不可欠ではあるが、創造者である作者に追随した消極的な役割と考えられてしまうかもしれないからである。しかし、サルトルは読者にさらに積極的な役割を担わせる。サルトルによれば、読者はただ受動的に作品を受けとめるのではなく、自らも作品が現れるために作者のそれに近い創造的な行為を行っているのであり、それなくしては、作品が立ち現れてくることがない。このようなサルトルの読書論には、カントによる〈コペルニクス的転換〉に比せられるような、文学における認識主体の位置づけの変更が見られよう。

じっさい、読書は知覚と創造との綜合のように見える。そこでは主体（sujet）と客体＝対象（objet）とが同時に本質的なものである。対象が本質的なものであるのは、それが厳密に超越的なものであり、その本来の構造を読者に押しつけ、読者はそれを期待し、それを観察しなければならないからである。しかし主体もまた本質的なものであるのは、それがただ対象を発見するために（つまり、対象をしてそこにあらしめるために）必要であるのみならず、その対象が絶対的に存在するために（つまり、それを作り出すために）必要であるからだ。要するに、読者は同時に発見し創造する意識をもつのであり、創造することによって発見し、発見することによって創造することを意識する。実際、読書は機械的な操作などではないし、読者も、写真の乾板が感光するように、記号《シーニュ》に感光するのではない。（QL 55/52-53）

このように、作品は超越的（つまり、読者からは独立している）ではあるが、しかし、そのような超越者が現れるのは、読者による読むという発見、ないしは創造の結果であるとされる。言いかえると、作品はここでは所与、つまり与えられたもの（donnée）と見なされているのではなく、ひとつの贈与（donation）と見なされるのだ。この贈与の問題は後に詳しく見ることになるが、このような視点が、作品論や作家論を越えて、読者をも含めた芸術作品＝行為（œuvre d'art）という広がりを可能にしたことをここでまずはっきりと確認しておきたい。

だがサルトルは文学作品をたんなるメッセージの媒体（véhicule）と見なしたわけではなかった。マクルーハンは「メッセージがメディアなのだ」[6]と述べたが、サルトルにとってもまたメッセージとメディアは等根源的なのであり、作品はメッセージであると同時にメディア（媒介）なのであって、作品を離れたメッセージなどはありえなかった。だが、その問題以上にここで注意を促したいのは、サルトルの問題にしているものが情報（information）ではなく、あくまでもコミュニケーションであるという点だ。一人の発信者が、なんらかの秩序なり、言説の枠組みにしたがって、不特定多数へ向けてメッセージを発信するのが情報であり、一対一あるいは、それに準じた形での双方向性の通信がコミュニケーションであるとすれば、[7] 作品＝行為の配給＝普及（diffusion）は、その形態から見れば、疑いなく情報の範疇に入るように見える。[8] しかし、それは作者（発信者）→作品（メッセージ）→読者（受信者）という図式化を行うときなのであって、サルトルは、すでに見たように、文学作品をそのようには見なしていない。読者の応答《レスポンス》があってはじめて作品は成立するのだ。そのあたりの事情を明確に示している文章を引用しておこう。

> 書く者は、読む者の自由に向かって書き、読む者にその作品を存在させることを要求する。しかし、それだけではなく、読む者が彼の与えた信用を返してくれることを要求し、彼らが彼ら自身の創造的自由を承認することを要求し、読む者の側でも対称的《シンメトリック》に逆からの呼びかけを行って、書く者の側の自由を喚起してくれることを要求するのだ。そこで、読むこと《レクチュール》のもうひとつの弁証法的逆説が現れる。われわれが、われわれ自身の自由を感じれば感じるほど、われわれは他人の自由を承認するし、他者がわれわれに要求すればするほど、われわれは他者に要求するようになるのである。（QL 65/60）

ここでなによりも注目すべきは、〈呼びかけ〉という表現だろう。作品は、メッセージではなく、あくまで〈誘い〉であり、呼びかけなのだ、という点を無視してはサルトルの文学論の深さを捉えそこねてしまう。つまり、サルトルが文学をコミュニケーションと捉えるのは、形式的には作者の単独性と読者の複数性と無名性という不均衡や、最初の創造者としての作者の優位という非相称性があるにしても、作品が成立するためには、双方向性が不可欠だと考えているからである。したがって、サルトルが、作者（創造者）⇅作品（メッセージ）⇅読者（創造者）という形態を思い描いている、と考えるのではまだ不十分である。ここで問題となっているのは、作品を媒介とした他者との交流であって、メッセージとしての作品を他者に伝達することではない。[9] 作品を、たんに作者と読者をつなぐ紐帯のような矮小な関係と捉えてはならない。そのようなものであれば、文学は不特定多数の宛先に送られるダイレクトメールと変わらないことになってしまう。そうではなくて、作品＝行為は作者と読者だけではなく、読者同士をも、またそれ以外の人々までも巻き込んだ形で、交流を可能とするひとつの出来事として捉えられねばならない。したがって、コミュニケーションを伝達と訳すようなことは避けねばならないし、作品を狭い意味でのメッセージとしてではなく、メディアとしてのメッセージと捉える必要がある（だからこそ、後に詳しく見るように、そこに立ち現れるのは単一な普遍性ではなく、複数的多様性を可能にする共同体なのだ）。じっさい、このような解釈を許すすぐれて対話的な要素がこの時期のサルトルにはある。

だとすれば、すでに指摘したように、イーザーなどの論じる受容美学理論とサルトルとの接点は明らかであろう。しかし、繰り返して言えば、『文学とは何か』が受容美学理論の主要な論点を先取りするとともに、それを越えていると思われるのは、それが狭義の文学論にはとどまらないためである。というよりも、サルトルはこのような双方向的な関係をなによりも倫理的な対他関係の理想的なモデルと考えていたのであり、この点こそが重要なのだ。じっさい、このポレミックな論考でサルトルは、文学的作品＝行為をもっぱら倫理的視点・関心から語っているように思われる。それは次のようなパッセージからも明確に窺えよう。

文学とモラルはまったく別のものであるにはちがいないが、美的命法の根底に、われわれは倫理的命法を見分ける。というのも、書く者は、わざわざ書くということによっても、読み手の自由を承認しており、読む者は、本を開くという事実だけによっても書き手の自由を承認しているのだから、芸術作品＝行為はどこから見ても人間の自由に対する信頼の行為である。そして読み手と書き手がこの自由を承認するのはただ自由が現れることを要求するためなのだから、作品は人間の自由を要求するかぎりにおいて、世界に関する想像的な呈示であると定義しうる。（QL 79/70）

ここで「命法」という言葉が用いられているのはけっして偶然ではない。つまり、この文学論の賭金は明瞭に〈他者の自由の承認〉であって、作家のアンガジュマンが問題であるとすれば、それは同時にそこに読者も巻き込まれている（engagé）からにほかならない。つまり、ここでは書き手と同じくらい、読み手のアンガジュマンもまた問題となっているのだ。というのも、サルトルによれば、作品が何らかの客観性をもちうるとすれば、それはまさにこのような読者の自由によってのみ可能だからである。だが、共同性を可能とする作品の客観性とはどのようなものであろうか。

じっさい、このような観点から見たとき、サルトルにおいては文学と道徳は密接に結びついていることがわかる。もちろん、ここでまず問われるべきことは、読書論あるいは読者論が、どのような肩書で文学と哲学（ここではモラルと同義である）をつなぐ蝶番でありうるかという点であろう。だが、先を急ぎすぎてはなるまい。いま少し、読者論というトポスに寄り添う形で確認作業を続けておこう。

2　読者論と共同体

現在の読者論のひとつの淵源をニュー・クリティシズムに求めるのは、いわば常識だが、その代表的論文とも言えるウィムザットとビアズレーの論文「意図への誤信」が雑誌に掲載されたのが一九四六年であったことを思い起こせば[10]、サルトルの『文学とは何か』との同時代性をたんなる偶然と片づけるわけにはいかないであろう。作品解釈を作者の意図や伝記的事実に依拠して行う十九世紀的な研究の方法論を峻拒し、テクストの内在批判へと向かう彼らの態度は、構造主義や記号論に通じている。作者からテクストへ、そしてテクストから読者へと権力の委譲が行われたのが二十世紀における批評のステージだ、ととりあえずは図式化できようし、そのような流れのなかで作者の死を高らかに宣言したのがいわゆるポスト構造主義の旗手たちであったことはよく知られている。ロラン・バルトが有名な「作者の死」を発表したのは一九六八年のことだったが、批評家バルトの出発点にサルトルの『文学とは何か』があったことを忘れてはなるまい[11]。

フランスにおいて、読書と読者の重要性に関して述べたのは、もちろんサルトルが最初ではない。たとえば、読者に関してはアルベール・チボーデという現在ではフランス文学のなかでも忘れられた観のある批評家の指摘はまことに正鵠を射たものであった。「さまざまな小説の精読者（liseur des romans）」という不思議なタイトルの短文で、チボーデは読む側に立って批評を行うことを明言している。

われわれがこの際立とうとするのは、批評の自由性のため時には行う必要のあるごとく、小説の立場ではなく、消費の立場である。供給の立場でなくて需要の側。つまり小説の作者側ではなくて読者（lecteur）の側、もっとよく言えば、小説精読者（liseur）の立場に立とうというのである。[12]

このテクストが発表されたころ（一九二六年）、サルトルは『新フランス評論（NRF）』の熱心な読者であったから、それを読んでいた可能性は高いことだろう。[13]さらに同じ文脈で、「精神を緊張させたり、かなり苦しい行為を代償として支払ってはじめて完全な把握に到達せよなどと読者に要求する立場から、あるいは読者の望む受動的な立場から、なかば創造者の立場に読者を置こうと主張すること」[14]に思いを馳せていたポール・ヴァレリーを思い起こすこともできるだろう。しかし二十世紀初頭の作家のなかで、誰よりも読者と読書の重要性を説いてやまなかったのは、『失われた時を求めて』の作者であった。

〔ラスキンは〕読書がまさにひとつの会話であり、それも、われわれが自分の周囲で知合いになる機会をもちうる人びとよりも、ずっと聡明で興味ある人たちとの会話であることを示している。私はこの本〔ラスキン著、プルースト訳『胡麻と百合』〕につけたノートのなかで、どんなに賢い人との会話であれ、読書はこんなふうに会話に比較することのできないものであることを証明しようと試みた。読書と友人とが本質的に異なるのはその聡明さの度合いではなくて、彼らと行うコミュニケーションの仕方の違いであることを示そうとした。つまり読者は会話と反対に、われわれ各人にとって、他のひとつの思想からコミュニケーションを受けるということ、それもたった一人で、すなわち、孤独のなかにある知性の力、会話のなかではたちどころに散らされてしまう知性の力をもちつづけながら、つねに霊感を受けうる状態で、精神が己自身に向かって実り豊かな働きをつづけている最中に、他のひとつの思想からコミュニケーションを受けるということなのである。(15)

プルーストはこのように、読書という行為の孕む特権的なコミュニケーションのあり方に自覚的であった。だが、文学だけではなく、モラルの問題と結びつけて読者の問題を考える私たちは、これらの作家に先立ってすでにボードレールが『悪の華』の冒頭で読者へと共犯的に呼びかけていたことをこそ、思い出すべきなのかもしれない。作者が読者へと親しく呼びかけることは、それだけをとってみれば、文学史上けっしてめずらしいことではない。だが、ボードレールにおけるこの呼びかけが重要だとすれば、それはそこに公共空間における公衆《パブリック》が（そしておそらく、それとの関係において消費と配給の問題が）、痛切に意識されていたからである。下手なパラフレーズをするよりも、この点を適切に指摘したベンヤミンを直接引用するほうがよかろう。

ボードレールが文学生産における競争関係という問題にぶつかったことは、ひじょうに重要である〔……〕。詩人たちの個人的なライヴァル関係はむろん大昔からある。しかしここでの問題は、ライヴァル関係が公開市場における競争という領域に移されたことなのである。獲得すべきは公開市場であって、王侯の庇護ではない。しかしながらこの意味でボードレールの真の発見と言えるのは、自分が〔不特定多数の〕個人と相対していると感じたことであった。文学的流派の解体、〈様式〉の解体は、公開市場の成立に必然的にともなうものである。公開市場は、〈読者公衆《プーブリクム》〉という形で詩人の目の前に現れる。そのようなものとしての読者公衆は、ボードレールにおいて史上はじめて視野に入ってくる[16]。

それでは、このような消費者としての読者公衆の以前には何があったのか。時代も地域も超越した文人たちの共同体を意味する「文芸の共和国」という表現があるが、これはすでに十五世紀に遡るという[17]。フランス語でRépublique des lettresといわれるこの表現は、一筋縄では捉えられぬ変容を被った概念なのだが、ここではその変遷を追う余裕はない[18]。サルトルの文学論において志向されている読者とは、このようなややもすれば古風な表現を想起させる〈想像の共同体〉の成員にごく近しいものである、ととりあえずは言っておこう。もちろんそれは、ルネサンスのユマニストたちのエリート集団とは異なるし、ましてや近代的な消費者としての大衆でもなく、あくまで、文学作品＝行為というものを通して形成されうる未来の、そして不在の共同体である。そこでは読むという行為が、そのまま、書くという行為と等価であるような場所。あるいはロラン・バルトの言葉を借りれば、「読むことの享楽なしには、書くことの享楽もない[19]」ものとしての作品＝行為。

ここまで、作品＝行為（œuvre）と書いてきたが、この不自然な表現について何の説明もせずにきてしまった。先に進む前にœuvreという言葉に関して、若干触れておく必要があるだろう。サルトルの文学論のダイナミスムが、読者をも巻き込んだ形でのœuvreにあるとすれば、それはこの言葉が、結果としての、つまりobjetとしての作品を意味するのみならず、それを産み出す行為をも意味するからである。言いかえれば、文学空間は、作者と読者による共同作業のようなものとして、捉えられているのだ。その実態は後に詳述するとして、少なくとも、サルトルが作品を作者の専有物と考えていたのでも、作者の主体性のみが作品を作るなどと考えていたわけでもないことだけは思い起こしておくべきであろう。晩年のインタビューでサルトルは次のように述べている。

作品が誰に属しているかという問題は、きわめて複雑だ。それは作者に属していると同時に読者のものでもある。これはなかなか両立しがたい。さらに、読者はごく稀にしかそれを自分のものだとは認めないが、作者のほうはたいていそれを自分のものだと考えているのだ。（S.X 208/193）

それに続けて、サルトルは自分の哲学草稿（それは私たちが後に考察の対象とする『倫理学ノート』

などモラルに関するものだ）を、自分の死後、読者が自由に読解することを希望している。

死後に発表されれば、それらのテクストはいまのまま、未完の、未整理な形で残る。というのも、そこには完全には展開されていない思想が表現されているのだから。それが私をどこに導きえたかを解釈するのは、読者の仕事となるだろう。（S.X 208/193）

私たちがサルトルを読解する自由をもつ、新たなサルトル読解を行使する自由をもつ、と考えるのもここに由来する。すでに書かれてから半世紀を経たいま、サルトルの多くの作品は当時と同じ相貌では読者には現れてはこない。じっさい、かつての解説書などを読むと勘所が少しずれているのではないか、としばしば感じてしまうのだ。その理由のひとつは、サルトルの死後、多くのテクストが出版されたことで、これまであまり知られていなかった側面が明らかにされてきたためであろう。「死せるサルトルは生者よりも多産である」と評されるほど、多くの遺稿が死後に出版された。それは、書簡、日記、哲学的著作の草稿、小説、シナリオと多分野にわたるが、これらの草稿が公開されたことによって、サルトルの読解と研究もまた新たな局面を迎えたと言える。これらの遺稿のなかで、モラルに関する重要な示唆を提供するものとしては、サルトルが第二次大戦中に執筆していた日録『奇妙な戦争——戦中日記』や、『存在と無』の続編として構想していたモラルの草稿である『倫理学ノート』と『真理と実存』が挙げられよう。それぞれに関しては後に詳しく見ることにするが、私たちがなぜいま「サルトル読解」を提案するのかの客観的理由の一斑は、このようなコーパスの変貌にある。だが、より根源的に「なぜいまサルトルを読むのか」という問いは、より一般的な定式として〈読者はなぜ、そして、何を読むのか〉という問いかけと関わってもいる。そして、これはもちろん、作者はなぜ、そして、何を書くのか、ということの対蹠点にある問いだ。「誰に対して何をなぜ書くのか」という問いかけはまさに『文学とは何か』の根底にあったものであり、サルトルは次のように述べていた。

あらゆる時代の抽象的な人間について、どの世代にも属さない読者のために書くのではなく、彼の時代の人間全体について、彼の同時代のために書くべきであろう。〔……〕読者と同じ冒険に参加し、読者とともに分裂のない社会のなかに状況づけられたなら、作家は、読者について語ることによって彼自身について語り、彼自身について語ることによって読者について語ることになろう。（QL 192/148-149）

もちろん、これをごく表面的に読めば、サルトルは彼の同時代のために書いていたのであり、それゆえ、現在の私たちのために書いていたのではない、ということになるかもしれない。だが、このテクストが言わんとしていることは、永遠不変のものなどないという確信から出発するのであれば、作家は普遍的読者などを想定して書くのではなく、自らの状況から発して書くしかないということであろう。したがって、読者と作者がともにはまりこんでいる状況、つまり、この世界を発見するために、作家は書くのであり、読者もまた読むのだ、ということを、この主張から引き出すことができるだろう[20]。

サルトルが読者の位置を決定的に変えたということは、『文学とは何か』において読者の位置が相対的な受け手の立場から、創造に不可欠な絶対的な協力者の位置に引き上げられた、ということであった。その地点から、読者がじっさいに書き始めるまではあと一歩であろう。少なくとも心理的には、そうなのだ。ボードレールの若き日の小説「ラ・ファンファルロ」の一節がいみじくも示しているように、その距離はほんのわずかだ。

> サミュエルのもって生まれた奇癖のひとつは、自分が尊敬しうる人々と自分を同等に考えることだった。あるすぐれた書物を夢中になって読んだ後で、彼が無意識に下す結論というのはこうである――こいつは僕が書いたくらいすばらしい！　そこから考えて――だからこいつは僕の書いたものだ。――その間、わずかにダッシュ記号を引けるほどの間隔しかない[21]。

だが、それにしても、読む者がじっさいに書く者になるということはどういうことだろうか。サルトルの自伝『言葉』は「読む」と「書く」という二部構成からなっているが、読み、しかる後に、書くという順序、これはあまりにも自明のことのように当面は思われる。だが性急に一般論へと向かう前に、ひとつの問いを発することから始めよう。サルトルという書き手は、言葉の多義性において、まず読み手だったのではあるまいか。さらには、彼のなかでは書くという行為は不可避的に読むという行為と一体になっていたのではないか。

サルトルがフロベールの証言を敷衍しつつ述べたことは、そのまま彼自身にもあてはまるように思われる。「彼にとって、作家という天職《ヴォカシヨン》は同様に――そしておそらくはなによりも――読者という天職として現出するのだ」(IF 2040)。このことからも、フロベール論がサルトルの遺作となったのは象徴的であるように思われる。ブリュノ・クレマンは『読者とそのモデル』という刺激的な著作において、なぜヴォルテールがパスカルを、ヴィクトル・ユゴーがシェイクスピアを、サルトルがフロベールを生涯にわたって読み、また再読したのか、という問いかけをしているが、この問題に、私たちも後ほど立ち戻らねばなるまい。だが、ここでは話を絞ろう。なぜ「読むこと」が問題なのか。サルトルならば、それは読むことがなによりも、独我論から脱出する道であり、〈同一者〉へ原初的な亀裂を入れる行為だからだ、と答えるだろう。サルトルらしからぬ答えだろうか。だが、そのフロベール論でサルトルは註の形ではあるが、次のように書いていたのだった。

本を閉じてしまえば、われわれは自分の好きなことができる。しかし、読んでいる間は、われわれは自分の可能性を剝ぎ取られ、われわれに不動の可能性を押しつける登場人物の体のなかに裸で入り込まねばならない。(22) (IF 1379)

読書、読者の重要性に留意することは、サルトル思想、ことにそのモラルを理解するために重要だと思われる。だがモラルの問題に移る前にサルトル自身がどんな読者であり、どんな読書をしたのかを見ておこう。

3　読者としてのサルトル

サルトルが大の読書家であったことはまちがいない。六十歳にならんとする作家の自伝『言葉』(23)には、小さいころの彼の読書体験がつぶさに語られている。それによれば、五、六歳のころ、エクトール・マロの『家なき子』を見よう見まねで読むことによって、文字を読むことを覚え、七歳のころには、コルネイユ、ラブレー、ヴォルテール、メリメ、ユゴーなどを読破し、『ボヴァリー夫人』に至っては、最後の頁を二十回も読み返したというのだから、その早熟ぶりには驚くばかりだ(もちろん、そんな年齢で『ボヴァリー夫人』を読んでどこをおもしろいと感じたのかは疑問として残るけれど……)。

ところで、読者としてのサルトルの特徴はどこにあるのだろうか。あるいは、サルトルはどんなタイプの読者なのだろうか。『言葉』では書物の世界は大きく二つに分けられていた。祖父の書架に並ぶ聖なる本と、祖母がもっぱら貸本屋から借りてくる楽しみのための本である。一方は巨石のように屹立し、他方は肩の力をぬき横たわっている。一方は、十九世紀的教養人の祖父に淵源をもち、宗教に比せられる崇高なものであり、そこには快楽の入り込む余地はない。他方は、享楽をもっぱら目的とし、「軽やかにすべれ、儚き人よ、気張ってはいけない(24)」というピエール＝シャルル・ロワの詩を口ずさみ、きわどい小説を好む祖母の読書体験に由来する。というより、サルトルはそのような二つの系譜の掛合せとして、自らを位置づけようとする。生涯にわたって、サルトルは冒険小説や推理小説を好んだ。「現在でも私はヴィトゲンシュタインを読むよりは、セリー・ノワール〔推理小説文庫〕を読むほうが好きなのだ」(M 61/53)と書いているが、これを他愛のない告白ととるべきか、挑発と読むべきかはにわかには断じえないだろう。[25] 冒険小説というテーマを私たちは第III部で再び取り上げることになるが、いま問題とすべくはサルトルが至るところで強調する、読むという行為にまつわる根源的な困難、さらには外傷となるような文字の他者性であろう。ジュネ論においても、フロベール論においても、そして自伝『言葉』においても、サルトルが言葉との不幸な関係から語りはじめることは徴候的だ。言葉と物を混同すること、これもまた多くの論者がサルトルに対して行う批判である。だが、日常的レベルで考えれば、これはごく自然なことではないだろうか。私は、目の前にあるこの焦げ茶色の液体をコーヒーという名前と結びつけずに飲むことはできないだろう。そして、未知の物とは、名前を欠いたものなのである。このように、サルトルにとって知識の源泉が本であり、世界は本を通して現れたこともまた『言葉』には実しやかに書かれていた。

ブーロニュの動物園の猿は猿らしくなく、リュクサンブール公園の人間は人間らしくない。プラトン主義者であった私は、知識から出発してその対象物へと向かったのだ。事物よりもその観念のほうに実在があると思ったのだ。なぜならば、概念こそがまず最初に私には与えられ、しかもそれは物として私に与えられたからである。私が宇宙を見出したのは、書物のうちにおいてであった。(M 39/35)

この一節が文学という幻想から目覚めたと思った老境の入口にいたサルトルによるものであることを忘れてはなるまいが、読書がサルトルにとってそもそもの初めから世界を読解することと結びついていたことを示唆するくだりであろう。じっさい、私たちが読むのは、本だけではない。読む、読解するということはすべてにあてはまる行為である。読解の問題は了解と密接に結びついている。経験と読解、あるいは、生きることと書くことの乖離。それこそが、サルトルに終始つきまとっていた強迫観念《オブセッション》だったとすれば、サルトルがどんな態度で読解を行ったかは、けっして些細な問題ではない。

「実存的精神分析の目標は、人間の経験的な諸行為を解読することである。すなわち、経験的な諸行為のうちに含まれる顕示を明白ならしめ、それを概念的に定着させることである。／この精神分析の出発点は、経験である。また、その支柱は、人間が人間的人格についてもっている存在論以前的、根本的了解である」（EN 656）と『存在と無』では述べられたのだが、この発想の根底に見られるのは、他者理解としての読解という、すでに見たエクリチュールとモラルの結節点である。もちろん、それはディルタイ的な体験‐表現‐理解[26]という解釈学的な系譜のなかに位置づけなければならない精神世界を背景としてもつのであろうが、それについては後に詳しく見ることとしたい。

いま、とりあえずここで検討したいのは、サルトルが他の思想家たちをどのように読み、援用するのかという、その読解のスタンスの問題である。結論から言ってしまえば、それはもっぱら道具的な関係であるように思われる。サルトルはフッサールを、マルクスを、あるいはヘーゲルを援用し、引用することしばしばなのだが、彼らの片言隻句を神格化する註釈者的な態度からはほど遠い。

これらの哲学者の仕事は、あくまでも自分の思想を構築するための材料であり、道具なのだ。現象学とはサルトルにとって、もっぱらではないにしても、なによりも、このような有効な道具として読書の対象となった。映画『サルトル』での発言を引いて、言いかえてみれば、「反論することなしには、何ものも受け入れることはなかった[27]」のだ。このような思考のスタイルは弁証法的ということもできようが、ブリコラージュ的ということもできるかもしれない。ブリコラージュといってもレヴィ＝ストロースの名を思い起こす必要はない。要するに、素人大工仕事である。手持ちの材料を使って必要なものを創ること、これは徒手の状態にあるものなら、誰でも自然に行うことだろう。そして、人は何かを自分で始めようとするとき、良くも悪くも多くの場合、徒手空拳の状態にあるのだ（『方法序説』を思い出してみよう）。このような日曜大工《ブリコルール》的態度は、サルトルが先駆者たちの術語を使用するときの仕方に端的に表れている。アントワーヌ・コンパニョンは、その刺激的な著書『第二の手』で引用について、「書くこと、それはつねに再び書くことなのだから、引用することと異なるものではない。引用とは、その換喩的な混同のゆえに〔……〕、読むことであり、書くことなのだ。それは、読むことと書くことの結びつきだ。読んだり書いたりすることは、引用行為をなすということである[28]」と述べているが、サルトルにおける引用の特徴は、その独特な我有化の仕方にあると言えよう。哲学の専門家たちから、サルトルの術語使用法の曖昧さがしばしば指摘されるのもまた、おそらくそのためではあるまいか。じっさい、サルトルが他の思想家の言葉として引用するタームをその厳密な意味で読んでしまうと、読者は袋小路に陥ってしまう。なぜなら、ひとつの言葉をリジッドに捉えるやいなや、至るところに矛盾が噴出するからだ。読者は、サルトルの使う言葉が一義的な概念ではないことを、また、彼の思想の試みが、フッサールやデカルト的な基礎づけの作業からはほど遠いことをまず知る必要があるのだ。サルトル思想の特徴はなによりもまず、意味の微妙な横滑りである。ひとつの言葉の意味を一義的に決定することはほぼ不可能だ。時代や著作ごとに使っている語の意味が微妙に変化するだけではない。ひとつの作品内ですら、そして、基本的なタームである自由とか承認といった言葉ですら、意味の重層性による不確定性を免れてはいない。ひとつの言葉は国語が許す最大限の意味の振幅を与えられ、意味は知らず知らずのうちに、微妙にずらされてゆく。もちろん、それをたんなるレトリックだとかソフィズムと見なすべきではない。サルトルのこのような用語の用い方はしばしば、厳密性の欠如、あるいは曖昧さとして指摘され批難されてきた。だが、この曖昧さ＝両義性（ambiguïté）を積極的に読み込むことなくしてはサルトル読解はありえない。というより、このような両義性に積極的に身を任せることによってはじめて、サルトルのある種の言説の魅力に接近することができるのだ。その意味で、彼は他の思想家たちの言葉を自らの思想に強引に引きつけて引用することによって思考するタイプの作家なのだと言える。

私たちはここで、このような引用の仕方を、サルトル的転用（détournement sartrien）と名づけることにしたい。サルトルは、同時代の思想家の概念や伝統的な用語を積極的に転用＝流用＝横領する（détourner）ことによって、従来の哲学とは異なる領域を切り開いていったと考えるべきではないか。たとえば『存在と無』は外見の論理性にもかかわらず、その哲学的ディスクールの基盤は〈生〉そのものに根ざしている。それは人生による哲学の方向転換《ハイジャック》＝乗っ取り（détournement）なのである。『存在と無』を読むとは、そのような方向転換（détournement）に身を委ねることにほかならない。

じつは、détournement という言葉をこのようなコンテクストで使っている例が『家の馬鹿息子』にある。「文学は、言葉を盗み、言葉をその目的から方向転換し（détourner）、直接的な意味を放棄することなしに、分節できないものを提示する方法としようと決意することで始まるのだ」（IF 1981）。もちろん、他の哲学者の概念や思想を強引にねじ曲げるのは、サルトルの専売特許ではない。後ほど、サルトルによるその読解を見ることになるハイデガーもまた、しばしば牽強付会な解釈によって他分野の専門家から不興を買うことの多い著者である。とはいえ、ここで一言、その違いについて触れておけば、ハイデガーにおいてはこの意味の転回はしばしば、博覧強記的な、あるいは、衒学的なめくるめく文献学的《フィロロジック》な分析によって行われるのだが、サルトルにおいては、多くの場合、事態はまったく異なる。[29] しばしば、サルトルは全面的な賛意を表明し、あたかもそれに則ったかのように振舞いながら、じつはその語を乗っ取ってしまう。[30] つまり、一般的に流通している用語である存在、自由等々が言葉としてまず呼び出されるのだが、しかし、それはまさに新たな定義や再解釈を施されるためにのみ、呼び起こされる。そこで問題となっているのは、言葉の辞書的な定義などではなく、ひとつの言葉の意味論的な連関を脱臼させつつ、一方でその核自体は保持し、問題となっている当の対象に迫ることだと言える。つまり、ひとつの言葉を召喚し、それに新たな肉づけをすること、新たな身体を与えることこそが賭けられていることなのだ。サルトルがこのような使用を目的に、読み、そして汲み尽くし、乗っ取りを企てた哲学者は何人もいる。[31] いずれにしろ、サルトルの行うこのような読解のスタンスに留意することなくしては、彼の思想を了解することはできないし、ことにモラルに関しては、読解というトポスをつねに意識することが重要だと思われる。これから私たちは他の哲学者の概念を転用するサルトルを見ることになるが、その際に目指されているのは、比較研究ではなく、あくまでこのような読解のスタンスなのである。

第二章　モラルの問題

1　三つのモラル

本書で考察しようとするモラルは一九四〇年代後半から五〇年ごろにかけての問題であるが、まずはサルトルがモラルに関する著作を構想したことが生涯に三度ほどあり、その試みはそのつど頓挫したことを確認しておく必要があるだろう。サルトル自身しばしばこの件に関して言及しているので証言には事欠かない。たとえばサルトルの晩年、一九七八年からその翌年にかけて行われたミシェル・シカールによるインタビューではその経緯がほぼ次のように述べられている。

『存在と無』の後、四五、四六年ころ、私は同じ方向で、その続編としてモラルに関する論考を執筆しようと試みた。私は分厚いノートを十冊ほども埋めたが、結局この試みはうまくいかなかった。〔……〕それから六三、六四年ころ、あるいはもう少し前だったかもしれないが、アメリカの大学で講演する話が持ち上がった。私はそれを承諾し、演題を「モラル研究」とした。〔……〕しかし、ヴェトナム戦争の問題があり、結局この講演をキャンセルし、モラル論は放棄した。〔……〕そして最近、またモラルに関する本を書くことに決めた。タイトルは『権力と自由』といったものになるだろう。(1)

このあたりの事情は、研究者にとっては比較的よく知られた事実であり、それぞれ第一のモラル、第二のモラルなどと呼ばれているが、一般にはあまり知られていないから、図式的に整理しておくのがよいかもしれない。

第一期　本来性のモラル（一九四五―四九年）

『存在と無』の結論で、「これらの問いはすべて、非共犯的で純粋な反省へとわれわれを向かわせるのであり、その答えは倫理の領域においてしか見出されないであろう。われわれは本書に続く著作を、この問題にあてるつもりである」（EN 722）と述べ、モラル論を約束したサルトルは、じっさい戦後すぐその執筆に取りかかった。二千枚ほどの草稿が書かれたともいうし、一時期はガリマール書店の〈哲学叢書〉の一冊として「人間」というタイトルの著作の広告が出てもいた。(2)だが、このモラルは放棄され、生前に日の目を見ることはなかった。『存在と無』の存在論を基盤としたこのモラルを顧みて、観念論的で個人主義的であったとサルトル自身が反省しているが、実存主義的倫理として広く知られているのはこの時期のモラルである。それは端的に言えば、存在論的には自由である人間的現実が、自らの根源的な自由を真に認め、自由の相互承認をすれば、モラルは可能である、というものだ。〈疎外から解放へ〉というこの図式で鍵となるのは、いかにすれば自己欺瞞から脱出し、本来的な実存を見出しうるかであり、このような回心は非共犯的な反省によって可能であるとサルトルは残された手帖で主張している。しかし、肝心の非共犯的反省がどのようにしたら可能であるかは明確にできず、サルトルはこの試みを放棄、草稿の多くは散逸した。残った二冊のノートが、六百頁もの大部の形で『倫理学ノート』として死後出版されたものであり、後ほど私たちが考察の中心的対象とするものである。また同時期の別系統のノートと思われる『真理と実存』もこの時期の思想を知るための重要な手がかりである。

第二期　弁証法的モラル（一九六〇―六五年）[3]

サルトルが再びモラルの問題に取り組むようになるのは後期の主著『弁証法的理性批判』を脱稿したあとのことである。その直接のきっかけとなったのは、一連の講演であった。六一年十二月にはローマのグラムシ研究所で「主観性とマルクス主義」と題する講演を行い、六四年五月にも同研究所主催のシンポジウム「モラルと社会」に参加して講演を行い、モラルの問題をマルクス主義に寄りそった形で論じている。しかし、第二のモラルが精力的に探究されるのは、アメリカのコーネル大学から、フロベールに関する講演とともに、モラルに関する連続講演を依頼されたことによる。このため、サルトルは六四年から六五年にかけて数百頁にわたる草稿を準備することになる。六五年四月、サルトルはアメリカ軍による北ヴェトナム爆撃を理由に、予定されていた訪米をキャンセルし、この第二のモラルも頓挫することになるのだが、もちろん、モラル中断の理由はこのような外的なものだけではあるまい[4]。一般に第二のモラルと称されるのは、これらの一連の草稿から推定されるものを示している。現在部分的に閲覧可能な資料としては、「ローマ講演一九六一」、「ローマ講演一九六四[5]」、「コーネル大学草稿」などがあるが、先にも述べたように、完全な形では公開されていないので、いくつかの研究書を通してその内容を窺い知る状態にいまのところはとどまっている。

この時期の特徴は、モラルと政治とが不可分であることが確認され、社会・歴史的次元が次第に前面に出てくる点である。「私にとって問題は結局のところ、政治とモラルの間で選択をすべきなのか、それとも政治とモラルはひとつなのか、どちらなのかを知ることだった」（CA 40/36）とサルトルはボーヴォワールとの対談で回想しており、続いて、道徳の問題は政治の問題にほかならないと結論する。だが、道徳と政治の関係が単純に等記号で結べるような類のものではないことは言うまでもない。じっさい、発言のたびごとに、この問題に関するサルトルの見解には微妙なずれが観察できる。いずれにしても、第二のモラルの特徴は、各人の回心がどのようにして可能なのかを解明することよりは、むしろ歴史・社会的状況と個人の関係にウェイトが置かれている点である。そこから、「媒介性」が重要な概念として浮かび上がってくる。主体性という視点は根本的な契機として保持されているものの、それは個人的実践が歴史の可知性の基盤であるということにすぎない、結局は、歴史の展開とモラルの展開は同一視されるのであり、その意味で真の倫理的態度は、歴史のうちにある人間的現実を導き、それを通して歴史を導くことであるとされる。

第三期　対話論理的モラル（一九七五―八〇年）

フロベール論『家の馬鹿息子』の刊行後、サルトルは三たびモラルへと向かった。前の二つのモラルの場合とは異なり、基盤となる理論的著作はない。当初は一人で書く予定だったのが、失明によって執筆が不可能になると、以前秘書を務めていたピエール・ヴィクトール（ベニ・レヴィ）と共同で作業を行うことになった(6)。サルトル自身は共同執筆によって、対話論理的な真のモラルになるだろうと抱負を語っている。つまり、『存在と無』で捉えそこなった直接的な対他関係が対話を通して現れることが目指されている。「権力と自由」というタイトルが予定され、長時間にわたり討論が交わされたようだが、ヴィクトールとの共同作業の全貌はいまなお知られていない。サルトルの死の直前『ヌーヴェル・オプセルヴァトゥール』誌に発表された対談「いま、希望とは」の内容はあまりにも脆弱なもので、これをもって内容を推し量ることはできまい。じっさい、ボーヴォワールをはじめサルトルに近い人たちは、このテクストの真性に強い疑問の念を抱いていた(7)。

以上が戦後のサルトルが構想した三つのモラルの概略だ。すでに述べたように、本書で検討の対象とするのは、第一のモラルだから、後の二つのモラルは当面、視野の前景からはずすことになる。さて、第一のモラルが『存在と無』をその理論的基盤とするのであれば、この前期の主著で展開された基本的な思想を確認しておくべきだろう。

2　自由と本来性

『存在と無』と『実存主義とは何か』の二著から抽出されうる――そして、おそらくは一般的なイメージとしての――実存主義的モラルは自由、明晰さ、責任という三本柱による構造をもつ。サルトルによれば、人間的現実（ハイデガーの現存在をサルトル流に換骨奪胎した概念）はその存在論的構造において自由である。存在論的にとはどういう意味だろうか。『存在と無』で、フッサールとハイデガーを援用しつつ、サルトルは人間的現実を自由存在と規定した。

> 人間の自由は人間の本質に先立っており、自由こそが本質を可能にしている。人間存在の本質は自由のうちに吊るされているのだ。したがってわれわれが自由と呼ぶものは「人間的現実」の存在と区別できないものである。人間はまず存在し、そして自由なのではない。人間の存在とその「自由‐であること」の間には違いがない。（EN 61）

このような主張の前提となっているのは、「無制限」もしくは「非在」状態として捉えられた自由の概念である。古来、ひじょうに多義的である自由の概念は、少なくともヨーロッパ言語においては、政治的であれ一般的であれ、強い称讃的なコノテーションをもった言葉である。同じ状態に対して、それが望ましい場合に人は「自由である」と言い、遺憾であり不満な場合には「欠如している」と言う。サルトルはこのような束縛の欠如という意味での自由概念を踏襲するのみならず、さらにそれを押し進め、人間は欠如存在であるがゆえに自由なのだ、とそれを逆転させて宣言する。つまり、充足した存在である即自存在には自由など初めからなく、欠如であり虚無である対自存在のみが自由なのだと転回する。そこからサルトル特有の逆説的な結論、「人間は自由の刑に処せられている」(EN 565)が導き出されることになる。この一文によって、サルトルはそれまで自由という語が担ってきた称讃的なコノテーションを微妙にずらすことになる。自由は絶対的価値としては相変わらず好ましいものではあるが、存在論的事実としては、遺憾なものになってしまうのである。(8) デカルトを援用しつつサルトルはこのような否定性を帯びた存在論的自由を高らかに宣言する。(9)

人間的現実にとって、ひとつの存在者を局外に置くことは、この存在者との関係において自らを局外に置くことである。この場合、人間的現実は存在者から逃れ、手の届かないところにある。存在者は人間的現実に働きかけないであろう。人間的現実は虚無の彼方へと退いたのである。人間的現実を孤立させるこのような虚無を分泌する人間的現実の可能性、それこそがデカルトが、ストア派に続いて、自由と呼んだものであった。(EN 61)

このような否定性としての自由は、だが、サルトルにとってはたんなる出発点にすぎない。存在論的自由は、否定性に依拠してはいるが、たんなる否定ではなく、それ以上に意味付与、つまり真理の創造であり、投企である。自由によって、すなわち人間的現実の投企によって価値や意味は生まれるのであり、そのかぎりにおいて自由という否定性は、同時に生産性であり、肯定性でなければならない。したがって、永遠不変な、あるいは超越的客観的な価値というものはありえないことになるし、また一方で、私たちは自分の行為に絶対的な責任をもつことになる、とサルトルは主張する。

だが、このような存在論的な自由の構造は、つねに私たちに顕示されているわけではない。むしろ、私たちはしばしば自分が自由であることを自らに隠蔽している。それが、サルトルが自己欺瞞（mauvaise foi）と呼ぶものだ。だが、人間的現実が構造的に自由なのだとすれば、その事実を隠蔽することなく、明晰に自覚することこそ、本来的なあり方であると言える。このことから、倫理的判断の公準としての自由が導出される。つまり、たとえ絶対的な価値がないとしても、ある行為が自由を目指して行われているかいなかによって、ある行為の善悪を判断しうる、とサルトルは主張する。その一方で、この自己欺瞞から脱出するにはどうすればよいのかということを問う必要がある。つまり本来的な自由を明晰に意識する手立てが必要であろう。それは浄化的な反省によって引き起こされる倫理的な回心によって可能なのだ、とサルトルは明言する。

以上の点に関連した責任についてのサルトルの主張は明瞭ではあるが、私たちを多少とも困惑させるものだ。というのも、サルトルによれば、「自由はつねに責任を伴う」といった常識以上の意味で、私たちは責任を負った存在であり、私たちは自分が選んだのではない状況からつねに出発し、私たちの手に負えないものにまで責任をもつ、と主張されるからである（『実存主義とは何か』でサルトルは「われわれの責任はわれわれの想像する以上にはるかに大きい。われわれの責任は人間全体をアンガジェするからである」[10]（EH 26/44）と述べる）。さらに、自由こそが人間の本来的なあり方だという自覚にひとたび至れば、理想の自由を目指して、具体的実践的地平においての自由を勝ち取るために自らをアンガジェする（賭ける）ことを選ばざるをえなくなる、ともサルトルは断言する。この場合、責任とは自らに対してのみならず、他者の前で、他者へと向けての責任である。それは、人の行為が他人との関係なしには行われないというレベルにおいてだけではない。むしろ、私たちがひとつの行為によって人間性そのものをもアンガジェするからである。それは、私たちの選択した行為が新たな規範性として解釈されうることを意味する。

以上の要約から明らかなように、それは自由を出発点とすると同時に、自由を理想とし、自由を目的とする、自由のモラルだ。サルトルの思想を論じる際に、その自由論を核に据えることは当然すぎるほど当然とも思われるだろうし、批判の際にその矛先が向けられるのも、『存在と無』で言明されたような対自の構造としての絶対的な自由、人間存在がそこから逃れることができない事実性としての処刑に擬せられた自由である。しかし、このような自由の概念はサルトル自身によってそれ以降、少しずつ批判され放棄されていったものであるから、前期の自由概念を批判し、それだけで事足れりとするのでは、サルトルの倫理思想の難点の指摘としては不徹底だろう。

じっさい、サルトル思想の中心概念とも言える自由という言葉はひじょうに多義的に、そして年代によって微妙に変容しつつ用いられている。ここで彼の自由概念の変遷を詳細に辿る余裕はないが[11]、この後の展開のためにもこの概念を確認する作業は不可欠だから、簡単にまとめておこう。

一九四三年ドイツ占領下で発表された『存在と無』においてサルトルはたしかに、「人間はいかなる状況においても自由である」と明言していたし、「われわれは自由の刑に処せられているのだ」とも書いていた。しかし、戦後、四八年前後に執筆されたと推定される『倫理学ノート』においては、どんな状況においても同じように私たちが自由であるわけではないことが確認され、「ある民族や階級にとって、歴史が運命であるときがある。個人は民族のうちでも自由を保ち続ける。とはいえ、進歩のなかで状況にいるのと運命のなかで状況にいるのとでは話は別だ」(CM 101)とやや軟化する。そして、その後マルクス主義に接近するうちに、自由に対するこのような留保はさらに広がり、一九六〇年に出版された『弁証法的理性批判』では「ストア派の主張するように、人間がどんな状況においても自由である、と主張しているなどとは思わないでほしい。われわれはまるっきり反対のことを言わんとしているのだ。つまり、人は、その生活の経験が実践的=惰性態の領域において展開されるかぎり、またこの領域が根源的に稀少性に条件づけられているかぎりにおいて、みな奴隷なのである」(CRD 369/I. 394)と書くにまで至る。通常、このような変化は、コギトに根ざした『存在と無』の主観的立場から歴史・社会的レベルを視野に入れた『弁証法的理性批判』への発展として捉えられ、前期の倫理的問題設定から後期の政治的問題設定への転換と捉えられている。それはそれで誤りとは言えないだろうが、後に詳しく見るように、文学と哲学の接点という私たちの視線からすれば、問題はおのずと異なる様相を呈することになろう(12)。

問題を複雑にするのは、このような時代的な変遷があるのみならず、自由という言葉が、私たちの考察の対象である四〇年代後半の第一のモラル構想時に話を限っても、少なくとも三つの異なるレベルで用いられているという事実である。[13] それは第一に、存在論的地平における自由を指し、人間的現実が対自として自由であることを意味する（自由1）。これは事実性として、「われわれは自由の刑に処せられている」という有名な修辞的な言葉で表現されている。第二には、経験的レベルにおける自由であり、いわば社会的自由に相当し、他者との具体的な関係における自由であり、この地平では人間が必ずしもいつも自由ではないことをサルトルは認めている（自由2）。第三は、倫理的地平における自由である（自由3）。これは特に『実存主義とは何か』において主張されたものだが、諸行為の規準としての自由であり、倫理的判断の尺度になるとサルトルが考えるもの、つまり「あらゆる価値の基礎としての自由」（EH 82/74）である。

以上の三つの自由を整理すると、次のようにまとめることができるだろう。

自由1――人間は対自存在として完全に自由である。すなわち、存在論的には人間的現実は自由である。この根源的な存在論的自由にはいかなる限界もない。のみならず、人間は自由でないことはできない。つまり、自由でないことを選ぶ自由はない。

自由2――経験的あるいは存在的地平で自らの自由が感じられないのは、この存在論的事実が自己欺瞞によって隠されているからである。

自由3――倫理的な地平における最高の価値は自由であり、ある行為が自由を基準にしているかどうかで他人の行為を判断することができる。

したがって、第一のモラルを自由という観点から要約すれば、人間はさまざまな具体的な場面で自由ではない（自由2）が、それは自己欺瞞によって人間的現実の根源的なあり方としての自由

（自由1）を隠蔽しているからにほかならず、自由を取り戻すためには浄化的反省によってこの自己欺瞞から脱却しさえすれば十分であるし、行為に関して言えば、それが自由（自由3）を目指して行われているかどうかを、判断の指針とすることができる、とまとめても差し支えあるまい。このような発想のうちで、自由は、自らの自由と他者の自由の承認という地平で、価値と見なしうるとされたのであり、人間的現実が自由であるということに目を閉ざさないことが本来的なあり方であるとされたのだった。サルトル自身はこのような三つのレベルの自由を判然と区別せず混同して用いるため、『実存主義とは何か』の論はやや粗雑な感を与えるのだが、それにもかかわらず、この講演は当時のサルトルのモラルの問題系と問題点を集約していると言えよう。この時点でのサルトルの倫理思想には、自己由来性の欠如（言いかえれば、偶然性）としての自由を引き受けることによって、各自が自己解放しさえすれば（それは浄化的反省を経た回心によって可能だとサルトルは考える）、さまざまな相剋や疎外が解除されるだろうという楽観的な発想がある。本来性のモラルとは、言ってみればプラトンの想起説にも似た、このような本来性への回帰のモラルなのだ。

3　挫折の理由

それでは、なぜこのような本来性のモラルは頓挫してしまったのだろうか。結論から先に言ってしまえば、サルトルがこの時点で執筆していたモラル論を放棄した理由のひとつは、他者の自由の承認（reconnaissance）という鍵の部分に論理的矛盾があったためだろう。六百頁におよぶ『倫理学ノート』の大半は疎外の分析にあてられているが、根源的に自由である人間的現実がどうして自由を失ってしまうのかを解明しようとするこの試みは循環論になる。興味深い分析は少なくないが、肝心の浄化的反省の根拠は示されない、というまことに不満の残るものなのだ。ここで焦点となるのは、浄化的反省という概念である。非共犯的ないしは純粋な反省と呼ばれるこの概念はひじょうに捉えにくいものであると同時に、技術的《テクニカル》な議論になってしまうが、ここでの議論のためには避けることはできないから、ごく簡単にでも見ておく必要があるだろう(14)。

『自我の超越』以来、一貫してサルトルはコギトを志向性として捉えてきた。それは言いかえれば、コギトを反省的な意識として捉えるのではなく、反省以前的な意識と見なすことだ。サルトルがフッサールから借用した特権的なアイディアは、「あらゆる意識は何ものかについての意識である」という志向性の概念であった。

サルトルはコギトという語を〈純粋意識の現れ〉という意味合いで用いる。コギトは第一義的には非反省的、あるいは反省以前的意識であって、それはエゴ（自我）へと送り返される可能性を孕みつつも、必ずしも明示的にエゴを伴った意識ではない。フッサールの志向性の概念を押し進めてゆけば、反省的な意識作用に先立つ非反省的あるいは反省以前的な意識がなければならないことになる。というのも、意識は、つねに自己以外の何ものかについての措定的な意識であり、そのかぎりにおいて、自らに関する非措定的な意識だからである。反省という行為が可能なのは意識のこの非措定的な側面によるのではあるが、その事実は必ずしも反省自体が意識の根源的なあり方であることを意味しない。いや、それどころかむしろ、意識とは人間的現実の実存のあり方自体であり、対象を措定するあらゆる行為、つまり認識、想像、知覚すべてが意識なのである、とサルトルは主張する。かくして、一方で現象学的コギトの正当性を認めながら、サルトルはここでデカルトとフッサールに対して、意識の根源的な非人称性、あるいは前人称性を強調することになる。デカルトにおけるコギトは、それがエルゴ・スムへと続けられるかぎり、明らかに人称的である。だが、このような人称性が現れるのは反省のレベルにおいてでしかない、とサルトルは断言する。

たとえば、私がこのペンを見ているとき、それはその時点ではあくまで「ペンについての意識」であって、「私がペンを見ている」という意識ではない。後者はもちろん反省したときには現れるのだが、それは事後的に現れるのだとされる。反省がどのように可能なのかと言えば、それはペンを見ているときの意識が、「ペンについての措定的（ないしは定立的）意識」であると同時に〈非措定的〉ないし〈非定立的〉には「（私が）ペンを見ている」という意識でもあるからだ。そしてこの〈私〉は反省の次元ではじめて浮かび上がってくると『自我の超越』では明言していた。反省する意識に対する反省される意識の存在論的優位性。この発見によって、サルトルはフッサールを批判的に継承しつつ、コギトを前人称的ないしは非人称的とするラディカルな立場を取りえたのだった。ところで、サルトルによれば、反省がこのように二次的なものであることがなぜ一般には気づかれにくいのかと言えば、それは反省が、しばしば不純な反省であるからだとされる。それに対して、反省以前的コギトの純粋な想起が「純粋な反省」ないしは「浄化的反省」と呼ばれたのだった。

反省に関する現象を時間性との関係で捉えるには、二つの反省を区別すべきだろう。すなわち、純粋な反省と不純な反省である。純粋な反省、つまり反省される対自に対する反省的な対自のたんなる現前は、反省の根源的な形であると同時に、その理想的な形でもある。この反省こそ、不純な反省が現れるときの根拠となるものであり、それでいながらけっして初めに与えられることのない反省であり、一種のカタルシスによって獲得されなければならない反省である。（EN 201）

この純粋な反省が倫理的地平において重要な概念となるのは、すでに引用した『存在と無』の結論の一節、「これらの問いはすべて、非共犯的で純粋な反省へとわれわれを向かわせるのであり、その答えは倫理の領域においてしか見出されないであろう。われわれは本書に続く著作を、この問題にあてるつもりである」（EN 722）というくだりに端的に示されているように、本来性というあり方そのものが、このような反省を通してしか至りえないからである。『存在と無』において対他関係は、相互に相手を超越しようとする相剋的なものとして記述されており、これによってサルトルの他者観はしばしば批判の的となるのだが、サルトル自身が次のような留保をつけていたことを忘れるべきではないだろう。

以上の考察は、解放や救済のモラルの可能性を排除するものではない。しかし、そのような可能性は、ここでは論じることのできないひとつの根本的な回心を経てはじめて可能になるのだ。（EN 484 n）

だからこそ、倫理的地平においては、回心と浄化的反省が重要な役割を担うのであり、第四部でも、「このような研究は、倫理学の領域に属すものであり、浄化的な反省の本性と役割をあらかじめ規定しなければとりかかることができない（ここまでの記述は、共犯的な反省しか問題にしてこなかった）」（EN 670）と明記されていたのでもあった。まことに当を得た但書ではあるが、問題は先送りにされたにすぎないように見える。そもそも、サルトルはフッサールにおける志向性の概念を先鋭化することによって、一方で世界の実在を、もう一方で他者の実在を証明しようと試みた。その際に変容を被ったのが、現象学の父においては、周到に区別されていた、定立性と中立性の概念、また定立のさまざまなレベルであったように思われる。

フッサールにおける志向性の意味を三つに分類しているガストン・ベルジェによれば、志向性には、(1)純粋に受動的である人間の認識を表すものとしての心理的志向性、(2)いわば中立（neutre）であるような超越論的志向性、(3)世界の起源を説明するような構成的で創造的な志向性、があるという。[15]つまり、サルトルがもっぱら依拠した『イデーン』におけるフッサールの主張を単純化してまとめれば、意識の本質は定立的な作用であるが、それとは異なる中立的な意識なるものが存在する。私たちが通常ある対象を見るとき、それが「何か」として「存在」していると私たちは信じているが、このような対象の「存在」に対応する主観の側からの構成的契機を定立（Thesis）と言う。つまり、「対象や世界が存在している」ということは、観点を変えれば、「われわれがそれを定立しているということ」である。フッサールは定立のほかに、措定（Setzung）や設定立（Position）という言葉も用いているが、その細かい区別にここで入ることはできない。ただ、これらの用語は、狭義なり広義で用いられるときに、意味を微妙に異にし、それを整理することは容易ではないが、これも手短に概観すれば（『イデーン』においては、対象の存在と世界の存在はほぼ同種と見てよいが）、個々の対象の存在措定と区別して、世界の存在措定が時に一般定立と呼ばれるのである。さて、この場合 Setzung と Thesis はほぼ同義語として用いられるが、一般定立とは、私たちが自然的態度として世界の存在を素朴に信じることを意味する。つまり、「現にそこに存在するものとして、眼前に見出すものなのであり、そして私は、その現実を、それが私に対しておのれを与えてくれる通りに、実際また現にそこに存在するものとして、受け取る」（Ideen I 53/133）のである。このような素朴な態度は現象学的エポケーによって排除されるものとされる。ところで、私たちはつねに対象の存在を確実なものと確信ないしは信じているわけではない。対象は、可能的なものと見なされることもあるし、疑わしいものと見なされることもある。このようなあり方で対象を立てるあり方が設定立（Position）と呼ばれるものである。別の観点から言えば、定立には狭義と広義の二つの意味があるわけで、狭義には、知覚ないし想起においてノエシスの側で「確信に満ちた信念」が出現したときに、それに呼応する形でノエマの側で「確実に存在する」という存在様相が出現することを意味する。一方、それを拡大した形で、広義での定立が設定立と呼ばれ、それによってもたらされる変容がいわゆる中立性変容と対比される。[16] さて、中立性変容とは、憶見的様態を完全に消去し、対象の存在非存在は問わず、ただ「思い浮かべる」ことを意味するとされる。その意味で、エポケー（つまり意識が対象と素朴に結ぶ自然的態度を遮断すること）もまた、中立性変容とごく近い操作と言えよう。というのも、定立はエポケーによって一時的に括弧に入れられるからである。私たちがここで問題としているのはフッサールの志向性理論自体の要約ではないから、これ以上いたずらにこの問題に拘泥するのは避けよう。それより問題はこの志向性の概念をサルトルがいかに援用するかなのだ。じつは、このようなひじょうにニュアンスに富んだ理論をサルトルはごく単純化して用いるのだが、そこには大きな落とし穴がある。

サルトルは「あらゆる意識は、何ものかについての意識である」というフッサールの命題を微妙にずらして、「あらゆる意識は、自ら以外の何ものかについての意識である」と考える。その際に、サルトルは措定的意識と非措定的意識という区別を立てる。措定的ないしは定立的意識とは、ある対象への関わりを示すのであって[17]、意識において明確に対象化するあり方が措定的であり、明確に対象化されずにぼんやりと意識するものが非措定的だとされる。これも単純化を恐れずに言えば、フッサールにおける顕在的と潜在的の区別が措定的と非措定的の区別にあたると言えよう。ところでサルトルにとって、意識の様態は中立的ではありえず、もっぱら対象化の作用であり、その場合の対象化とはフランス語の objet という言葉の多義性を踏まえて、同時に客体化でも、物化でもあるような類のものである。このようにして、反省以前的コギトは、意識とは別の存在者の認識であり、それは〈このもの〉の客体＝対象＝物化を意味し、それゆえその他化をも意味することになる。このようにして、サルトルは観念論という批判を逃れうると考えた。というのも、意識がつねに自ら以外の何ものかについての意識であるのだとすれば、意識以外の存在者があるわけで、それこそが世界にほかならないからである。だが、そうなると反省というものを考えたときに、純粋な反省自体が不可能になってしまうように見える。つまり、意識が意識されるものをつねに他化＝異化的に定立するのだとすれば、そして中立的な志向性はなく、それがつねに対象化、他化だとすれば、純粋な反省など不可能だからである。簡単に言えば、そこが純粋な反省の弱点と言えよう。じっさい、『倫理学ノート』では回心と浄化的反省に関しては、手帖IIで四十頁以上にわたって論じられているが、明らかにされているようには見えない。

純粋な反省が現れると別の型の実存者が構成される。〔……〕投企は純粋な反省によって消去されはしない。それは現象学的エポケーによって自然的な態度が消去されないのと同じである。投企はそのままであり、根源的選択に深く根ざしたままである。しかし同時に、それは主題化され、自分自身にとって問いの対象となるのだ。（CM 489-490）

ここで、サルトルは主題化というそれまでは出てこなかった概念に助けを求めることになるのだが、『存在と無』における対自構造においては主題化は言葉としてこそ現れるものの、実態の曖昧なものでしかなかった。もちろん、話としてはわからないわけではない。私がこのペンを意識しているとき、その背景にはペンを持っている手も、その後ろに見える机も、さらには机の上のコーヒーカップなども同時に意識されているはずだ。ただ、それらはこの時点では主題化されていない。ところが、それを思い出すとき、それら背景にあったものを想起のうちで主題化することは可能であろう。

とはいうものの、サルトルは一方で志向性を措定的と非措定的の二つのあり方に排除的に分けながら、主題化という後から挿入された内容の曖昧な装置によって問題の解決を図ろうとしているのではないか、という疑惑は残る。だが、問題はそれだけではない。フッサールにおいて、このような現象学的記述が可能となったのは、いわゆる現象学的還元あるいはエポケーによってだったのだが、このエポケー自身は中立性変容と「近しく親近な」ものとして彼自身によって規定されており、中立的な作用のようなものと思われるからである。[18] したがって、フッサールにおいては意識作用に設定立性と中立性の両面を認めることは、志向性の核心にある問題であって、サルトルが行ったように、中立性を完全に排除しながら、志向性だけを援用するということには理論的な無理が生じるように思われる。話がやや技術的になってしまったが、この点は、特に他者関係において後々まで尾を引く問題なので、サルトルにおける意識のあり方を図式化しておこう。意識には外部へと向かう措定的なあり方（この典型が認識（connaissance）だとされる）と、自己自身と関わる非措定的なあり方（これは認識ではありえず、主題化された場合は承認（reconnaissance）である）とが同時にある。まとめれば、次のようになろうか。

認識＝超越＝何ものか（他なるもの）についての措定的意識＝その何かの客体＝対象＝物化（反省以前的）

承認＝了解＝何ものか（他なるもの、ないしは自己）についての非措定的意識＝その何かの主題化（反省的）

たとえば、『存在と無』においては、恐怖や嘘は、他なる対象についての措定的意識として記述される。その一方で、自己欺瞞や共犯的反省は対象化され、他化された自己についての措定的意識とされる。それに対して、不安や純粋な反省は、対象化されてはいない自己についての非措定的だが主題化的な意識だとされるのである。ところが、この第二の系列に関しては理論的な説明はかなり粗雑であり、了解なり主題化に関してはまとまった説明がなされていない。一方、志向性（定立作用）がつねに異化作用であるとすれば、主体は他者を認識以外の仕方で捉えることはできなくなる。つまり他者を認識することはできても、承認することはできなくなってしまう。このことが大きな躓きとなるのだ。だとすれば、その存在論的基盤を見直すことなくしては、他者承認の可能性は見えてこないだろう。だからこそ後期のサルトルにおいては、このような他者の他性を損なわない対他関係として、了解という概念が重要性を増していくことになるのだろう（この了解の概念に関しては後にもう少し詳しく検討する）。

以上が技術的な点から見た第一のモラルの挫折の原因ではないか、と思われる。だが、サルトルの倫理が抱えるより深い問題点がある。それはコミュニケーションと密接に関わった問題系であり、だからこそ、倫理的著作の頓挫以来、サルトルはモラルの問題を、より文学的地平において語りだすのだ。

4　コミュニケーション、コミュニティ

現在、倫理を語る際の難しさのひとつとして、学としての倫理学が不可能とまでは言わなくとも、ひじょうに困難であるという事態がある。いまの私たちは神のような超越者を想定することができるだろうか。そういう立場の人もいないではないだろうが、倫理の問題を扱う際には、一般的には無神論が前提とされているだろう。また、日々科学的発見によって、人間の生物学的レベルにおける解明は進んでいるとしても(19)、十九世紀に信じられていたような意味での普遍的人間性などというものは、私たちにとって想定しにくい。というより、人間性というものがあるとすれば、それは私たちのあり方によって刻々と変わってゆくような流動的なものとしてしか考えられないであろう。普遍的真理、人間性一般、神といった、超越的あるいは内在的同一性をいっさい否定するサルトルの実存主義にとって、規範的倫理学の構築は困難だろう。このことは、実存主義を他の規範倫理学と比較したとき自ずと明らかだ。絶対的で客観的な価値を認めないのだから、いわゆる価値の倫理学とはなりえないし、ヘーゲルにおけるような人倫の哲学でもありえない。さらには神の存在を認めないのだから、絶対的超越者に立脚したような倫理も考えられない。おそらく、規範的倫理学が成立するためには、個別と普遍との間に一定の図式が想定される必要がある。つまり、個別者（個々の人間存在）が何らかの超越的な普遍者（イデアとしての価値、普遍的な人間本性、神等）に分与し、そのかぎりにおいて、完全で無限である普遍者と不完全で有限な個別者との関係として倫理

問題が成立するという構図のもとで扱われる必要がある。その際、個々の実存は最上位の類である普遍者の派生態であり、それによって全面的に規定されている。それゆえ、倫理的であるということは、このような上位の普遍者との一致を意味することになる。このようなパースペクティヴから考察するかぎりでの倫理学とは、一致されるべき普遍者の顕示、そして、普遍者と個別者との関係の顕示ということになろう。だからこそ、価値、人間本性、超越者（神）の探求、および一致の可能性が考察されることになる。

ところが、人間的現実を、いかなる上位の類概念にも属さず、その本質の定義すら不可能な自由として捉えるサルトル思想においては、個と普遍との前述の図式は完全に崩れてしまっている。サルトルの述べる〈人間性＝人類（humanité）〉とは個々の実存が下属するような上位概念ではない。言ってみれば、人間とは内包なき外延なのだ。それゆえ『存在と無』に立脚するかぎり倫理は超越的同一性なき倫理として、三つのアポリアに逢着せざるをえない。それは、第一には、何が倫理的規範を根拠づけるのかという〈無根拠性〉であり、第二には、いかにして独自の発話が普遍的なものとなりうるのかという〈普遍性の欠如〉であり、第三には、根拠も普遍性もない場合、真理の伝達はどのように可能なのかという〈伝達不可能性〉のアポリアである。

まず、第一に存在論の地平で示された対自の無根拠性は、倫理的レベルにおいて解決しがたい問題を引き起こす。対自が自由であるということは、必ずしも自由がすべての価値の根拠となるということを意味しないからである。サルトルは各自が自らの投企によって価値を創出すると述べるが、善悪を前提とせず、どのような判断が可能なのかという反論がすぐさま予想されうる。第二に、超越的シニフィエが不在であるサルトルの存在論に即せば、倫理的命題の普遍性という問題が提起されざるをえない。つまり、たとえばカントの道徳論においては「汝〜するなかれ」という命題は、それが人間本性というものを前提としているかぎりにおいて、普遍的な命題となり、それが誰によって発せられたかは問題ではない。また、有神論的な立場から考えた場合には、「汝盗むなかれ」という発話はそれが神の言葉であるかぎりにおいて、規範性と根拠をもちうる。それに対し、サルトルの存在論によれば、いかなる命題も何者かによって発せられたものでしかなく（かつ、その誰かには必ずしも権威はない）、したがっていかなる規範性も根拠ももちえないことになる。第三に、他者と自己との間にいかなる共通項もないのだとすれば、真理の伝達はどのようにして可能なのかという問題が出てくる。それは言葉をかえてみれば、他者理解はどのようにして可能なのか、とも言える。古典的な図式においては、超越的あるいは内在的同一を媒介として伝達《コミュニケーション》＝交流が可能であったが、このような超越的な同一性を否定する以上、サルトルはコミュニケーションの根拠をどこに見出すのか、という疑問が湧く。

だが、これらのアポリアにもかかわらず、モラルの不可能性こそがモラルを要請し、伝達の不可能性こそが伝達を要請するとサルトルは主張する。つまり、このような逆説的なあり方こそ人間的現実の条件なのであり、倫理的出発点なのだ。しかし、よく見てみれば、このような超越的規範なき規範性の問題は倫理だけの問題ではなく、芸術や言語の問題と通底する問題系とは言えまいか。現代の芸術論や言語論が明らかにしたことは、規範性が事後的にしか存在しないということであり、部分と全体の関係の共軛性であった。以上のことをどこまで自覚的に活用したのかは判然としないが、遺稿を読むとこれらの問題点を新たなタームを手がかりに解決しようと努力するサルトルの姿が垣間見える気がする。

　だからこそ、通常はサルトル思想の鍵語とは見なされていないコミュニケーション、共同体《コミュニティ》、呼びかけ、贈与といった言葉を手がかりに、モラルの問題を考察する可能性があるように思われるのだ。これらの語は、自由、投企、志向性といったサルトルに固有な存在論的名辞を裏打ちする問題系として、また、それらの存在論的名辞を責任、アンガジュマン、承認といった倫理的な名辞へとつなぐ連鎖の環として、テクストの端々に見え隠れしている。そればかりではなく、文学と倫理の結節点にある「了解」の概念とも密接に関わっているから、サルトルの倫理思想の（不）成立の過程を、これらの言葉を通して見ることは十分可能であろう。さらには、前節で見た〈文芸の共同体〉というトポスも視野に入れつつ再検討することができるだろう。もちろん、サルトル自身はしばしば既成の共同体に対して批判的な発言をしているし、それはたとえば、「文学の国有化」という論文に端的に表れている。その淵源には国民国家の形成という大きな流れのなかで起こった第一次大戦、そしてそれに続く時期に蔓延していたナショナリスティックな雰囲気に対する本能的嫌悪があったかもしれないし、アルザスという仏・独二大文化圏のはざまに根をもつシュヴァイツァー家で培われた家庭環境の影響もあるかもしれない。だが、サルトルが否定する共同体（共同性）、つまり内在や帰属に根ざしたそれだけが共同体なのではない。たとえばジャン＝リュック・ナンシー[20]が、このような内在性とは異なる新たな共同体の概念を提起していることを思い起こせば、私たちはそれを援用しつつサルトルを再読解することができるようにも思われる。つまり、個別性を単純に廃棄する共同体ではなく、個別性の廃棄を要請しながらも、個別性が全体性へと回収されるのではなく、逆に有限である個の差異性がなまなましく露呈（外‐措定）される（ex-posé）ような場としての共同体。その意味で有限性の共同体（共同体はつねに有限者のそれ以外ではありえないのだが）は、有限性の止揚ではなく、有限性の承認そのものであり、有限性を贖い、上位の超越への帰属あるいは内在となってしまうようなものではない、とナンシーは指摘する。あらゆる上位概念の否定から出発し、個と普遍の関係を〈独自‐普遍〉という相の下で、また脱全体化的全体という概念で探ろうとしたサルトルの思想は、このようなナンシーの問題設定からけっして遠いものではないし、――サルトル自身はこのような新たな共同体論を明確にすることはなかったとはいえ、――内在によらない共同体構想の萌芽はこの第一のモラルのうちに見られるように思われる。

四〇年代後半から五〇年代初頭にかけてサルトルは、他者の自由（それは先に述べた三つのレベルの混然としたものであるが）の承認のうちに倫理の可能性を探るのだが、その考察は生前に発表した哲学論考においては解決をみなかった。そして、哲学的地平で解明できなかった倫理的問題系は、文学的地平へと横滑りしてゆき、『文学とは何か』や『聖ジュネ』に影のようにつきまとうことになる。このような当時のサルトルの道徳論の問題点をつとに指摘したのは、ジョルジュ・バタイユであった。[21]

サルトルがその哲学論文において逢着した最大の困難は、自由の道徳から、義務の体系のうちに個人相互を結びつける共同性のモラル（morale commune）のほうへと、移行することが彼にはできなかったことだ。ただコミュニケーション〔……〕の道徳のみが、功利主義の道徳を超えることができる。ところが、サルトルにとってコミュニケーションは基盤ではない。彼がその可能性を見るとしても、それはただ、諸存在相互の不透明性という大前提を通じてでしかない（彼にとっては、基盤となるのはあくまで孤立した存在であって、コミュニケーションにおける諸存在の多様性ではない）。それだからこそ、彼は戦時中から予告している道徳論を書かないでいるのだ。ただこの誠実で長大な『聖ジュネ』だけが、その仕事の現状を垣間見せてくれようが、『聖ジュネ』は、その驚くべき豊饒さにもかかわらず、到達点とは正反対の代物なのである。[22]

バタイユの指摘するように、たしかに『存在と無』においてサルトルは、自由の問題をあまりにも個としての主体へと収斂させてしまい、自ら道徳的展望への道を断ってしまったと言えるし、また『存在と無』の「眼差し」の記述に端的に象徴される、世界の定立であるような超越としての自由論に立脚するかぎり、実存相互の交流《コミュニケーション》が不可能に見えることも否めない。この点で、バタイユの指摘は正鵠を射ていると言わねばなるまい。しかし、バタイユが読むことのできなかったサルトルの遺稿には、非‐知の思想家の問題系とけっして無縁ではないコミュニケーションの問題が頻出する。そして、これらの問題は読者、読書、読解という補助線を引くことで、浮彫にされうるのではないかと思う。

これまでサルトルのモラルは、〈自由である主体は相互に敵対しあうが、それは主体が疎外されているためにすぎない。回心（あるいは非共犯的反省）によって、個々の対自は私の自由が他者の自由と結びついていることを理解し〈本来性〉、自らと同時に人類全体に責任をもつことを理解すれば、自己と他者の自由を目的にアンガジェすることになる〉、という形で、つまり、相剋から疎外解除へという方向性で論じられてきたことはすでに指摘した。そこから、必然的に想定されるのはヘーゲルの主人と奴隷の弁証法にも似た対他関係の構造であり、また自由の相互承認を結節点とした二項的な論理や、間主観性の問題である。そして、コギトに根ざしたこのような本来性のモラルから、社会・歴史的な次元を考慮に入れた弁証法的モラル、あるいは政治と密接に結びついたモラルへと五〇年代後半のサルトルは移行していったのだとされてきた。しかし、遺稿を積極的に読みとくことで、異なるサルトル像が見えてくるかもしれない。次に『倫理学ノート』と『真理と実存』を『文学とは何か』とからめて読解してみよう。

II　モラルとエクリチュール

倫理が言葉に出せないものであることは明らかである。倫理は超越論的である（倫理と美学は同じものなのだ）。

ヴィトゲンシュタイン『論理哲学論考』6.421

第一章　呼びかけとは何か

一九八三年、サルトルの養女であり、相続人でもあったアルレット・エルカイム゠サルトルの編集により、六百頁を越える大部の『倫理学ノート』が刊行された。これは『存在と無』の結論で約束された〈モラル論〉として四六年ころから四八年ころまで集中的に執筆された十冊ほどのノートのうち散逸を免れたもので、サルトルの遺稿のなかで質量ともに圧倒的な重要性をもつ重要なテクストである（もっとも、これらのノートの存在は以前から比較的よく知られていたし、その一部はすでにサルトル存命中の一九七九年にミシェル・シカールが編集した *Obliques* 誌のサルトル特集に掲載され、話題になった）。モラルの全貌が明らかになるのではないかという希望をもって、研究者たちは我先にこの本を読んだ。その結果は満足と失望が相なかばするものであったと言えよう。たしかに、そこには、『存在と無』で提起された倫理的諸問題がより深化したあり方で考察されていた。だが、それは全体のごく一部でしかなく、倫理問題すべてに決定的な光を投げかけてくれるようなものではなかった。しかし、この失望は、当然といえば当然の結果であり、もしそれほど完璧なものができていたならば、サルトル自身、出版を躊躇することはなかったであろう。ノートの内容は、疎外論、暴力論の部分が中心であり、対自として存在論の次元では完全に自由であるはずの人間的現実が、具体的次元ではさまざまな反自由に出会うことになる過程が解明されているものの、真の自由へと至ることを可能にする非共犯的反省に関する明確な理論化は見られない。

このテクストは、前期サルトルの道徳思想の片鱗を想像することを可能にするという意味で、欠くことのできない資料である（この点はいくら強調しても強調しすぎるということはないだろう）。しかし、この書の魅力はそれだけではない。ここには、一般に流布している、主体（性）の哲学者サルトルとは別の顔が、マルクス主義の同伴者サルトルとは異なる相貌が、そして時にはレヴィナスやバタイユと見まごう発言をするサルトルの新たな側面が見えるのだ。(2) そして、従来のサルトルの鍵語ではないターム——呼びかけ、贈与性——に注目することによって、新たな読解を可能にするという意味でも、まことに刺激的なテクストと言える。遺稿中の〈存在論的モラルの構想〉は次のようなものだ。重要なものなので若干の省略を行いつつ全体を引用しておこう。

存在論的モラルの構想

(1) 存在の選択としての、また、存在の欠如としての実存。〈超越〉のパースペクティヴとしての存在。〈即自対自〉。最初の存在論的現象としての物象化。非本来性は〈自然＝本性〉だろうか。最初はそうではない（それには疎外を通過する必要がある）。非本来性とは、世界によって自らを理解することである。［このことは］自然なことである。というのも、世界は私のイメージを私に送り返すからだ。しかし、私は自分のイメージを、それを投げかける投企に先立って置くのである。私は自分の善＝財と作品＝行為から自らを理解し、客体の存在タイプとして自らを与える。私は正当化されたいのである。

(2)　ことに物象化の社会的相としての疎外。私は私を見る〈他者〉を見る。私は、自分が〈他者〉と同じように、そして、〈他者〉にとって存在することを認める。しかし〈他者〉は、私にとって他なるものとして存在し、私は、彼にとって〈他者〉として存在する。つまり、超越された対象物としてである。したがって、私は、このことによって自分自身にとって〈他者〉なのだ。疎外の世界とは人が自分自身を〈他者〉から考えるような世界である。マルクス主義の批判。疎外は抑圧に先立つ。神秘〔秘密〕による——恩寵による疎外。

(3)　疎外されたものとしての自由。

第一型　人間の本性による疎外（自らがあるものにならねばならない。アリストテレス）〔……〕

第二型　義務による疎外——権利による疎外（権利とは、奴隷に権利を与える主人の要請である）

第三型　諸価値による疎外。価値の〈存在〉の記述。価値は自由によってのみ支えられていることを示す。〈他者〉の介入。価値とは、他者のための私の目的である。

他なる者《エトランジェ》として捉えられた私。私はこんなふうなのだ。〔……〕

しかし、どの疎外の場合でも、本性、義務、価値は自分が疎外する自由を前提としている。それはつねに否定性なのだ。自由がひとつの疎外形式を破壊しても他の疎外形式がとって代わる。出自（race）（自然）という観念のなかに義務－存在〔そうでなければならない〕がある。出自を構築しなければならない。自己のうちに出自を実現しなければならない。この義務－存在から離脱《デガジェ》することは、それを義務として立てることだ（カント）。しかし、それもまたひとつの物である。義務とは〈意志〉のただなかにある〈他者〉なのだ。それは〈他者〉の投企として構想された意志の投企である。起源にあるのは主人と奴隷の関係だ。価値は義務の否定だが、世界の存在構造である。どのイデオロギーも疎外の拒否であると同時に新たな疎外である歴史においてと同様、この発展の各契機がそのうちに拒否としての自由を含むと同時に物としての自由の表象をも含んでいるのだ。「私とはひとりの他者である」。〈我〉と〈彼〉

(4)　あらゆる〈疎外〉の範疇。

疎外の主体的タイプとしての自我。自我もしくは私のうちの〈他者〉。

絶対的他者あるいは他者の優位性を肯定する体系の原理としての神。

疎外の範疇としての忘我《エクスターズ》＝脱存、憑依《ポセション》＝所有、祈願《プリエール》＝懇願、眼差し。

疎外されたものとしての神秘主義者。

神の形相的記述。

(5)　疎外された世界の記述。

懇願、要求等々。正当化、暴力。

(6)　疎外における自由。〔……〕

(7)　回心、非共犯的反省。回心の動機は自己を回復することの不可能性。回心の意義は疎外の廃絶。

正当化されてないこと、あるいは無動機性——両義性——緊張——失敗。

自己との根源的関係は、不一致的に一致することであり、投企の変更である。つまり創造だ。外部に自らの存在を創造することによって自分の存在にひとつの根拠を与える。絶対的な目的、それは世界の存在に根拠としての人間的自由を与えることである。しかし、この目的は与えられているのではなく、望まれているのだ。義務と意志の相違。外部と内部。そして、〈存在〉の開示、すなわち、悦び。
(8) 他人への呼びかけ(appel)。どのように他人を考えるか。「誰それはホモだ」(自分に対する誠実性にも同じ問題がある)
他人と直接的関係をもつことを諦めること。

他人との真の関係はけっして直接的ではない。すなわち作品を媒介とした関係。私の自由は相互承認を含んでいる。しかし、人は自己を与えることによって自己を失う。ジェネロジテ。愛。私の対自と私の対他の新たな関係。つまり、作品＝行為による関係。私は他者に私が創造した対象物として私自身を与えることによって、自らを定義する。他者が私に客観性＝対象性を与えてくれるように。
(9) モラルの国の意義。
準主体として捉えられた人類。

創造的意志として〔捉えられた人類〕。

有限性のモラル。

有限で絶対的な歴史としての人類。それは自らに与える意味しかもたない。絶対の回復。黙示録。(CM 484-487)

一見、この計画メモからは、サルトルが構想するモラルは対自の自由(存在論的自由)を出発点とし、なぜそのような根源的な自由が自由でない状態(社会的不自由)へと陥るのかを分析し(疎外論)、真の自由(倫理的自由)へ至るためにはどうすればよいのかを探る、という三部形式をとっているように見える(セクションIIとしては、歴史とモラルの関係が述べられている)。それは私たちが第I部で検討した自由をキーワードとした本来性のモラルでも明らかに見てとれたことである。その意味で、従来の図式はサルトルの意向を忠実に読み込んでいると言える。ここで、賭金となっているのが、他者の認識(connaissance)ではなく、他者の承認(reconnaissance)の可能性だからである。サルトルはこのような相互性の可能性を、あらゆる場所に見出そうと探し求める。相互性(réciprocité)、この語がいわば鍵なのだ。とはいうものの、問題を自由な主体が相互に相手を承認しうるか、という点にのみ絞ってしまうと、そこから出てくるのは、眼差しの理論や主人と奴隷の関係のような、主体相互の弁証法的な超越でしかなかろう。そのような発想では袋小路に入ってしまうことはすでに述べた。

だが、いったんこのプランの全体像から部分へと、さらには細部へと私たちの目を移してみれば、少々違うものが見えてくる。この構想の(8)の部分は、『文学とは何か』で提示された主題とほぼぴったりと重なるのだが、これはけっして偶然ではあるまい。つまり、非共犯的反省によって回心がなされた後の対他関係の具体的なあり方は、他者との「作品＝行為を媒介とした関係であり」、そのときこそ他者の自由の承認が可能になるというのが、当時のサルトルの辿り着いた文学観であり、倫理観であった。このように、『文学とは何か』と『倫理学ノート』のテクストを比較するとき、共通項としていくつかの主題が浮かび上がってくる。そのひとつが〈呼びかけ〉である。

1　ハイデガーの呼びかけの転用

『文学とは何か』において斬新であったのはなによりも「呼びかけとしての文学」という新しい問題系だった、とすでに述べた。そして、この言葉は『倫理学ノート』でも重要な鍵語として現れていることがわかった。だとすれば、この「呼びかけ（appel）」という概念は、何に由来し、またどのような奥行をもった言葉なのだろうか。サルトルが最初に呼びかけという言葉を用いるのは『存在と無』においてだが、そこで記述されるハイデガーから借用された〈存在の呼びかけ〉は、性的なものに関する言及が極度に少ない『存在と時間』を揶揄するかのように、ほとんどパロディ的に使われていた。

女性器の猥褻さは、あらゆる口の空いたものの猥褻さである。それは他のすべての穴の場合がそうであるように、ひとつの存在の呼びかけである。それ自体として、女は、挿入と希釈によって存在充実へと自分を変化させてくれるだろう異物〔他者の肉体〕（chair étrangère）に呼びかける。また、逆から言えば、女は自分が〈穴の空いたものである〉から、ひとつの呼びかけとして自分の条件を感じるのだ。〔……〕幼児は穴をふさぐのに、自分の身体を使う。そして、穴は、あらゆる性的分化に先立って、ひとつの猥褻な予期であり、肉体の呼びかけなのだ。（EN 706）

ここだけを引用するとほとんど噴飯ものだが、『存在と時間』における「良心の呼び声（Ruf des Geweissens）」の記述の口調と比すれば、その調子の違いは歴然としており、ハイデガーにおいて極度に倫理的な意味を帯びていたこの言葉を俗化することをサルトルが楽しんでいるようにも見受けられる。『存在と無』では他に緒論と結論で一度ずつ「存在の呼びかけ」という表現がとってつけたように現れるほか（EN 16, 711）、二度ほど〈良心の呼び声〉への言及があることから見ても、サルトルが意図してこの言葉を揶揄的に用いていることは明らかだろう。『文学とは何か』や『倫理学ノート』においては積極的な意味を担わされることになる「呼びかけ」という概念は、まずはこのようにまったく表層的な形で導入されたのだった。

ところで、ハイデガーにおいては、この言葉はどのような位置を占めるのだろうか。『存在と時間』第二編「現存在と時間性」の第二章「本来的な存在可能の現存在的な臨証と、覚悟性」という文脈でRufen（呼びかけ、呼び声）という言葉は現れ、五五節において、語り（Rede）に反対するものとして叙述されている。ハイデガーはそこで良心を呼び声として性格づける。

呼ぶことを、われわれは語り《レーデ》のひとつの様態として捉える。語りとは、了解可能なものごとを分節するものである。良心を呼び声として性格づけることは、たとえばカントが良心を法廷として描いたような、たんなる「比喩」に尽きるものではない。ただ、ここで見逃してはならないことは、語りには――したがってまた呼び声には――発声的な表現が本質的な条件ではないということである。むしろ、いかなる発生的な言明や叫びも、すでに語りを前提にしているのである。（SZ 272）

良心の呼び声によって呼びかけられているのが現存在であり、それは本来的な自己へと呼びかけられるとされた。そして、五七節において、呼ぶ者自身が誰であり、呼びかけられる者と呼びかける者との関係はいかなるものかが問われる。

呼ぶ者は誰かという問いをことあらためて提出する必要が、そもそもあるだろうか。この問いは、呼び声において呼びかけられている者が誰であるかという問いと同様に、現存在のなかですでに一義的に答えられているのではあるまいか。すなわち、現存在が、良心において、おのれ自身を呼んでいるのである。（SZ 275）

「現存在は呼ぶ者であるとともに呼びかけられる者でもある」（SZ 275）という答えは存在論的には十分ではない、とハイデガーは続いて述べ、呼ぶ者の存在論的解明を展開することになる。だが、サルトルにとっては、この同時に呼ぶ者であり、呼ばれる者であるという二重性こそ重要な示唆でありえただろう、と想定される。じっさい、『文学とは何か』や『倫理学ノート』でサルトルが呼びかけというタームを活用するのは、この双方向性を可能とする二重性においてであった。こうして、戦後のサルトルにおいては、呼びかけは積極的かつ肯定的に用いられるようになり、このことはアンガジュマンという言葉が肯定的な意味へと変換していくのに呼応する。

追加的に述べておけば、じつはハイデガー自身は、周知のように、後期の思索において呼びかけを存在の呼びかけとしていよいよ徹底することになるのだが、彼の芸術論においても呼びかけはけっして二次的なものではない。『言葉への途上』所収の「言葉」でハイデガーは、トラクルの詩に解釈を与えながら、詩における語句は情景を「語のうちへと呼び込む（ins Wort rufen）」（US 18/16）、つまり不在のものを、その距離は保ちつつ、現前のうちへと呼び込み、引き寄せ、近づけるのだと述べている。そして、詩を読む行為とは、このような不在のただなかで、不意に出現する〈世界の開示性〉へと呼び入れられ、引き込まれることだとしている。

事物を名指して呼ぶという活動が、事物を呼び寄せたり去るように呼びかけたりするように、世界を名指す言《こと》の活動（das Sagen）も、世界を言へと呼び込んだり、言から立ち去るように呼びかけたりするものである。この言の活動は世界を事物に委ね、同時に、事物を世界の輝きのなかに移し入れて守るのである。（US 21/20）

ハイデガーの芸術論に見られるこのような〈呼びかけ〉という語の用法は存在の問題と芸術の問

題を連繋する興味深い稜線を形成していると思われる。だが、サルトルがおそらくは読んでいなかったであろうこのテクストにこれ以上つきあうことはここではできない。呼びかけという語のもつ右のような豊かな背景を確認しておくことで満足しよう。

2　呼びかけとしての文学

呼びかけという言葉は、『存在と無』ではパロディ的に用いられていたにすぎなかったが、戦後のサルトルの著作において一変して重要な意味を担うことになる。(3) ほかならぬ『文学とは何か』においで、サルトルが文学作品を開かれたものとして、コミュニケーションとして規定する際に鍵語として召喚するのが呼びかけなのである。

> 創造は読解《レクチユール》のなかでしか現実化〔完成〕せず、芸術家は自分の始めた仕事の現実化を他人に任せねばならず、読み手の意識を通じてしか自分が作品に対して本質的であると思うことはできぬのだから、あらゆる文学作品＝行為は呼びかけである。書くこと、それは言語を手段として私が企図する開示〔発見〕を客観的現実存在（existence objective）へともたらすように読み手に呼びかけることである。そして書き手は何に呼びかけるのかと問われれば、答えはいたって単純である。〔……〕書き手は、彼の作品の制作に協力するように、読者の自由に呼びかけるのである。（QL 58-59/55-56 強調引用者）

このように作者が作品＝行為において行っているのは、ひとつの呼びかけだとされる。すでに第Ⅰ部で見たように、サルトルが作品を作者から読者の手に手渡されるようなひとつのオブジェとは捉えていないことはここからも明らかに見てとれよう。ところで、呼びかけ（appel）という語はフランス語においては専門用語というにはほど遠い、ごく日常的な言葉にすぎない。英語のcallと同様、声に出して呼ぶ、電話をかける、名づけるなどを意味するが、さらには具体的な行動などへの呼びかけや訴え、また軍事用語としては召集、法律用語では控訴などの意味も加わる。アピールという外来語のもとになった言葉であることを加えておくとわかりやすいかもしれない。したがって、「読者の自由に呼びかける」と訳した先の引用箇所を、「読者の自由に訴える」とか「読者の自由の助けを求める」と訳してもよいわけである。サルトルが文学作品＝行為の中核に置いた呼びかけを純粋に文学の地平で考えるとき、まず思い浮かぶのはプルーストの語っていた読書がもたらす〈うながし（incitation）〉の作用であろうか。

〔美しい本の偉大で素晴らしい特徴のひとつは〕著者にとって書物が「結論」と呼ばれうるものなら、読者にとってこれは「うながし」とも呼ばれうるということだ。われわれの叡知は、著者のそれの終わるところで始まる、ということがはっきり感ぜられる。われわれは著者に回答を与えて欲しいと思うのだが、実は、われわれに欲望を与えるということが著者のなしうるすべてなのである。しかもこの欲望を著者は、彼の芸術の最後の独力によって達しえた至高の美を凝視させることによってでなければ、われわれのうちに喚起することができない。しかし精神の視覚の、奇妙な、だが天の摂理のように見事な法則によって（おそらくその法則は、われわれが誰からも真理をうけることができず、それを自分自身で創り出さなければならないということを示しているのであろう）、著者の叡知の終わりはわれわれの叡知の始まりのようにしか見えないから、こうして著者が言いうることをすべて言いつくしてしまった瞬間に、われわれのうちに彼がまだ何も言っていないような印象が生ずることになる。(4)（強調引用者）

私たちは誰からも真理を受け取ることができず、それを自身で創り出さなければならないのであって、この創造を促すものが良い作品なのだという考えは、サルトルの提唱する呼びかけに呼応するものであろう。じっさい、すでに見たように、サルトルの読書論にはプルーストにつながる稜線が見られると思われるのだが、当面は私たちの問題系に関連したことだけを見るとすれば、サルトルの文学論の特徴は、繰り返して言うように、それが同時にモラルであるという点にある。つまり、そこで問題となっているのは単なる呼びかけではなく、あくまで「自由への呼びかけ」と規定されている点に注意しなければならない。

文学作品＝行為の本質は自らの自由を発見する自由であり、それは他者の自由への呼びかけで全面的にあろうとする自由でもある。（QL 185/144）

つまり、作品＝行為とは、なによりも自らを自由であることを認めた〔再認した〕自由それ自身であり（これは言ってみれば、浄化的反省を経た対自であろう）、それゆえ、他者の自由に対して、自由の相互承認を呼びかける具体的な例なのだ、とパラフレーズすることができる。ただし、サルトルは以上のことを事実だと認めたうえで、「抑圧の形式が人間に対して、人間の自由を隠すことによって、作家に対して文学の本質の一部ないしは全部を隠してきた」（Ibid）と付け加えることも忘れない。

このような自由の承認（reconnaissance）こそ、サルトルが倫理的地平において理想とした対他関係であった。この点を端的に示している箇所を、重要なものなので、すでに触れた文ではあるが、もう一度引いておきたい。

書く者は、読む者の自由に向かって書き、読む者にその作品を存在させることを要求する。しかし、それだけではなく、読む者が彼の与えた信用を返してくれることを要求し、彼らが彼ら自身の創造的自由を承認することを要求し、読む者の側でも対称的《シンメトリック》に逆からの呼びかけを行って、書く者の側の自由を喚起してくれることを要求するのだ。そこで、読むこと《レクチュール》のもうひとつの弁証法的逆説が現れる。われわれが、自分自身の自由を感じれば感じるほど、われわれは他人の自由を承認するし、他者がわれわれに要求すればするほど、われわれは他者に要求するようになるのである。（QL 65/60）

一見して明らかなように、ここではなによりも、文学が他者の自由の承認という相のもとに強調されているのであり、それを可能にしている呼びかけは、強制とは一線を画した対他関係を示唆している。つまり、一方が他方を一方的に超越するのではなく、互いに他へと働きかけながらも、必ずしも超出とはならない関係である。なぜ、ここでこのような相互関係が可能になるかと言えば、呼びかけの根底には、呼ぶ者と呼ばれる者の双方向的な関係があるからだ。すでに触れたように、サルトルはおそらくこのような呼びかけの概念をハイデガーに触発されつつ考えたのであろうが、それはおそらくあくまできっかけであり、サルトルの述べる呼びかけのいまひとつの根はアンガジュマンとの関係にあるように思われる（これについては後に見ることにしよう）。

「呼ぶ者であるとともに呼びかけられる者でもある」というこの両義性（双方向性）をサルトルは可能なかぎり汲み尽くし、相互石化する眼差しの対他関係とは異なる相互性の対他関係を探ってゆくことになるのだが、ここで鍵となるのは、〈呼ぶ〉という行為が言葉を媒介とすること、つまり、それが限りなく直接的な関係でありながら、言葉という透明でもあり不透明でもありうるような両義的な媒介《メディア》によっていることである。(5) じっさい、これを『存在と無』における眼差しの理論と比べてみると、その違いは判然とする。眼差しは他者を無媒介的に超越するものであり、〈見る〉者であると同時に〈見られる〉者であるという意味で、双方向性はそこにもあるのだが、それは無限に相剋的でしかありえない形で記述されていた。というのも、対自の構造としての自由は、対象の定立（措定）と不可分なあり方で記述されており、このような超越として記述された実存の構造は、価値の創出や自己選択としての投企という観点からはポジティヴであっても、こと対他関係に関しては、認識としての志向性のネガティヴな面ばかりが前面に出るからである。それは端的には、

objetという語の多義性に立脚した対象化、客観化、物化の同一視による〈眼差しの理論〉に収斂する他者関係であった。対自の超越は、対象を異化せずには措定しえないという『存在と無』の出発点が足枷となり、他者がその他性を保ったまま承認される方途は閉ざされていた。そして、言葉を欠いた、無言の相剋関係が中心に論じられることになった。これはまた、多くの論者がサルトルに対して批判したことでもあった。ここでは例としてレヴィナスを引いておこう。

サルトルにおける〈他者〉との遭遇は私の自由を脅かすものである。〈他者〉と遭遇した私の自由は他の自由の視線のもとで堕落していく、というわけである。存在が、真に外的でありつづけるものとは両立できないことが、おそらくは他に例を見ないほどはっきりと現れるのはこのような議論においてである。(TI 338/466)

すでに指摘したように、サルトルの存在論と道徳論の間には越えがたい矛盾があった。つまり、存在論的に自由である人間的現実の記述と、倫理的地平における回心の可能性との間の技術的齟齬とも言える溝があるのだ。さらに言いかえれば、存在論が自由の絶対性を表明するのに対し、モラルは他者の自由を承認し、他者の行為を目的と見なすことを要請するのである。その際、コミュニケーション的な視点の積極的導入で重要な役割を担うようになったのが呼びかけだと言える。

3　倫理的地平での呼びかけ

『倫理学ノート』の記述において、回心の次に位置する呼びかけは、相互承認の可能性として語られている。交流《コミユニカシヨン》と他者の自由の承認の可能性の地平を開くものとしての呼びかけの概念は、実践的なモラルと理論的なモラルを結ぶ鍵であり、第一のモラルの主要概念と言えよう。サルトルは呼びかけを次のように記述する。

呼びかけは、状況における人格的な自由による、状況におけるもうひとつの人格的な自由の承認である。それは、提案された作業（opération）から、すなわち、呼びかける者によって呼びかけられる者に与えられた作業から発し、望まれるべき、構築されるべき目的、すなわち方法を前提とし方法に依拠した条件的な目的の名のもとに行われる。（CM 285）

このように、対他関係の相剋を乗り越えるための積極的な可能性として呼びかけは提言されているのだが、明らかにこれは『存在と無』には見られなかったアプローチである。この媒介的な双方向関係のうちに、暴力や命令や強制とは異なる、積極的な対他関係の様態をサルトルは見てとる。まずここでopérationという言葉が用いられていることに注目したい。作業という訳語を仮にあてたが、一般に組織的な、もしくは他との関わりのなかで行われる作業ないしは行為を示す点が異なるとしても、同語源の名詞である作品＝行為（œuvre）と隣接した語であることは明白であり、これはすでに見た『文学とは何か』における媒介としての作品＝行為という発想のヴァリエーションと考えてよかろう。じっさい、どちらも、ラテン語 operare, opus に由来する言葉である。私たちが、冗長さも顧みず、あえて作品＝行為と訳したのは、opus に含まれる能動性とその結果を同時に保持するためであった。この言葉は、仕事、活動を表すと同時に、その結果である成果、業績、作品をも表すのだが、さらにそれが、宗教的・道徳的見地から見た「行い」、「行為」（たとえば bonnes œuvres（慈善事業、功徳））をも意味することは偶然ではあるまい。また、œuvre の古形に由来する同系列の言葉 ouvrage が一つひとつの著作という意味をもちはするものの、一般的には、手仕事、細工物といった匿名の作品を示すのに対し、œuvre のほうは作者の存在を想起させるものである。œuvre という言葉は倫理的地平において、後に見るジェネロジテや他者性とも無縁ではない。というのも、それは私が他者に向けて行う贈り物であるからだ。さらに、その絶対的な贈与性は、作品＝行為がひとたび作者の手を離れるやいなや他者の自由へと委ねられる点に存する。たとえばレヴィナスもまた『全体性と無限』をはじめ随所で、他者関係におけるこのような作品＝行為の可能性を主題的に語っていた（cf. TI 192sq）。じっさい、他者へと向けて行われる善行という意味合いでの Œuvre に関する以下の分析は私たちにとっても刺激的であり、興味深いものだ。

ラディカルに考えられた行い（Œuvre）は、じっさいのところ、同一者から他者へ向けての運動だが、それはけっして同一者には戻らないものである。〔……〕究極まで考えられた行い

（Œuvre）はその行いにおいて他者へと向かう同一者のラディカルなジェネロジテを要求する。[6]

このように、呼びかけは作品行為というものを支持体としてもつと考えることができる。ところで、呼びかけはなぜ相剋的な対他関係を乗り越える切り札として捉えられたのであろうか。おそらくそれは呼びかけが構造的にもつ相互性のためであろう。「呼びかけは出現の瞬間からそれ自身、相互性である」（CM 297）とサルトルが述べるのは、呼びかけが、呼びかける者と呼びかけられる者の両者の自由を前提とするからにほかならない。つまり呼びかけは、倫理的な対他関係に求められる多様性と相互性の地平を開くものとして現れてくるのである。

> 呼びかけはまず第一に、多様性の承認である。私はある自由に対して、他者にとっても私にとっても同一であるような自由の背後から呼びかけるのではない。私はそのような自由が存在することなど思いもしない。私は和解を所与（同一性）だとは考えないし、あらかじめ存在する同一性の名のもとに行為を要求することもない。それどころか逆に、私が頼んでいる行為が、いまだ存在しない連帯性と統一を創造することに明確に向けられていると考えるのである。要求はつねに状況を考慮に入れてなされる。（CM 285–286）

ここで注意すべきは、この呼びかけが普遍性や超越的な価値の名のもとに行われるのではなく、ありうべき、したがっていまだ存在しない普遍性へ向けての呼びかけであるという点である。換言すれば、呼びかけが命令と決定的に異なるのは、それが普遍性の名のもとに、発話されるわけではない点にある。呼びかけは、何らかの権威を背景に「汝これこれせよ」と語るわけではない。ここで問題になっている命令法は（それがまだ命法と呼べるならば）、二人称的であるよりは、はるかに一人称複数的なそれである。言いかえれば、汝（tu）に向かってであるよりは、我々（nous）に向かってなされるのだ。[7] つまり、私は自分の面前にいる他者に向かってではなく、同じ状況内で私の側面にいる他者に対して、「～せよ」ではなく、「～しよう」と呼びかけるのだ。というのも、このような呼びかけだけが、状況のなかに投げ込まれ、そこに拘束されている私たちにとっての唯一の行動の可能性だからだ。だからこそ、「呼びかけにおいて、人は恥じることなく依頼の完全な無償性を認める。しかし、この無償性こそがそれを道徳的なものとするものなのだ」（CM 295）、とも言われるのだ。

このような姿勢のうちに、先に見た共同性への志向を見出すことができるように思われる。しかし、それは既存の共同体から始めるというのではなく、いまだない不在の共同体へと向けての呼びかけだ。それがハイデガーとサルトルを分かつ境界線だと言えよう。というのも、ハイデガーにとって共同体は重要な出発点であるからだ。[8]

運命的な現存在は、世界 - 内 - 存在たるかぎり、本質上、ほかの人びととの共同存在において（im Mitesein, dans l'être-avec）実存しているのであるから、その現存在の生起（Geschehen）は共同生起であり、共同運命という性格を帯びる。それはすなわち、共同体の（der Gemeinschaft, de la communauté）、民族の（des Volkes, du peuple）生起のことである。共同運命はさまざまな個別的運命から合成されるものではない。このことは、相互存在が、いくつかの主観の集合的出現という意味のものではないのと同様である。個々人の運命は、同一の世界の相互存在において、そして特定の可能性への覚悟性において、初めからすでに導かれていたのである。その共同運命にそなわる威力は相互の伝達（Mitteilung, communication）と戦いとのなかで、はじめて発揮される。（SZ 384）

一方、サルトルはこのような既存の共同体の視点を意識的に排除する。というのも、共同体（共同性）を、近代的な「社会」が解体した中世までの集団という意味で捉えるにせよ、個々人がそれによって規定を受ける価値や権威を担った原理の主体の集団と捉えるにせよ、共同体という言葉は、個々の主体がそれに帰属する上位概念として用いられるが、(9)「実存は本質に先立つ」という語に体現された対自の自由によってサルトルが主張したことは、個々の実存を上から律するようなこのような超越的普遍性の否定にほかならなかったからだ。『存在と無』の第四部第一章（D）「私の隣人」において、このような上位概念への帰属の否定ははっきりと表明される。もちろんサルトルとて、私たちがある宗教や職業集団や民族に属する事実を否定するものではない（EN 595）。対自存在はこのような状況や境遇のうち以外では存在しえない。しかし、その状況が対自のあり方を規定したり、自由を限界づけたりはしない。つまり、このような集団はあくまでも私たちの事実性であって、人間的現実を律するような上位概念ではないのだ。

対自は、人間であることなしには、ある民族集団や階級や家族の一員であることなしには、一個人であることはできないだろう。つまり、自分がそれであるところの諸目的を選べないであろう。しかしながら、それらは対自が自己の企図によって支持し超越するような抽象的な構造にすぎない。対自は、そのような諸決定の範囲内において自己自身であるために、自分をフランス人なり、南仏人なり労働者たらしめたりするのだ。同じように、対自に対して開示される世界は、採用された技術に相関したある種の意味作用をそなえたものとして、現れる。世界は、「フランス人 - にとっての - 世界」とか「労働者 - にとっての - 世界」として、われわれの見通しうるあらゆる特徴をもって現れる。しかし、それらの特徴は「独立性」をもってはいない。別言すれば、フランス的な世界、プロレタリア的な世界として現れうるのは、なによりもまず、対自の世界であり、対自の目的によって照らしだされた世界なのだ。（EN 606）

このように、対自の投企とは無関係に独立的に存在すると想定される上位の概念としてのあらゆる共同体への帰属は否定される。しかし、そのことは共同体そのものが否定されることを意味しない。国家や民族、あるいはブルジョワ社会といった既成の共同体、人間の本質や本性といった共同性を一方で退けながら、他方で、来るべき共同体、不可視の共同体、投企によって新たに構成されるものとしての共同体がいわば側面的に志向されるのだ。この点は後に詳しく見ることにして、呼びかけという主題に戻れば、ここでなによりも重要なことは、サルトルが普遍性ではなく普遍化可能性を導入することによって、他性と同一性のアポリアを回避しようと試みていることであろう。

その意味で、この試みは創造性と密接に結びつくのであり、じっさい、呼びかけのモラルは芸術をモデルとして論じられてもいるのである。「道徳的選択は芸術作品＝行為の構築に比べるべきである。〔……〕描くべき定義された絵などはなく、画家は自分の構築のうちに自己を拘束するのであり、描くべき絵とは彼が描き終える絵である」（EH 75-76/71）。つまり、芸術作品に先立ついかなる美的規範も存在せず、逆に個々の作品の出現が新たな規範を産み出すように、道徳的規範もあらかじめある規範との一致ではなく、他者の検証へと委ねられるひとつの提案でしかない。そのかぎりで、呼びかけは普遍性（universalité）の名における呼びかけではなく、他者の承認によって普遍性を付与されるのをまつ普遍化可能なもの（universalisable）でしかない。サルトルは、他者への依頼のさまざまな型として、懇願、呼びかけ、期待、提案、要求といった具体的な対他関係を分析するが、これらがすべて何らかの形で言葉に基盤を置いていることはその意味で示唆的である。だとすれば、ここでもレヴィナスを思い起こすのは唐突ではなかろう。じっさい、レヴィナスもまた『全体性と無限』のなかで、言語の関係が召喚であり、呼格がその本質的要素であるとしていたのだから。

他人を知り、他人に到達したいという大いなる希求は、言葉のうちに宿った他者との関係において成就される。言葉の関係は、召喚（interpellation）、呼格（vocatif）をその本質とする。〔……〕召喚されたとたん、他人は異質なものとして維持され是認される。把持され、傷つけられ、陵辱されると同時に、他人は「尊重」される。召喚された者は私によって了解されるのではない。つまり、彼は範疇に組み込まれないのである。召喚された者とは私が語りかける相手である。彼は自己にしか準拠しておらず、それゆえ、これこれのものとして同定されることがない。（TI 65/91-92）

サルトルなら、後に見るように、了解という言葉を他者性の承認という意味合いで肯定的に使うことだろうが、表面的な言葉の違いを除けば、どちらの場合にも呼びかけを媒介としたある共通した対他関係の理想が見られるように思われる。レヴィナスはさらに次のようにも述べているのだから。

言葉は他者へと向けられ、他者を召喚し、他者に祈念する。むろん、言葉は表象され志向された存在としての他人に祈念するのではない。けれども、だからこそ、言葉は、主体-対象の関係には還元不可能なある関係を創設するのであり、この関係が〈他人〉の顕現なのである。〈他人〉の顕現においてはじめて、記号体系としての言語は構成されうる。召喚された他人は表象されたものでも所与でもない。召喚された他人はまた、すでにある側面を普遍化にゆだねた特殊な存在でもない。言葉が普遍性と一般性を前提としているのではなく、言葉によってはじめて普遍性と一般性が可能になるのだ。言語は複数の対話者を、多元性を前提としている。対話者同士の交流（commerce）は、互いに相手を表象することでも、普遍性ないし言語という共通平面へと共に参与することでもない。〔……〕対話者同士の交渉は倫理なのである。（TI 70/98-99）

このように、言葉が他者との関係において相剋を越える契機となると想定する点で、レヴィナスとサルトルは一致しているように思われる（ただし、サルトルには、言葉に対する盲目的な楽観視はない）。以上のような倫理的関心を背景として見るときはじめて、なぜサルトルが『文学とは何か』で、作家を「書かれたもの（écrit）」と結びつける一般的な見解から離れて、「作家とは語る者である」とか「語ることは、行為である」と、語ること（parler）に力点を置くのかが理解されるだろう。サルトルがパロールとエクリチュールを混同したという批判がしばしばなされるが、『文学とは何か』で問題となっているのは、なによりも他者とのコミュニケーションの根幹にある言葉なのである。たしかに、ジュネ論やフロベール論においても、サルトルは、エクリチュールとパロールを厳密に区別することがなく、その点がしばしば批判の対象ともなるのだが（そしてこの批判はある意味ではたしかに正当なのだが）、その背後には、このようなパロールに根ざした呼びかけの概念があるように思われる。(10) だからこそサルトルは、『倫理学ノート』で次のように明言するのだ。

本来的な呼びかけは、条件の不平等から、お互いの呼びかけが可能であるような人間的な世界へ向けての乗り越えであることを意識する必要がある。かくして呼びかけの本質的な性格は、〔他の〕自由に対して声をかけ、提案することである。だが、提案されているのは、内容によって他の自由を誘うような目的というよりは、状況において他の自由を助けることである。そして、それは諸自由に対して共通な他律や共通の作品＝行為によって統一を実現するためではなく、多様性を承認し、この承認そのものによって多様性を関係づけるためである。ここで実現されねば

> ならないのは、多様性の柔軟で流動的な統一である。この統一は超越的な所与ではけっしてない。むしろ、統一しようとし、その存在において自らを問題化する志向的な意識である。結局のところ、呼びかけとは両義性を承認することなのだ。なぜなら、それは同時に他者の自由の状況における存在と、その目的の条件づけられた性格、その自由の無条件性を同時に承認するからである。かくして、呼びかけはその出現の瞬間から、それ自身が相互性と言える。（CM 296-297）

つまり、ここでサルトルが強調するのは呼びかけがもっている時間性であり、歴史性であり、それが状況に根ざした（engagé）行為である点である。さらに注目すべきは、呼びかけにおいては、提案された目的の内容が重要なのではなく、提案する行為自体に力点が置かれていることである。このことからも、すでに述べたように、サルトルの構想するコミュニケーションとしての文学がメッセージの伝達ではなく、交流を重視するものであることは見てとれよう。また、目指される目的が普遍的なものではなく、普遍化可能なものであるということは、別の観点からすれば、作品＝行為が与えられたもの（donné）ではなく、与えること＝贈与（don）であることを意味する。じっさい、呼びかけが多様性を承認することができるのは、贈与としての作品＝行為が超越的な目的を打ち立てるからではなく、目的の実現への参加を呼びかけるからである。そのかぎりにおいて、このような読者の共同体においては他者の他者性は、破棄されていると同時に保たれてもいる。個々の実存の独自性は超越的な共同性へと回収（止揚）されることなく、普遍性へと開かれてある。しかし、呼びかけは相互性の保証ではなく、あくまでも出発点にすぎないことも付け加えておかねばなるまい。「呼びかけとは相互性の約束である」（CM 295）が、呼びかけによって事態が一挙に解決するわけではないからである。たしかに、私たちは相手の自由を前提としていなければ、呼びかけることはしないだろうが、提案された目的は、採用されるもされないも、他者の自由だからである。それゆえ、「真の呼びかけはリスク」（CM 294）でもある。呼びかけは必ずしもつねに相手によって受け入れられるとは限らない。いや、現実に呼びかけはしばしば拒絶に出会うのだ。

4　了解

このように見てくると、サルトルが文学とモラルを密接に結びつける意図が明瞭に見えてくる。文学もモラルも本来的には状況に根ざした創造行為でなければならないが、それはけっして孤立した作品＝行為としてではなく、他者へ向けての呼びかけとしてであり、そのかぎりにおいて、このような作品＝行為は、自由の最も高い次元であるジェネロジテ（惜しみなく与えること＝高邁の心）の発露であるのだ。このように呼びかけの概念はパロールを基盤としつつ、相剋解除の積極的な可能性を示唆しており、呼びかけとしての文学は真のコミュニケーションである〈了解〉が成立する地平だとサルトルは考える。

具体的に他者の自由を承認するとは、相手の自由を、その固有な目的のうちに、それが直面している困難さのうちに、その目的性のうちに承認することである。つまり、相手の自由を了解す

ることなのである。(CM 294)

かくして、呼びかけの概念は、後期サルトルの主導的方法である〈了解〉へとつながることになる。ここで〈了解〉に関して網羅的な考察をする余裕はないが、少なくとも、〈呼びかけ〉の根底に〈了解〉があることだけは指摘しておく必要があるだろう。

「了解(Verstehen, comprêhension)」もまたサルトルがハイデガーから転用・流用した概念のひとつである。[11] ハイデガー自身がディルタイの提唱した「理解(了解)」というタームを存在論的に徹底化し、深化し、『存在と時間』の哲学の遂行方法としたのだが、サルトルはそれを受け、了解を、対象的な事実の客体的な認識とは異なる、主体的な理解という意味合いで随所で用いている。だが、当のハイデガーにおいて了解はどのような文脈で現れた言葉であったのか。了解はなによりもまず、〈情態性(Befindlichkeit)〉とともに、現存在を同根源的に構成する基本的な実存範疇とされる。この際に注意すべきは、存在的な表現においては〈了解する〉という動詞はたしかにあくまで他動詞的であって、何かを了解することなのだが、「実存論的には〈了解する〉ことのうちに、存在可能としての現存在の存在様相がある」(SZ 143)とされるように、特定の何か、つまり客体の了解よりは、「実存することとしての存在」(Ibid)に関わるものだとされる点である。

了解するということは、実存論的には、現存在自身が自らの存在可能を存在することであり、その際この存在は、自らにおいて、自分自身の要所を開示している。〔……〕

了解することは、開示することとであって、いつも世界‐内‐存在という根本的構成の全体に関わる。（SZ 144）

したがって、了解とは後に見る開示と別のことではないのだが、ハイデガーは『存在と時間』の序論でこのような了解の重要性を現存在の他の存在者に対する優位性と関連させつつ明示し、その際に現存在の存在構造として、「前存在論的了解」を指摘する。つまり、現存在には存在了解が本来的に属しているが、それは同根源的に「世界」についての了解や、世界内で接しうる存在者の存在に関する了解に及ぶ。したがって、「現存在的でない存在性格をそなえている存在者を主題にしている諸々の存在論は、前存在論的存在了解という性格を内包している現存在自身の存在的構造のうちに、その基礎をもち、かつそれによって動機づけられている」（SZ 13）とされる。このような現存在の構造のうちに内包される「前存在論的存在了解」という考えを、サルトルは積極的に拡大解釈して用いる。たとえば『存在と無』においては、「存在現象は、あらゆる第一次的現象と同じく、直接的に意識に開示される。われわれはそれに関して、つねにハイデガーが前存在論的了解と呼ぶもの、すなわち概念的固定や解明を伴わないある了解をもっている」（EN 30）といったようにこの表現は「緒論」から出てくる。このサルトル的な用語法の直接の典拠と思われるのは『存在と時間』の六三節のくだりである。

現存在は事実的に、いつもすでに特定の実存的可能態のなかでおのれを了解している。明確であるにせよ、ないにせよ、適切であるにせよ、ないにせよ、実存はなんらかのありさまで合わせて了解されている。いかなる存在的了解のなかにも、（存在の了解にかかわる）〈含み〉がある――、たんに前‐存在論的な、すなわち理論的‐主題的に理解されていない〈含み〉にすぎないにしても。（SZ 312）

了解を、たんなる対象の事実の客体的な理解ではなく、主体と関連しているかぎりでの、そして主体的な理解の仕方を指している点でハイデガーは、この術語のディルタイ以来の用法の延長線上に位置し、サルトルもその線上にいるととりあえずは言える[12]。ただ、ここでも、サルトル自身は彼のうちにつねにくすぶっていた、世界や人間を〈理解（comprendre）〉したいという欲求の理論化のために、この言葉を積極的に転用するのである。というのも、ハイデガーは、〈前存在論的〉という表現をあくまで存在論に先立ったという意味で用いているのだが、ハイデガーと異なり存在論的な関心の稀薄であるサルトルにおいては、存在論に先立ったという意味はほとんどなくなり、この言葉は「主題化はされていないが、把握されている」という意味に転換され、流用されることになるからである。サルトルは、認識の前存在論的了解が、他者の現実存在の前存在論的了解が、神の存在の前存在論的了解が、意識の本質の前存在論的了解が、あらゆる目的に根源的な構造の前存在論的了解が、他者の自由の〈前存在論的〉了解がある、などと言う。このような〈前存在論的〉の意味の転換はけっして無垢でも無動機でもない。サルトルが前存在論的了解を概念以前の把握、前述定的な把握、対象の非‐対象化的把握とするのは、フッサールの志向性の理論を尖鋭化し、意識の中立的な様態を排除したものの、対象を異化しない認識や、意識への直接的開示を記述するためには、このような了解がどうしても必要だからであろう。(13) 他者の他性を保ちながら他者を認めること、他者を自己に回収することなく、また他者をたんなる対象として措定するのではなく、他者を他者として認めること。これこそが、サルトルが了解という概念に賭けたものであった。じっさい、『倫理学ノート』でも、このような了解は頻出する。そして、「了解は他者の知覚の根源的な構造である」(CM 288) と書くとき、サルトルはたしかに『存在と無』で問題となっていたような相剋的な他者関係からはるか遠い所にいる。(14)

それにしても、『存在と無』で記述された自由(対自の構造としての否定性)の概念が、フッサールの志向性の概念から中立的な(neutre)措定を排除するという尖鋭化によってのみ可能だったとすれば、サルトルが提唱するような対象化や異化ではない了解の理論的な根拠はどこにあるのかという疑問も依然として残る。呼びかけもまた同様の理論的な脆弱さをもっている。にもかかわらず、私たちが現在、超越的ではない倫理を目指すとすれば、呼びかけこそは示唆に富んだ方向性を示してくれる概念であるように思われる。もちろん、それは必勝の思想ではなく、必敗の思想かもしれない。というのも、聞く耳をもたない人たちにはこのような呼びかけは初めから無効なのだから。

以上見てきたことからも、呼びかけという発想が、ヘーゲル的な主人と奴隷の弁証法とも一線を画していることは明白であろう。つまり、自由の相互承認という問題系がサルトルにあるとしても、それはヘーゲル流の弁証法とは別の方向性にあるのではなかろうか。つまり、ここで問題となっている相互性(réciprocité)とは、呼びかけが根源的に孕む相互性であり、双方向性であるように思われる。このように『倫理学ノート』を読みすすめてゆくと、すでに指摘したように、この時期のサルトルがレヴィナスやバタイユの思想と交錯する方向性のうちで他者の問題を考察していたことがわかってくるだろう。すなわち、他者をその共約不可能な異質性のうちに受け入れることである。他者理解の成立過程の中核に呼びかけを配したサルトルのモラルもまた私たちに新たな共同性の可能性を透視させてくれる。

呼びかけとは目的を、他者の前で明確にするために、より一層明らかにしようとする努力であり、目的を設定する行為の延長である。それゆえ、呼びかけとは自分の投企が外面性をもつこと、つまりそれが他者のために存在することの承認である。呼びかけとは言葉の本源的意味における献身であり、私が自分の企図を他者に捧げることを意味する。私はそれを自由に他者の自由に対して表明する〔……〕この意味で、呼びかけとはジェネロジテである。あらゆる呼びかけには贈与がある。（CM 293）

このように、呼びかけの問題がジェネロジテと密接に結びついているのだとすれば、私たちは次に贈与の問題を見るべきだろう。

第二章　贈与について

「呼びかけとはジェネロジテ〔惜しみなく与えること〕である。あらゆる呼びかけには、贈与がある」という一文を前章の最後に引いた。だが、あらゆる呼びかけが贈与の問題と分かちがたく結びついているとされるのは、なぜだろうか。

ジェネロジテ、この言葉は、サルトルの思想に――のみならず彼の生も含めて、つねに影のようについてまわる言葉であるが、じつはたいへん訳しにくい言葉でもある。したがって、まずは意味の確認から始めるのがよかろう。générosité を辞書で引いてみると、私たちにはそのつながりが一挙には把握しがたいさまざまな意味が挙げられている。[1] (1)気前のよさ、(2)寛大、寛容、雅量、高潔、無私無欲、(3)〔複数で〕贈り物、施し物、(4)〔古〕高貴、高邁、雄々しさ、勇敢。その形容詞形 généreux は、(1)気前のよい、物惜しみしない、金離れのよい、(2)寛大な、寛容な、心の広い、度量の大きい、高潔な、私心のない、献身的な、(3)〔土地が〕肥沃な、豊穣な、(4)〔酒などが〕こくのある、(5)〔女性の胸が〕豊満な、(6)〔古風〕勇敢な、雄々しい、潔い、(7)〔古〕高貴な生まれの、血筋のよい、とある。この最後の意味が最も核にあるものであり、語源であるラテン語generosusは元来〈よき血筋〉、〈高貴な出自〉を意味する。しかし、ここでやや先走って、結論から先に言ってしまえば、この言葉を以上の訳語にはない「贈与性としての自由」と解することによってこそ、サルトルにおけるジェネロジテという概念をより十全に理解することができるのではないか。この概念をなによりも贈与との関連において、それも自由がそのうちに抱えている根源的な贈与性として捉えることによって、サルトルの構想していた倫理の一側面が明らかになるという仮定のもとに、本章ではサルトルの著作におけるジェネロジテという語の変遷を追う形でこの問題を検討してゆこう。

1　モースの影のもとに

サルトルが最初にジェネロジテについて触れるのは、『存在と無』においてだが、そこではジェネロジテはなによりも破壊と結びつけて論じられており、マルセル・モースの影が色濃く反映している。

贈与は、ひとつの原始的な破壊形式である。たとえば、周知のように、ポトラッチは、莫大な量の物品の破壊を伴う。それらの破壊は、他者に対する挑戦であり、他者を束縛する。このレベルでは、モノが破壊される場合でも、与えられる場合でも、大差はない。いずれにしても、ポトラッチは破壊であり他者を束縛することなのだ。私は与えたり、無化したりすることによって、モノを破壊する。私はその存在において深くモノを構成していた私のものという性質を、モノから取り去るのである。私は、モノを自分の視界から取り除く。〔……〕このようにジェネロジテはなによりもまず破壊的な機能である。時としてある種の人たちが襲われる与えたいという熱情は、なによりも破壊したいという熱情なのだ。それは狂気の人の態度、モノの破損を伴った「愛」に等しい。しかし、ジェネロジテの根底にあるこの破壊したいという熱情は、所有したいという情熱以外のものではない。私が放棄するすべてのもの、私が与えるすべてのものを、私はまさに贈るという行為によって、より強烈に享受するのだ。贈与は、激しくて短い、ほとんど性的な享受だ。与えるとは、自分の与えるモノを、所有的に享受することであり、破壊的で我有化的な接触である。けれども、それと同時に贈与は、与えられる相手を呪縛する。贈与によって、相手は、先ほどまでは私が所有していたが、もはや私が望まず、いまや無と化し、イメージしか残っていないこの私〔自我〕を再創造し、持続的な創造によって存在させつづけることを強いられるのである。(EN 684)

このように、ジェネロジテはもっぱらポトラッチ的破壊としての贈与と結びつけられて語られる。いま引用したくだりは『存在と無』の第四部第二章に出てくるのだが、それは行為と所有を論じている箇所であって、所有という問題系を照射するための例でしかない。対他関係は水面下に隠れていて、主題はあくまで所有である。じっさい、サルトルはこの長い挿入的な分析を次のように締めくくる。

> 与えるとは、屈従させることであるが、贈与がこのような側面をもっているということは、当面のわれわれの関心事ではない。というのも、それは他者との関係に特に属することだからだ。ここで述べたいことは、ジェネロジテが還元不可能な事象ではない、ということだ。じっさい、与えることは、破壊によって我有化することであり、同時にこの破壊を用いて他者を自分に屈従させることだ。したがって、ジェネロジテは、他人の存在によって構造化されたひとつの感情であり、それは破壊による我有化へと向かおうとするのだ。(EN 685)

いかにも唐突という感じで現れたこのジェネロジテについての言及は、このようにもっぱら破壊と我有化をめぐって行われている。その直接的な参照項がマルセル・モースの『贈与論』であることは言うまでもない。モースの贈与論を独自に発展させ、消尽というきわめて魅力的な問題系を展開したのがバタイユであることはよく知られているが、この時点でのサルトルは贈与という問題系が孕んでいる豊かさにほとんど気づいていないように見える。そのことは、サルトルがここで注目しているポトラッチの形態がいわゆる競合的なものに限られていることからも見てとれる。たしかに、威信獲得のための投資という側面の強い競合的な儀礼的な交換においては、自らのもてるだけの富を投入しても、相手に対して優位を保つことが目指される。つまり、相手が返済することができないほどの贈り物を施し、恥をかかせるか、あるいは、祝宴の興奮のなかで多量の蓄財を消費したり、破壊して、相手を圧倒しようとするのだ。たしかに多くのポトラッチにこのような側面があるとしても、フィールド・ワークの報告からは協調的な例もいろいろ示されているから、サルトルのポトラッチ観は否定的なものに偏りすぎている、と言える。だが、先走ることなく、まずはモースが注目した贈与の問題がどのようなものであったかを簡単に確認しておこう。

モースの贈与論の出発点にあった問いは、多くの社会で贈与に関する三つの行為を義務と感じさせているものは何か、つまり、与える義務、与えられたものを受け取る義務、与えられたものに対して返礼する義務を感じさせるものは、いったい何なのかということであった。別言すれば、供与、受納、返礼という三つの行為が、贈与という道徳的義務のうちに指摘されたのだった。[2] この問いに対してモースが与えた解釈は必ずしも鮮明なものではない。モースは、贈与という行為があるのは、物のなかに贈り物を循環させようとする力(ハウ)があるからだとまずは解釈するが、その後、返礼の義務は物の力ではなく、与えるという行為によって人格が賭けられているからであり、返礼がなされない場合は地位の格差や階層化をもたらすことになる、という社会学的解釈を示す。さらに、そのあと、贈与とその返礼はたんなる経済行為ではなく、法的・宗教的・審美的・社会学的な審級にまたがる「全体的社会事象」だという解釈が提出され、最後に、「社会は、社会それ自身や下位集団、諸個人が、与え、受け取り、返すことで関係を安定できたかぎりで発展してきた」という贈与の戦略が示唆されるに至る。このような「ためらい」というか「揺れ動き」をレヴィ＝ストロースが批判し、さらにそのようなレヴィ＝ストロースのモースおよび贈与論解釈が、ドゥルーズ＝ガタリによって批判されたことはここで思い起こすだけにしておこう。[3]

以上のことを参考にすると、『文学とは何か』や『倫理学ノート』のサルトルが呼びかけを贈与の問題と分かちがたいものとして考えるようになったことの下地が見えてくるだろう。じっさい、贈与がひとつのコミュニケーションであり、贈与財がひとつのメッセージだとすれば、それは相互性の問題を解決しようとしていたサルトルにとっては格好の突破口となりうる概念だと言える。贈与とは、交換とは異なり、モノや財貨、情報やサービスがまずは一方通行的に、移行することであるが、贈られたら贈り返さねばならない、という義務関係がその過程で発生する。したがって贈与とは一見そうみえるのとは異なり、たんにモノが行き来するだけのことではない。何かを贈る側もそれを受ける側も、贈与という行為を通して、人格的関係に入ることになるのだ。商品交換において、売り手と買い手がこのような人格的な関係に参入することはないのに対して、贈与においては、不明瞭な形で返済の期待や返済の義務が生まれてくる。それがいわゆる互酬性の原理（réciprocité）である。贈る側には返済の期待がつねにあり、贈られた側には返済の義務感がつきまとう。かくして、私たちはまたもや相互性（réciprocité）の問題に突き当たるのである。

ところで、モースがこのような贈与の問題に関心をもったのが、なによりも市場経済に対する批判的立場からであったこと、そして、それが第一次大戦後の荒廃状態において構想されたことを、思い起こしておくことは重要であろう。じっさい、ジェネロジテを特徴づけるのはなによりも計算の不在なのである。その意味で、『贈与論』は資本主義批判という観点から読まれる必要がある。[4] 計算に基づいてのみ行動する経済人が完全なヘゲモニーをもつ前に、贈与慣行を可能にしてきた集団的心性を回復して、高貴な支出へと立ち返ることが、モースの理想でもあった。だとすれば、サルトルが、第二次大戦の後に、相剋的な対他関係からの脱出口を、ジェネロジテのうちに、また、モースの贈与論のうちに探ろうとしたことは偶然ではなかろう。

だがもう一度、『存在と無』の時点に立ち戻ってみれば、そこでは、サルトルは贈与の積極的な側面には触れておらず、その分析も表面的であるという印象は否めない。サルトルがジェネロジテに関するより肯定的積極的な思想を展開するのは、戦後の著作、つまり四〇年代半ば以降のことである。(5)

2 デカルトの足跡にしたがって

さて、ジェネロジテという言葉が、フランス哲学においてはまずなによりもデカルト的な意味での〈高邁の心〉を思い起こさせること、そしてサルトル自身デカルトにおけるこの概念を高く評価していたことも思い起こす必要があるだろう。一九四六年、「自由に関する古典叢書」を監修するベルナール・グレトゥゼンの慫慂を受け、サルトルは『デカルト　一五九六―一六五〇』という選文集を編纂し、併せてその序文を書いている。それが後に『シチュアシオンI』（一九四七）に再録される「デカルトの自由」と題する論考だが、この本の編集方針にはサルトルの自由観がみごとに現れている。サルトルはデカルトの作品の年代順を無視して、否定性を含意した非決定の自由が懐疑の前提であることを解く『哲学の原理』の抜粋をまず第一部に置く。そして、このような自由が否定的に扱われ、「懐疑は、早合点の意志を悟性の光に従わせることであって、意志は悟性の決定に自発的に従うことにおいて自由なのである」[6]という自発性を強調した『省祭』を第二部とする。最後に、意志作用の自由な使用と他者の自由の承認を示唆するジェネロジテ（高邁の心）を含む『情念論』を据えるという構成をとった。このような順序でテクストを読むとき、読者はデカルトがまず否定性としての自由を見出し、次にそこからやや後退しつつも、結局は他者の自由をも含めた自由の顕彰を行っているというイメージをもつ。そしてこれこそが、サルトルの序文の主旨であると同時に、彼がデカルトのうちに求めようとしていたものとぴったりと適合するデカルト解釈であると思われる。[7]

周知のように『情念論』の第三部は驚嘆から始まり、愛、憎しみ、欲望、喜び、悲しみの六つの基本的感情が考察の対象となる。そして、驚嘆は、その対象との関係において尊重と軽視とに分けられる。そして尊重が自己自身を対象とするとき、ジェネロジテと高慢の二つの感情が認められると、デカルトは言う。[8]ジェネロジテはデカルトの道徳の核心に位置する概念だが、それが特にここでのサルトルの関心を引き付けるのはなぜだろう。ジェネロジテは、普通「高邁（けだかさ）」と訳されるが、このジェネロジテという言葉には隣接するいまひとつの言葉がある。magnanimitéという語がそれだ。この言葉自体はギリシャ語のmegalopsuchiaをラテン語に置き換えたmagnanimitasという学者言葉の仏語訳であり、デカルトはこのような学術語ではなく、よりフランス語的な響きをもつジェネロジテのほうを採用したとされる。[9]いずれにしても、ここで問題となっているジェネロジテは、度量の広さ、心の広さと言ってよいかと思う。それではなぜ、それがデカルトのモラルにおいて重要なものになるかと言えば、ジェネロジテが自己と他者をつなぐ架け橋をなしているからにほかならない。

私の考えでは、人間をして正当に自己を重んじうる極点にまで自己を重んぜせしめるところの真の「高邁《ジェネロジテ》」（けだかさ）とは一方では、自己が真に所有するといえるものとしては、自分のもろもろの意志作用の自由な使用しかなく、自己がほめられとがめられるべき理由としては、意志をよく用いるか悪しく用いるかということしかない、と知ることであり、また他方、意志をよく用いようとする確固不変の決意を自己自身のうちに感ずること、すなわち、みずから最善と判断するすべてをくわだて実現しようとする意志を、どんな場合にもすてまいとするところの、いいかえれば、完全に徳に従おうとするところの、確固不変の決意を自己自身のうちに感ずることである。（『情念論』153）

このように、自己の尊重はなによりもまず自己の自由と結びついている。だが、それはたんに個人の行動の指針となるばかりではなく、他者関係ともまた直接関わる。というのも、ジェネロジテは、自分の自由と同時に他者の自由をも尊重するからである。

自己自身についてこういう認識とこの感情とをもつ人々は、他の人もまたおのおのそういう自己認識と自己感情とをもちうることをたやすく確信する。なぜなら、このことにおいては、誰も他人に依存するところはないからである。（『情念論』154）

ジェネロジテがなぜ対他関係において指針となりうるのかと言えば、ジェネロジテも含めて尊敬や軽蔑などのさまざまな情念が、他者の自由に対する信頼を前提としているからにほかならない。「他人もわれわれと同様自由意志をもつ」（『情念論』155）、と述べられるように、デカルトにおいては意志の自由は、誰にも生まれつきそなわっているかぎりにおいて、本有概念であり、共有されている。このように、コギトは一方であくまで個人的な経験であり、自由は内的な経験であるにもかかわらず、このような意志の自由に発するジェネロジテは道徳的な規範となりうると考えられる。この点が、当時同様の問題に直面していたサルトルにとっては大いに示唆的なものだったと思われる。そして、このような自由の階梯の頂点に位置するジェネロジテという発想は『倫理学ノート』のなかにも見てとれるものなのだ。

3　自由の頂点としてのジェネロジテ

『倫理学ノート』では、ジェネロジテという言葉は、『存在と無』とは比較にならぬほど重要な負荷を課されて用いられている。巻末の編者による索引によれば、ジェネロジテという語が現れるのは十七頁（私見によれば、その他に少なくとも四ヵ所でこの言葉が使われている）。全六百頁からすれば、たしかに微々たる量ではあるが、その意味するところはけっして小さくない。

価値は自由を啓示すると同時に疎外する。価値の分類によって自由を導く必要がある。自由が

次第により明瞭に現れる順序で、価値を分類すること。頂点にはジェネロジテがくる。(CM 16)

これを見れば、それまでとは一転してここではジェネロジテが自由と結びついた最高の価値として構想されていることがわかる。ジェネロジテの内包はまったく明らかにされていないが、少なくとも積極的に称讃的なコノテーションを帯びて用いられている。さらに五三頁では「〔私の〕観念が他人のものになってしまうことを受け入れること。歴史の行為者の徳、それがジェネロジテである」(CM 53)と述べられる。

後に詳しく見るように、サルトルが考えるジェネロジテとは、自分が作ったものを与え、その際に他人がそれを好きに使用することを認めるというあり方をも意味している。だからこそ、「最高のジェネロジテ。それは死を受け入れることである」(CM 54)とも述べられるわけである。その意味で、ジェネロジテとは、『存在と無』で記述された「即自かつ対自であろうとする無益なパッション」の裏側であるとも言えよう。右に引用した箇所では、いずれも、ひじょうに積極的なコノテーションを帯びているとはいえ、具体的なイメージが湧きにくいが、一三七頁において、ジェネロジテは贈与の問題により即した形で、はじめて明確に記述される。

あらゆる創造はひとつの贈り物であり、与えられることなしには、現実に存在することはできない。「donner à voir (見させる〔=見るように与える〕)」という表現があるが、まさにそのとおりだ。私はこの世界を他者が見るために与えるのだ。つまり、ひとがそれを見るようにと私は世界を実存させるのであり、その行為のうちで私はひとつのパッションとして、自らを失うのである。したがって、ここではモラルは、すでに即自的に存在するものを対我々的に（つまりわれわれにとって）実存させるということである。言いかえると、含意されていた意味にすぎなかったものを、非共犯的反省によって、われわれの行為の明示的な主題とすることである。これが絶対的で際限のないジェネロジテであり、それは固有な意味での情念《パッション》＝受難であり、唯一の存在の方法なのである。与えるということ以外に存在する理由はない。そして、贈り物であるのは、作品＝行為だけではない。性質もまた贈り物なのである。自我とはわれわれのジェネロジテを統一する見出し語（rubrique）なのだ。（CM 137）

ここで述べられるジェネロジテはもはや、『存在と無』で破壊的相貌のもとに述べられたものとはまったくの別ものと言えよう。そして、〈与えること〉と〈存在すること〉とが根源的に通底していることが強調される点に注目したい。存在と贈与と言えば、後期ハイデガーにもつながる問題系であるが、サルトルは、近接した徳であるシャリテ（隣人愛）[10]との違いを浮彫にしつつ明確にし、ジェネロジテの特質を自由のうちへと明確に画定してゆく。

純粋な無償性であるジェネロジテは徳でもなければ、心の動きでもない。それはむしろ主体的な自由としての自由の核心に達する唯一のあり方なのだ。それに対して、シャリテはひとつの徳（つまり価値をそなえた習慣）であると同時に偶然的（つまり、非義務的）なものである。たとえば、芸術作品は具体的な観衆の自由によって、その内容において物質的に承認されることを要請する。それは同時に贈り物であり要請である。芸術作品が要請であるのは、それが与えられるかぎりにおいてのことである。芸術作品は、それに賛同することを純粋な自由に対して要求するのではなく、作品によって変化を被ったジェネルーな（惜しみなく与える＝寛大な）感情のうちにアンガジェした自由に対して要求するのである。つまり、それは義務とはまったく別のものであって、特徴のある自由に直接到達する手段なのだ。もし人間が相互に自由な存在として実存しようと欲するならば、人間関係はこのようなモデルにしたがわなければならない。つまり、(1)作品＝行為（技術的、美的、政治的）を媒介とした関係である。(2)作品＝行為はつねにひとつの贈り物と見なされる。美とはなによりもまず贈り物なのだ。美とは、与えられたものとして捉えられた世界なのである。作品は、人格の個別性であり、そのイメージは世界によって贈られている。
（CM 149）

サルトルはこうしてジェネロジテにおいて、直接の関係ではなく、作品＝行為を媒介にした対他関係に倫理の可能性を見ることになる。それはすでに前章で見た呼びかけの構造と同じであり、だからこそ、呼びかけとはジェネロジテであり、あらゆる呼びかけにジェネロジテがあるとされたのだった。

「創造はまた贈り物のプロセスでもあるのだ。われわれは創造した物《オブジエ》に完全な客観＝客体性を自分自身で与えることはできないのだから、他者の助けを借りる必要がある。他者はまさに、彼にとってわれわれが〔大文字の〕他者であるような〔大文字の〕私なのだ」（CM 135）ともサルトルは述べるのだが、これこそは『文学とは何か』で明確にされた読者の創造への関与であった。そして、創造に関するこの受け手の参加が不可欠であるのは、文学にとどまらずすべての芸術にあてはまることだとサルトルは考えている（事実、このくだりではピカソの絵画の例が挙げられている）。創造されたものが、その客観（客体）性（objectivité）へと到達するためには、これが他者へと与えられる必要がある、あるいは与えられることによってはじめて十全なあり方で、作品＝行為は現実に存在しはじめる、というのがサルトルの芸術論の骨子なのである。さらにサルトルは言いかえて、「私の本が私にとってその客観性のうちに存在するのは、他者がそこに彼の主観性を入れるとき、つまりそれを書き直すときである」（CM 135）と付け加える。このように他者へと、自らの主観を惜しみなく与え、捧げること、それがジェネロジテと呼ばれるあり方なのだ。そして、このような態度は芸術においてのみならず、あらゆる行為に拡大されて適用されうる。しかしジェネロジテとは、手放しで称讃しうるような万能の概念なのだろうか。そうではあるまい。じっさい、サルトルは神の属性であるジェネロジテの批判を通して、ジェネロジテの否定的側面を指摘することも忘れてはいない。

祈念＝懇願（prière）に対して応えることとは、ジェネロジテである。しかし、このようなジェネロジテには根本的に非道徳的な側面がある。それが上から下へと向かってなされるということである。（CM 233）

たしかに伝統的な意味でのジェネロジテは、富者の貧者に対する気前のよさや強者の弱者に対する鷹揚さを表していた。だが、ありうべきモラルの鍵となるのは、このような伝統的なジェネロジテではない。それどころか、そのような伝統的な観念は批判の対象とされねばなるまい。サルトルの考える理想的なジェネロジテとは、このような階層関係にはない対等な関係のうちに展開するのだから。

ところで、ジェネロジテという概念がより積極的な評価を受けるようになったことに呼応するかのように、ポトラッチに関する理解も『倫理学ノート』では格段に深まったように思われる。ポトラッチの問題は、私有財産との関係で現代社会の文脈のうちで次のように分析されるからである。

先に述べたように、疎外された社会においては、あらゆる行為は疎外を引き起こしてしまう。ジェネロジテでさえも例外ではない。ポトラッチとは、疎外を引き起こすジェネロジテなのだ。ポトラッチのレベルでは、友情の絆は敵意の絆と区別がつかないし、ジェネロジテは隷属と、贈与は債権と、利害は無欲と、技術と儀式は区別がつかない。(CM 382)

このように、サルトルは、本来的なジェネロジテを見せかけの贈与とは異なるものと捉えようとする。供与が必然的に返礼供与を呼び、それが新たな返礼供与を引き起こすという、無限に続く連鎖の環であるような「みせかけの贈与」、言いかえれば延期された債権回収とは異なるものとして、考えている。これは、しかし、またバタイユがモースの贈与論から批判的に読みとったことでもあった。じっさい、サルトルはこの後、モースのテクストに則すような形で、贈与の問題を数頁にわたって分析する。そして、先に引用したくだりに続けて、サルトルは贈与が本来的にもつはずの無根拠＝無償性を次のように記述する。

「存在論的には、贈与は無根拠＝無償（gratuit）であり、無動機であり、利害を離れたものである」（CM 382）。というのも、無償で利害を離れたものでなければ、贈与はひとつの契約になってしまうからだ。そして、無動機であるからこそ、贈与は人間があらゆる状況から外へと飛び出すことができることを肯定する跳躍であるのだ。その点で贈与は創造と同じだと、サルトルは言う[11]。いや、さらに創造とはまさに贈与なのだ、と考えるのである。「贈与によって三項関係が成立する。贈与する人と、贈与されるモノと、贈与を受ける人である」（CM 382）。

このような三項関係によって、サルトルは眼差しの理論に象徴される対立的、相剋的二項関係を逃れられると、考えたのではなかろうか。じっさい、すでに引用したように、構想中の「倫理学」の新しいプランの第八章は次のように素描されていたのだった。

他の人との真の関係〔は〕けっして直接的ではない。〔それは〕作品＝行為（œuvre）を媒介とした関係である。私の自由は相互承認を含んでいる。しかし、人は自己を与えることによって自己を失う。ジェネロジテ。愛。

私の対自と私の対他の新たな関係。つまり、作品＝行為による関係。私は他者に私が創造した対象物として私自身を与えることによって、自らを定義する。他者が私に客観＝対象性を与えて

くれるように。（CM 487）

この点こそ、サルトルが芸術に特権的に見た、自由の相互承認の可能性だったと思われる。これもすでに引用した文章ではあるが、確認のためにもう一度引いておこう。

呼びかけとは、目的を他者の前で明確にするために、より一層明らかにしようとする努力であり、目的を設定する行為の延長である。それゆえ、呼びかけとは自分の投企が外面性をもつこと、つまりそれが他者のために存在することの承認である。呼びかけとは言葉の本源的意味における献身であり、私が自分の企図を他者に捧げることを意味する。私はそれを自由に他者の自由に対して表明する……この意味で、呼びかけとはジェネロジテである。あらゆる呼びかけには贈与がある。（CM 293）

このように『倫理学ノート』の記述は、『文学とは何か』のうちに明確に――だが当時の読解ではあまり注目されずに――記されていた呼びかけの問題に通じている。ところで、先に見た三項関係とは、古代から言語行為が本来的にもっている三項関係として指摘されてきたものにほかならない[12]。じっさい、このジェネロジテが無根拠であるとされたことと、自由という無根拠性との間には深い関連があるように思われる。「自由から生まれ、自由を目的とする感情を高邁＝寛大なもの（généreuse）と私は名づける」とサルトルは『文学とは何か』のなかで述べているが（QL 64／

60）、そこから明瞭に見てとられるように、サルトルにおけるジェネロジテはなによりも、自由に根ざすと同時に、自由を目指す、自由との二重の関係にある概念だと言えるだろう。このことをサルトルの倫理思想全体のなかにもう一度置き直して考えてみると、文学と倫理の等根源性は、いずれもが、作品＝行為ないしは作業という、創造的な行為を通じて、他者との関係をもつという点にあると言えよう。そして、このような本来的な対他関係が回心によってもたらされると、この時期のサルトルは考えていた。

人間はジェネロジテであり、人間の出現は世界の創造なのだ。人間はまず存在し、それから創造するのではなく（神の場合はしばしばこのように考えられる）、その存在自体において世界の創造なのである。（CM 514）

人間が世界内にあるということが、すでにもうジェネロジテだとされているわけだが、それが意味することは、世界へと投げ出されてあるということ、つまり被投性ということが、根源的にひとつの贈与性を孕んでおり、また、そのように投げ出されてありつつ、またその世界を露わにするというあり方でしか存在しえない人間的現実の存在様態自体が、ひとつのジェネロジテ（贈与性＝惜しみのない費やし）であるということだ。だからこそ、このような自覚に至ったものは、世界と他者の決定的な他者性へと、自らを曝し、自らを与え、差し出し、そのような暴き出しと贈与に向けて他者へと呼びかけることになるのだ、とサルトルは主張する。

> 愛するとは、ここでは我有化の欲望とはまったく異なるものを意味するのである。それはまず創造的開示である。ここでもやはり、純粋なジェネロジテにおいて、私は、他者の脆さと有限性が世界内で開示されたものとして絶対的に実存するために、自分自身が失われるものであることを受諾するのである。（CM 523　強調引用者）

呼びかけを通して、自らを他者へと惜しみなく与えること、これが根源的な贈与性のうちに捉え直された自由の相貌であり、『存在と無』では純粋な否定性の自発性として捉えられてきた自由が、他者関係が焦点となる『倫理学ノート』において自由の概念が被った変容の一部だと言えるだろう。その意味で、ジェネロジテを、先に三つのレベルに分節した自由（第Ⅰ部を参照）の統合のようなものとしてサルトルは考えていたように思われる。

> 情念、快楽と瞬間、批判と明証性の要求、責任、創造、ジェネロジテ。このような階層がわれわれにジェネロジテの彼方に光のように、本来の自由を見せるようになるのだ。（CM 486）

したがって、このような変化はただ対他関係だけに見られるものではなく、対自のあり方、世界内存在としての人間的現実の構造に関しても見てとることができる。つまり、『存在と無』においても、対自としての人間的現実は世界を暴き出す存在として、反射し‐反射されるもの（開示性）と捉えられていたし、それこそが人間の自由とされていたわけだが、ここに至って、このような暴き出しが根源的に孕む贈与性がより強調されることになったのだ。

他者の他性を保ちながら他者を認めること、他者を自己に回収することなく、また他者をたんなる対象として措定するのではなく、他者を他者として認めること。これこそが、ジェネロジテであり、呼びかけや了解という概念を通して、この時期のサルトルが探求したモラルであったが、それは彼においては不可避的に文学という問題系と結びつくことになる。それは、文学空間のうちにサルトルが、相剋的な他者関係の解消の特権的な可能性のモデルを認めるからだ。すでに述べたように、サルトルは『文学とは何か』においても、「書くことは世界を暴き出すことであると同時に、この暴き出しを読者のジェネロジテが行うべき仕事として差し出すことでもある。自分を存在の全体にとって本質的なものとして承認してもらうために、他者の意識に訴えることである。この本質性を間に入った人物を介して生きようと望むことである」（QL 76/68）と述べ、作品の成立が書き手と読み手の自由に委ねられていることを強調し、また、このような相互の自由の承認のうちに、相剋的な他者関係の解消の可能性を見ていたが、そこで問題となっていたのは、他者のジェネロジテなくしては、芸術作品が成立しないということであった。つまり、ジェネロジテは作者の側にあるのみならず、読者の側にもまた見出される。こうして、文学作品の成立は書き手と読み手の自由に同時に委ねられていることが宣言され、また、このような相互の自由の承認のうちに、モラルのモデルが見出されたのである。

かくして具体的な文学は、所与から身を引き離す力としての〈否定性〉と、未来の秩序の素描としての〈投企〉との綜合であろう。それは祝祭であり、そこに映るあらゆるものを燃やす炎の鏡であり、自由な発明であり贈与であるジェネロジテであろう。しかし文学が、自由の相補的な二つの様相を結びつけなければならないのだとすれば、書き手にすべてを言う自由が許されているだけでは十分ではない。彼は全てを変える自由をもつ読者層（public）に向けて書かなければならない。（QL 195/150）

このような観点から見るとき、呼びかけと了解とは、じつはジェネロジテとしての自由の相補的な側面であると言えるだろう。つまり、自らの投企を呼びかけとして他者へと提示するのは、他者の了解へと向けてであるし、それはまた逆から言えば、他者の行為をつねに了解しようと試みること以外ではありえない。そして投企がすなわち自己自身および他者に対しての世界の開示にほかならないのであれば、それは自己および他者を拘束する（参加させる）（engager）ことをも含意することになろう。しかし、それは相互了解がアプリオリに可能だからではない。いやむしろ、相互了解の不可能性こそが交流を要請するのであり、交流不可能性こそが交流の根拠ないしは基盤なのだ、と言うべきだろう。他者の他者性を保ちつつ他者を了解すること、別言すれば、他者を自己に還元するのでも、対象化するのでもなく、絶対的に他なる者としての他者と交流する方法はそれ以外にはない。だからこそ「いかに悪意に満ち絶望的な人間性を描こうとも、作品はジェネロジテの様相をもっている必要がある」（QL 78/69）とされるのだ。

「バタイユは、共同性ということを、主体-の-外の次元に無限に終わることのない他者関係として、つねにまだ来るべき出来事となる他者たちの共同性として考えた。こういう『共同性をもたない他者たちの共同性』のみが、国家のような共同体を超える契機を孕んでいるのではないかと、バタイユは問う[13]」という湯浅博雄の的確な分析を借りれば、第一のモラルに見られるサルトルの共同性＝共同体もまた、「共同性をもたない他者たちの共同体」と位置づけることができよう。

以上見てきた『倫理学ノート』における贈与の問題を補完するために、続いて『真理と実存』を概観してみよう。

4　贈与、真理と倫理をつなぐものとしての

『真理と実存』（一九八九）は『倫理学ノート』の刊行後、さらに新しく発見されたモラル関連のノートの一冊を公刊したものであるが、編者アルレット・エルカイム＝サルトルによれば、執筆の時期は四八年ころであり、『倫理学ノート』に続くとはいえ、内容的には独立性が高く、「現存する遺稿のなかでも完成したテクストと見なしうる唯一のもの」だという[14]。このノートはハイデガーの『真理の本質について』に触発されて執筆されたらしく、ハイデガーを意識した記述が随所に見られ、この二人の哲学者の関係に新たな光をあてる重要な資料でもあるが、贈与の問題を真理と結びつけた形でサルトルが論じている点からも興味深いテクストと言える。

真理は他者に対する私の要請としての規範である。私は真理を他者に与える。私は、贈与する

者としての私の自由を彼が承認することを要求する。つまり、それが真理であることを要求する。（VE 180/37）

ここで、サルトルが真理の問題を贈与の問題と連結させるのは、真理判断というものが、その性質上、不可避的に他者を含むからにほかならない。もし真理を暴き出す主体が唯一の絶対者であれば、そのような真理は陳述される必要はない。それを〈見る〉だけで十分なのだ。そうではなくて、私たちが真理を暴き出すとき、私たちはつねに他者へと向けて暴き出す、とサルトルは主張する。「具体的な贈与なり贈り物が匿名なものではなく、必然的に宛先をもっているのと同様に、贈与としての真理も匿名ではない。私は、私の友人、私の妻に呼びかけて、ある光景なり現れなりを指し示すのだ」（VE 31/41）。これはすでにサルトルが『文学とは何か』で作品理論として提示していたことと深く響きあっている。作家は自らが暴き出す真理を読者へと贈るのであり、作家は読者へと呼びかけるのだとされた。サルトルの倫理と芸術論が密接に相関していることはすでに見たとおりだが、それは、倫理と芸術の根底にひとしく潜むジェネロジテをサルトルが見出したということを意味する。『真理と実存』において、ジェネロジテの問題は、さらに責任＝応答可能性（responsabilité）、無知、真理検証、歴史化の問題ともからめられて論じられる。

『真理と実存』は、ひとつの二律背反から始められている。実存主義が考えるように、普遍には還元されない独自なあり方こそが本来的なあり方なのだとすれば、間主体的な場である歴史は非本来的であり、モラルは歴史との接点を失ってしまう。そうではなくて、史的唯物論やヘーゲルが考えるように、歴史には何らかの終焉＝目的があるのだとすれば、歴史がモラルとの接点を失ってしまう。このようなアポリアから抜け出すためにサルトルは、存在と歴史化の関係を探ることから始める。その出発点にヘーゲルがあることは偶然ではない。ヘーゲルにおいては、真理はこのような絶対者における自己把握であり、そこでは存在と歴史は一致する。だが、ヘーゲル的な歴史観を避けるとするとどうなるのか。それぞれの対自は、意識であるかぎり、主体としての絶対者である。これがある意味でフッサールの超越論的地平からサルトルが継承したものであった。問題は、このような絶対者が複数いるということなのである。すでに見たように、多数性や複数性を単一の普遍者に回収しないことこそ唯一の倫理的な態度だからだ。じっさい、開示性に関して、『存在と無』は、自由である人間的現実が投企の光のもとで、世界へと関わることによって世界に意味が生じるとしていた。一方、『真理と実存』においては、それが言いかえられ、〈暴き出しによって真理が顕現する〉とされる。だが、もしこれだけのことであれば、『存在と無』からさほどの進展は見られないと言える。ところで、『真理と実存』において何らかの新しい展開があるとすれば、それはなによりもひとつの主体によってこのように暴き出された真理が、なぜ他者へと与えられ（贈与の問題）、いかにして他者たちによって検証されるのか（真理検証）、そしてまた無知とこの真理の暴露とはどのような関係にあるのか、という点にまで踏み込んでいった点にある。

真理検証と言うと、科学の命題は事実によって検証はされえないが反証はされると主張したポパーの名前が頭に浮かぶかもしれない。ポパーは反証が可能であるかどうかによって科学と非科学とを区別しうると主張したのだった。しかし、ここでサルトルが述べている vérification はそのような科学的な検証可能性の問題ではない。真理は絶対的な主体によって暴き出されながらも、その暴き出された真理がつねに他者という他の絶対的他者によって検証されるべく差し出されているということである。別の言い方をすれば、価値の独占化に対する批判であり、絶対的である真理がいかにして、生きた真理として生成しつづけるかということである。その意味でむしろ、ポパー以降の科学哲学の進展、ハンソンの理論負荷性やクーンのパラダイム論やファイヤーアーベントの知のアナーキズムといった真理の相対主義と通じるものがあるかもしれない。いずれにしろ、このような開かれた真理の考えが、贈与としての真理、贈与の倫理へとサルトルを導く。

あらゆる真理は、私が知ることのない外部をもっている。ここで問題となっているのは、私の真理を構成している乗り越え不可能な無知である。こうして、私が傲慢にも、自分こそは世界にこの真理をもたらすものだ、と主張できる瞬間に、私は慎ましく、この真理は私から逃れる無限の側面をもっていることをすすんで認めるべきなのだ。これらの多様な側面や逃れてゆく次元が現実に存在することを避けようとして、発見した真理を自分だけのためにとっておく人々がいる。しかし彼らは、そのことによって、贈与の特典〔利益〕を失ってしまう。ところが、この贈与こそが間主観性の絶対性への通路なのだ。それに、他方で、真理全体がそれ自身によって外部をもつためには、他者の実存によってこれらの側面が潜在的に含意されているだけで十分なのだ。このように、ジェネロジテの態度とは、真理が私から逃れるという意味で無限になるために、他者たちに真理を投げかけることである。（VE 117/137）

このように真理はつねに無知との関係で捉えられる必要があるとサルトルは主張する。それは言いかえると、真理を所与、与えられたものと考えるのではなく、贈与そのものと考えることでもある。自由と関連した贈与性《ジェネロジテ》、あるいは自由の根源にある贈与性、そして、贈与《ドン》としての開示。このような問題設定は、当然のことながら、私たちをフッサール（自己贈与（Selbstgegebenheit））やハイデガー（存在は、与えられる（Es Gibt Sein））へと送り届けるだろう。[15] だが、『真理と実存』で問題とされているジェネロジテ（鷹揚さ、贈与性）は、どちらかと言えば、未来志向的なものである。それは自由に根ざしているが、そこで強調されているのは、他者のうちへの解放としての側面、つまり libéralité（鷹揚さ、自由さ）だと言える。サルトルは真理の露呈を暴き出しとして記述するが、そうだとすると、このような暴き出し自体が、何らかの贈与性、ジェネロジテをもつ必要がある。

> 真理検証を行う人間的現実が、このような無知を認めることは、ジェネロジテであり、解放である。なぜ解放かと言えば、それによって副次的な誤謬の可能性〔……〕から解放されるからである。なぜジェネロジテかと言えば、真理は、未来の私である「別の自分」や他者たちに、彼らの好きなようにさせるために与えられるからである。（VE 116/134-135）

同じことはさらに判断に関して、より明示的に次のように説明される。

> 判断というのは、間-個人的な現象である。私だけなら判断する必要はない。私は見るのだ。

私が判断するのはひとえに他者のためなのだ。判断とは他者に指示を行う一定の身振りであり、客観的であると同時に主観的でもあるのだが（つまり、即自的かつ対自的だ）、それは他者にとってのことなのである。そうはいっても、逆から言えば、私は、〈共‐存在〉のうちに生きているのだし、私が見るのは他人に指し示すだけなのだとも言える。さらに言えば、私はしばしば指し示すことによってのみ、見るようになるのである。こうして、人は他人のために見る。（VE 23/35）

しばしば、サルトル思想の独断性や独我論的性格が指摘されるが、これを見ると、じつはサルトルもまた、真理における他者性により踏み込んでいることがわかる。だとすれば、ここにもまたレヴィナスに相通ずる水脈を見出すことができはしまいか。『全体性と自由』において、レヴィナスは「事物を他者に指し示す言葉は、所有の放棄であり、最初の贈与なのである」（TI 189/264）と述べていたし、また、「他者に対して世界を語る際、あるものを指示するとき、私はそれを他者に対して指示する」（TI 189/264）とも書いていたのだから。興味深い点は、その際レヴィナスもまたジェネロジテに触れている点である。

言語は私のうちにあらかじめある表象を外化することではない。それはそれまでは私のものであった世界を共同のものにすることなのだ。〔……〕言語は供与のジェネロジテによって不断に労働を乗り越える。（TI 189/264-265）

かくして、レヴィナスは贈与のテーマを顔の問題へとつなげるのだが、私たちの興味を引くのは、言葉が贈与であるという指摘の共通性である。じっさい、指示するということ、あるいは語るということは、他者との共同作業なのであって、他者の参与なしにはありえない。サルトルの文学論が明確に示したこともまた、このような自由の共同体ではなかっただろうか。だが、『存在と無』で明らかにされた存在論的な自由は、あらゆるモラルの前提ではあっても、それだけではいかなる具体的なモラルをも提示しえないし、否定性のみを強調した自由は相互に衝突しあい、相剋の解除の可能性は見えてこない。これがしばしばサルトルの他者論が批判される所以だ。したがって、他者の自由を否定しない自由、それ自体他者の承認そのものであるような、価値としての自由が構想される必要が出てくるのであり、そのような文脈で、重要な鍵概念として浮上してくるのがジュネロジテだったように思われる。しかし、まことに残念なことに、このようなジュネロジテの概念をサルトルは結局これ以上発展させることがないまま放棄してしまうのである。

5　ジュネロジテの限界

贈与という問題系は、『聖ジュネ』においても重要な役割を担い続ける。いや、贈与というテーマこそ『聖ジュネ』全編六百頁を通じて執拗に繰り返されるモチーフにほかならない。ただ、ここではジュネロジテはその意義を認められつつも、結局はその否定的な側面が強調されることになってしまう。サルトルはジュネが何も所有しておらず、それゆえすべてが彼には与えられることに注目することから始める。

すべてが贈り物だ。彼の呼吸する空気までも贈り物なのだ。毎分、彼の手に、ジェネロジテの気まぐれによって贈り物が置かれるのだ。このジェネロジテは生涯消えぬ刻印を彼に残す。(SG 15/上21)

養子でなく、実の子どもであれば、親からの贈り物に感謝する(reconnaissance)必要はないが、ジュネの場合はこの一見無償であるが、返礼を迫るジェネロジテに圧迫される。「上から下へと行われるあらゆるジェネロジテに対する憎悪を、ジュネは後に表明することになるだろう」(SG 15-16/上21)とサルトルは書く。じっさい、すでに見たように、ジェネロジテとはもともと上から下へと向けられるものであることは否めない。貧者の富者に対するジェネロジテというのは、想定しにくい。もてないものが、もてるものに対して何を与えることができるだろうか。

その後、サルトルの論は、与えられることを拒否したジュネが、盗むことへと向かう、というふうに進められてゆくわけだが、その筋道を追うことはここでの主題ではないので、大幅に省略して、後半、再びジェネロジテが問題となる箇所だけを見てみよう(16)。

ジュネは、その私生活においてついに、自分にふさわしい徳に到達する。彼の徳であるジェネロジテに。私自身もジェネロジテをかなり高く評価する。というのも、それはデカルトが見てとったように、自由の似姿であるからだ。だが、それが封建社会によって屈折させられた自由であるということも忘れてはならない。ある意味では、ジェネロジテの徳は人間を物を越えたところに位置づけるが、別の意味では、人間における所有の幻想を確固たるものにする。人はもてるものしか与えないからである。人間が物へと疎外された世界にあって、ジェネロジテという曖昧な徳はかかる疎外を消滅させることなく、疎外のあり方をたんに変化させるにすぎない。贈与者は贈与することとの虜となり、受益者は物と、物を介して、それを彼に与えた人間に、二重の意味で隷属する。（SG 531/下 417）

このくだりを読むと、先に見た『倫理学ノート』のスタンスから古典的なジェネロジテの概念のほうへ大きく後退してしまった、という感じは否めない。事実、サルトルは贈与という考えをここでは否定してしまう。

与えるという行為は、われわれを他の人びとから引き離す。与える行為は、相互の対等関係を生み出さない。なぜなら、かかる行為はそれが贈与するものを解放するとまさしく同じくらい、贈与を受けるものを感謝の念によって束縛するからである。ジェネロジテの根源は相互に共通に感じられる内的要求ではありえないだろう。それは絶対的無償性のうちに自己を把握する自由である。（SG 535/下 424）

かくして、再び、与える者と、創造を行う者との類似が語られた後、与えることではなく、受け取ること、分有すること（partager）へのわずかな言及によって、ジュネ論は閉じられるのである。

このように四〇年代後半から五〇年代初めにかけてのサルトルのテクストに散りばめられたジュネロジテという言葉を手がかりに、贈与の問題が、倫理的な地平でどんな意味をもちうるのかを素描してきたが、後日談的にその後の経緯を見ておけば、この問題系は『弁証法的理性批判』においても、また『家の馬鹿息子』においても間歇的に現れる（間歇的ということは、周辺的であることを意味しない。かえってその逆であろう）。つまり、贈与の問題がまったく忘れ去られてしまうわけではないのだ。たとえば、『弁証法的理性批判』においてポトラッチの問題は、媒介における第三者（tiers）という重要な問題に触れる際に、レヴィ＝ストロースの引用とともに現れる。モースについでレヴィ＝ストロースもポトラッチのもつ「超‐経済的な」性格を示したとサルトルは述べる。そして、『親族の基本構造』から「そのもっともよい証拠は〔……〕どんなに気前がよくてもいつもお返しを想定している富の分配よりも、富の消滅のほうがより大きな威光を発するということである」という一節を引用し、「ここで贈与が相互性の原始的性格をもつことには、誰も異存はなかろう」（CRD 187/I. 120–121）としたうえで、そこでの賭金が他者（性）の承認（reconnaissance）であることを確認したのち、結局はポトラッチの両義的性格を、モースの援用によって、強調することになる。つまり、「贈与は交換であり、かつ交換ではない。あるいは、それは不可逆性として生きられた交換である、と言ってもよかろう。贈与の時間的性格が絶対的相互性のなかに解消するためには、贈与が制度化されることが、つまり生きられた時間の客観的全体化によって捉えられ定着されることが必要だ」（CRD 188/I. 120–121）という指摘のもとに三元的関係の分析へと移行していくのだ。ここで、もうひとつ注目すべきは、バタイユとからめた形で、レヴィ＝ストロースへの反論として次のような註が記されている点であろう。「彼〔レヴィ＝ストロース〕に対して、ジョルジュ・バタイユ（『呪われた部分』）の興味深い考察に依拠して、奢侈的濫費（これは政治‐宗教的性格の他の諸制度とまさに結びついている）が、ある種の社会や条件下では一つの経済的機能だといって反論することができるだろう。稀少性という枠組みにおける、富の生産・分配・消費の経済学は、消費社会における無償の消費（dépense gratuite）を研究すべきである」（CRD 187/I. 122）。

一方、『家の馬鹿息子』においては、ジェネロジテは、ほぼジュネ論の延長線上で、封建制の相の下で、挿話的に語られる。それは第一巻第二部「人格形成」の1「想像的な子ども」の「贈与の仕草」と題された一節である。ここで、サルトルは、母親との関係によって、フロベールが肯定能力（さらには能動性）を喪失し、言葉との、そして真理との関係が損なわれたとしたうえで、対他関係におけるジェネロジテを通しての能動性の回復という問題を扱う。だが、これはジュネ論の二番煎じ的な印象は否めない（というか、むしろ、『言葉』にも見られるこの演技としてのジェネロジテは、サルトル自身につきまとって離れなかった強迫観念であったように思われる）。もちろん、興味深い分析も散見する。たとえば「〔フロベール〕は気前のよい行為についてふたつの見方を生涯もちつづける。それらは相対立しているように見えるが、彼のうちでは補い合っている。一方で、創造の産物は彼にとって絶対的な〈贈り物〉のように思われる（たとえ、のちにわかるように毒入りの贈り物であっても）。この感情は彼の〈芸術家〉への人格形成の一因子だ。他方、彼はひじょうに早くから、気前のよい仕草の底にある欺瞞を告発している」(IF 724/II. 102)。
ここには、贈与の両義性も含め豊かな鉱脈が感じられるが、問題がさらなる展開を見ることはない。

以上のことを単純化してまとめれば、サルトルは、四〇年代後半の遺稿のなかではかなりジェネロジテを評価しながらも、結局この概念が孕む豊かさを活用しきれず、これを十全に積極的な概念として発展させることができなかったと言えるだろう。しかし、それはサルトルが贈与を、同次元交換のレベルでしか考えなかったからではなかろうか。だが、贈与交換に際して、モノ、貨幣、労働、情報、技術、知識などの、目的を達成するための手段的な財(経済財)のほか、尊敬の念、愛情、感謝などの表出的な財(非経済財)も用いられることは言うまでもない。手段的な財と表出的な財の交換を「異次元交換」と呼ぶ政治人類学者の嶋田義仁[17]の示唆に富んだ考察を援用すれば、モースの贈与交換理論の根幹にあるのは、まさにこのような異次元交換という視点であり、逆にこれこそレヴィ＝ストロースの構造主義人類学に欠けているものであった。

じっさい、財貨と言葉の間には互換性がある。モノをもらったときに、お礼の言葉を返すことによって、互酬的な関係が成立する。また、歌も踊りも財貨と交換されうる。そして、財と言葉の関係は社会的地位の上下によって変わるから、そのかぎりで、財貨と言葉のやりとりの異次元交換は、支配と従属という権力関係と深く関わることにもなる。仮に贈与以前の状態として対等の関係があったとしても、贈与によって支配と従属の関係が出現することであろう(ひょっとすると、サルトル自身、このような異次元交換がもつ支配と従属の構造に着目したからこそ、ジェネロジテという魅力的なタームを諦めたのかもしれない)。しかし、そうだとしても文学という異次元交換は、このような支配従属関係をさらに逆転させる回転装置をなしていると言えるのではなかろうか。その意味で、経済財と非経済財の間の異次元交換の問題は、ジュネ論を考えるうえで、さらには文学の問題を考えるうえでも、まことに興味ある手がかりを与えてくれると思うのだ。人はもっているものしか与えることができない、というのが常識が私たちに告げることだ。しかし、もたざるものを与えようとすること、いまだないものに存在を与えること。donner la vie(生を授ける、産む)という表現がフランス語にはあるが、そこでは私たちは自らがもっている何かを他者に与えるわけではない。無から有を生じさせる、創造という営為はまさにこのような無償の、無根拠の贈与にほかなるまい。サルトルは『倫理学ノート』において創造について次のように述べていた。

創造とは何か。一、造られたものは存在においてまったく新たな出現である。二、出現はそれだけで十分ではない。創造が何らかの意図から生まれる必要がある。三、にもかかわらず、この意図は創造そのものではありえないし(さもなければ流出になる)、の、み、な、ら、ず、ふつうの因果性とも違う。というのも結果は原因以上の何ものももっていないからである。もしなにひとつそれ以上のものがなければ、それは新しくない。もし、それ以上のものがあれば、それは無償の出現であって、創造ではない。つまり、創造という観念のうちには一見すると矛盾があるのだ。というのも、ある意味で、創造であるかぎり、それは制作者の意図でその存在をすっかり被われていなければならないのに、別の意味では、創造物はこの意図を逃れていなければならない――そうでなければそれはたんなる流出にとどまる——からだ。要するに、意図が存在を与えるべきなのである。それもその存在においてこの意図が外部にとどまるようにするべきなのだ。（CM 157）

このような創造における作者の意図と、それに対する作品の独立性、この関係は次章で扱うアンガジュマンという両義的な問題系にも根本的に見られるものである。

第三章　アンガジュマン

サルトルの倫理思想がアンガジュマンという言葉に集約される、ということには誰しも異論がなかろうが、この言葉がもっぱら政治的な負荷とともに捉えられてきたことは不幸だったように思う。じっさい、サルトル自身も政治とアンガジュマンを区別する必要性をインタビューで説いているように(1)、この言葉の射程をたんに政治的なものに限るべきではなかろう。ここで私たちは、政治的次元とは別のレベルでこの言葉の広がりを考察してみたい。そもそも、アンガジュマンという言葉がどのような文脈で現れ、どのように発展してきたのかを確認する作業なくしては、このカタカナ言葉は一種の呪文以上の意味をもたないだろうが、この概念を簡潔に解説しようと試みると意外に難しいことに気づく。「社会参加」、「政治参加」、「現実参画」など、訳語は色々あるがどれもしっくりこない(2)。これらの言葉から受ける感じは、直接は関係ないが、参加しよう（あるいは、参加すべきだ）というものだ。「いまさらアンガジュマンでもないでしょう」といった反応が飛び出したりするのも、そのためかもしれない。だが、フランス語の engagement のほうには、もう少し切迫感というか、否応なしの雰囲気があり、〈アンガジュマン文学〉という考えこそ時代に取り残された観はあるものの、〈アンガジュマン〉という言葉そのものは、その重要性を増しこそすれ、けっして古びてはいない。じっさい、語源的に見ても、この言葉はen+gage（抵当・質に入れる）に由来するのだから、ある種の緊張感をもっているのは当然かもしれない。そこには必然的に〈賭〉や〈契約〉や〈責任〉の要素も含まれるが、サッカーやラグビーのキックオフもフランス語ではアンガジュマンというのだから、この言葉の振幅の大きさは相当のものだ。主な意味をまずは辞書で確認しておこう[3]。(1)制約、契約、(2)雇用契約、(3)（物を）はめ込むこと、(4)（狭い場所へ）入れること、進入、(5)（戦闘への軍隊の）投入、配備、(6)（資本などの）投下、投資、(7)担保におくこと、(8)勧め、誘い、教え、(9)端緒、始まり、(10)（一九四六年ころ）①知識人、芸術家などによる社会問題への参加、②（哲学）人間が自由に行動を選択して自己を世界に参加させ、それによって、選択した行動に対し責任を負い、自己を拘束すること。サルトルの自由思想の中心をなす概念。さらに専門語としての意味が八つほど続くがそれは省略しよう。

以上のことから、この言葉の日常的なコノテーションはほぼ見てとれようが、その一方で、専門語としてのアンガジュマンのほうも二つの微妙に異なる意味に分けられることに注意しておく必要がある。つまり、①の意味での「文学におけるアンガジュマン」あるいは「アンガジュマン文学」は二つの異なる意味を示すのであり、それは、歴史的に限定された一時期、つまり第二次大戦後のサルトルを中心とした文学思潮の鍵概念を指し、社会や政治問題に直接コミットする形での文学者のスタンスを表す一方で、より一般的に、社会や市民の問題に関心をもち、ペンをもって立ち向かう作家のあり方、たとえば、フランスで言えばドレフュス事件時のゾラ、シャルル・ペギー、スペイン戦争のマルロー、さらに遡れば啓蒙時代のヴォルテール、革命期のヴィクトル・ユゴーを意味するのだ。このような作家たちにいわば事後的に〈アンガジュマンの作家〉という言葉をあてることも可能なのだ。

ところで、専門語としてのアンガジュマンが使われはじめたのは一九四五年から四六年ころとされているが[4]、じっさい、サルトルがこの言葉を肯定的・積極的に用いだしたのは第二次大戦後のことにすぎない。とはいうものの、サルトルがアンガジュマンという言葉を、「(作家や知識人の)社会参加」といった意味合いを込めて用いたのは、必ずしもサルトルが最初ではない。すでに両大戦間の時代にガブリエル・マルセルやエマニュエル・ムーニエといったカトリック系の思想家たちが、この語をそのような文脈で用いた例が見られるからである。一九二七年に出版された(だが、執筆は一九一九年に遡る)『形而上学日記』のなかでガブリエル・マルセルは次のように書いていた。

意志するとは、つまるところ、自らをアンガジェすることであるように思う。その意味は、自分自身の現実をアンガジェする、あるいは賭ける、ということである。つまり、自らの意志することのうちに身を置くことなのである。もっと言ってしまえば、意志することは、「私はこれに困っている〔……〕」、それゆえ、これは私に困っているのだ」と主張することなのだ。[5]

だがここでも、サルトルがこれらの言葉から直接間接にどのような影響を受けたかということはさほど問題ではない。戦後のサルトルは、すでにある種のコノテーションを伴って使われはじめていたアンガジュマンという言葉を、積極的に流用・転用したのだった。そのきっかけはいったい何だったのだろうか。戦争が彼の人生を前と後にまっぷたつに分けた出来事だったことはサルトル自身がしばしば述べていることであるが、アンガジュマンという言葉の発見には戦争が大きく関わっている。マルセルの考察が第一次大戦の戦火さめやらぬ雰囲気のなかで書かれたことと、サルトルの用いたアンガジュマンという語が第二次大戦の価値崩壊の時代に指針を示す言葉として人々に受けとめられたこととの間には、戦争という共通項が介在するのである。

1　人間的現実のあり方

積極的な意味でのアンガジュマンの概念は、『存在と無』で展開された存在論の論理的帰結とは必ずしも言えないだろう。じっさい、『存在と無』では二十数カ所で、engager およびその派生形が使われているが、その大部分は engagé という過去分詞形であり、〈拘束されている〉、〈からめとられ一体となっている〉、〈巻き込まれている〉という通常の意味であり、どちらかと言えば消極的な意味で使われる。

「即自存在に現前し、世界に巻き込まれている人間的現実」(EN 120)。

「私はすでに有意味な世界のうちに入り込んでいる」(EN 592)。

「私はこの全体性のうちに巻き込まれたものとしてここに現実に存在する」(EN 719)。

このことは、サルトルが自らの意志とは無関係に戦争に巻き込まれてしまったという事実とけっして無関係ではなかろう。『存在と無』は一九四三年、戦時下のパリで出版されているが、その構想は一九三九年の動員以前に遡り、具体的な執筆は動員中に行われている（「形而上学論文『存在と無』を書き始めた」（LC II. 285）とサルトルは四〇年七月二十二日付のボーヴォワール宛の手紙に記している）。『戦中日記』には、無、自由、志向性、動機などに関する考察が部分的に書きためられていたが、この時期のサルトルが腐心していたのは、本格的に取り組みはじめていたハイデガー理論と三〇年代後半にすでに自家薬籠中のものとしていたフッサール哲学とを、どのようにつなぎあわせるかということだった。戦争という極限状況、自分の自由に対して外から突然襲いかかってきたかにみえる状況の力を切実に感じざるをえない境遇にあって、歴史性や世界－内－存在というハイデガーの術語がサルトルの関心を引きつけたことは『戦中日記』に克明に記されている。(6) engagerという語もまずはそのようなコンテクストのなかで現れてきたのだが、それはあくまでも、この事実を身に引き受けねばならないといういわば受身的なあり方であり、積極的な価値が十全な形で発見されていたとは言いがたい。それは engagement という名詞の場合であっても基本的には同様であり、「抵抗する世界のうちに巻き込まれたものとしてしか自由な対自はありえない。この巻込れを離れては、自由や決定論や必然性の概念はその意味すら失ってしまう」（EN 564）といった具合に過去分詞の名詞形として用いられている。同様に、s'engager という表現においても、「私が入り込んでいるこの世界のうちで」（EN 76）とか「服従し自己拘束する自由の条件」（EN 430）といったように、その能動性は――いくつかの例外を除けば――あまり強調されない。つまり、これらの多くの用例は、戦後サルトルがこの語にあてた意味とは正反対とは言わないまでも、かなりニュアンスを異にするのであり、engagé は jeté（投げ入れられた）や délaissé（見捨てられた）と同様に人間的現実の被投性の側面を表し、特に状況との共軛性を指示しているにすぎないのである（その点は『戦中日記』での用法も基本的には同じだ）。このことは何を意味するのだろうか。

　サルトルがハイデガーの『存在と時間』から取り込み、転用したタームや概念は数多いが、そのなかでもとりわけ重要なのがDasein（現存在）であることはよく知られている。ただ、その際にアンリ・コルバンの訳語 réalité humaine（人間的現実）を踏襲して用い、この場違いな訳語によって、サルトルはハイデガーが周到にも避けた現存在《ダーザイン》と人間の同一視の陥穽に再び陥ってしまった、としばしば批難されてきた(7)。だが私たちの見るところではここでもサルトルはハイデガーを誤読したのでも、借用したのでもなく、転用し、乗っ取り、転回したととるべきであろう。たしかに現在の多くの仏訳ではそのまま être-là などと訳されるこの術語はかなりの曲折を経た一筋縄ではいかない言葉だが、ここでは基本的なことだけを確認しておこう。Dasein という言葉は、ライプニッツの弟子のクリスチャン・ヴォルフによって existentia の訳語として造られた言葉であり、たんに思惟されただけのものに対して、現実に存在するものを意味し、ヘーゲルにおいても頻出する言葉だ（その場合の訳は「定有」）。ハイデガー思想においては、この概念はなによりも意識（Bewußtsein）という概念（ちなみにこの言葉もヴォルフによるもの）にとって代わる形で現れる。その際、ハイデガーは Dasein の Da に注目し、この〈そこ〉を、世界に投げ入れられているものとしてありながら、その枠組みから出発して未来へと自らを投げ入れるという、私たちの固有なあり方、つまり、被投的投企によって開かれる真理の生起する場と捉えた。この〈世界内にすでに投げ入れられている〉という側面が、『存在と無』では engagé という過去分詞に込められ、他方で、人間存在の能動的な側面は自由や了解といった言葉に託されているように思われる。じっさい、被投性はサルトルにおいてはもっぱら消極的な評価を受けているように思われる。それは状況という概念が乗り越えの地平として捉えられている点にも端的に現れている。だが、ハイデガーにおいて被投性と投企は不可分なあり方で論じられているのであり、その意味で、次のように要約するコルバンの現存在解釈はけっして的はずれのものではない。

> 実-存〔外-存〕することによって、人間的現実は世界を説明〔外示〕する。人間的現実はすでに、了解であり、解釈（Aus-legung）である。その存在様態は、開示するもの（révélante, Erschliessend）であると同時に開示された-現実（révélée, Erschlossenheit, ἀ-λήθεια）、つまり存在的真理なのである。[8]

このようなコルバンの理解をなぞり、そのタームを我有化しながら、サルトルは人間的現実の根本に開示性と了解を置くのだが、この概念を借用しながら、返す刀で、それを「あくまでも意識と捉えなければならない」と述べてハイデガーを批判する。

ハイデガーは、フッサールの「私は思う」が魅惑的で引っかかりやすい罠であると確信しきっていたので、現存在《ダーザイン》の記述に関して意識に頼ることを全面的に避けたのだった。彼の目標は現存在を直接的に関心として示すことであった。つまり自己が存在する諸可能性へと向かって、自己の投企のうちで自らを逃れようとすることとして示すことであった。彼が「了解（Verstand）」と名づけるのは、この自己の外への自己の投企のことであり、それがまた「開示する－〔と同時に－〕開示された」存在者として人間的現実を打ち立てることをハイデガーに可能たらしめるものであった。しかし、まず最初に現存在の自己からの逃れ出を示そうという試みもまた越えがたい困難に遭遇する。というのも、まず最初に「意識」の次元を取り去り、その後でそれを回復しようというのはできない相談だからである。了解はそれ自体が了解の意識でないとしたら意味をもたないのだ。（EN 128）

もちろんこれはあくまで、サルトルの側からの発想であって、ハイデガー自身はこの後で意識を回復しようなどとは露ほども考えていないことは言うまでもない。私たちがここで示したいことは、繰り返して言うが、ハイデガーとサルトルの影響関係でも相違でもなく、あくまでもサルトルがハイデガーを転用読解することで何を得たかということである。この点から見たときに興味深いのは、開示が能動的であると同時に、受動的でもあるという点にサルトルの関心が向かっている点だ。呼びかけの概念でもそうであったが、この両義性は『存在と無』においてはこれ以上には発展しないのだが、戦後になると俄然クローズアップされるようになる。それがアンガジュマンの概念の積極的展開のバネとなるのである。

もちろん『存在と無』において、s'engagerという語の積極的な例が、たとえば「世界を超出することは、世界の上空を飛ぶことではなく、そこから飛び出すために、そこに自ら身を投じること（s'engager）である」（EN 391）の場合のように、まったく見られないわけではないということも付け加えておく必要があるだろう。しかし、このくだりにおいても、それ以上の展開は見られないのだ。おそらく『存在と無』において唯一、アンガジュマンの両義性が強調されているのは、対他関係を論じた第三部の〈眼差し〉の一節であろう。

> 私は巻き込まれたもの（engagé）としてしか、現実に存在しない。また私は巻き込まれたものとしてしか、存在（についての）意識をもたない。この資格において、私が「他者‐対象」を捉えるのは、私が巻き込まれた具体的な仕方で、他者の超越を超出することによってでしかない。けれども、また逆に、アンガジュマンは他者のあり方でもあるのだから、他者のアンガジュマンは、それが私の超越によって超越されるかぎりにおいて、現実的なアンガジュマンとして、定着〔根をおろしていること〕（enracinement）として、私に現れる。つまり、私が対私的に実存するかぎり、状況への私の「アンガジュマン」は、「私は誰それに対して約束している、私はこの金を返す約束をした」という意味で解さねばならない。そしてこのアンガジュマンが〈主体としての他者〉を特徴づけるのである。なぜなら、それは他なる私自身だからである。（EN 352）

それに続けてサルトルはこのアンガジュマンが対象化されたときには、アンガジュマンは外からの拘束に堕してしまうと述べる。その意味で、戦後のアンガジュマンの概念を胚腫としては含んでいるようにも見えるが、ここでのアンガジュマンに関する分析は、あくまで挿話的なものにとどまり、主導的な概念として責任などと結びつけられてはいない。積極的なアンガジュマンの概念は戦後を待たなければならない。

2 開示の両義性

一九四四年のインタビューで、「戦争は私に自ら身を投じ（engager）なければならないということを教えました」(9)とサルトルは言っているように、アンガジュマンの両義性が戦争という極限状況によって開示されたのであったとすれば、アンガジュマンの射程を正確に理解するために、それと補完的な関係にあるとも言える「呼びかけ（appel）」という概念を補助線として再び召喚する必要があろう。というのも、戦時下において s'engager が軍に志願するという意味をもつのに対して、appeler は軍への召集を意味するというように、両者は相補的な関係にあるからである。同時に、呼びかけがもっている双方向的なあり方、つまり、呼ぶ者がまた呼ばれる者でもあるという事実に呼応するように、アンガジュマンにおいても、投げ込まれ＝巻き込まれている者が、自ら（を）投げ込む＝巻き込む者でもありうるという発見が、その根底にあるからだ。つまり、自らの意志とは無関係に戦争という状況に入り込んでしまった（engagé）という負の事実を、どう受けとめるかということを真摯に考えたとき、この事実を自覚的に引き受け、それに主体的に身を投じる

（s'engager）というあり方で行動するというふうに、受動性を能動性へと、消極性を積極性へと読み替えるというサルトル的転換にこそ、サルトルの提唱したアンガジュマンという思想の特徴があると言えよう。

じっさい、「『現代』誌創刊の辞」を皮切りに、積極的な意味を担ったs'engagerという表現が頻出するようになるのだが、作家・知識人のアンガジュマンという問題設定は、明確な理論というよりは、戦後の現実に直面した作家サルトルのマニフェストといった側面がなによりも強い。そして、この言葉は『実存主義とは何か』では濫用と思われるほど用いられる。

人間は、自らが被投性（délaissement）のうちで価値を打ち立てることを一度認めれば、もはやただひとつのことしか望めなくなる。すなわち、それはすべての価値の基礎としての自由である。〔……〕われわれは個々の特殊な状況を通して、かつ、自由のために、自由を望むのである。そして自由を望みながら、自分の自由が他者の自由に全面的に依存しており、他者の自由がわれわれの自由に依存していることを見出す。たしかに、人間の定義としての自由は他者に依存するわけではない。しかし、アンガジュマンがあることによって、私は自分の自由と同時に他者の自由をも望まざるをえなくなる。他者の自由を同様に目的にすることなしには、私は自分の自由を目的とすることはできないのである。（EH 82-83/75）

このようにアンガジュマンはまず共同性の確認であり、その意味では受身的な意味を担っている

新　刊

マルクス哲学入門
——動乱の時代の批判的社会哲学

ミヒャエル・クヴァンテ著
桐原隆弘／後藤弘志／硲智樹訳

重鎮による本格的入門書

マルクスの思想を「善き生」への一貫した哲学的倫理構想として読む。複雑なマルクス主義論争をくぐり抜け、社会への批判性と革命性を保持しつつマルクスの著作の深部に到達する画期的読解。

購入はこちら

四六判並製240頁　定価3080円

顔を失った兵士たち
——第一次世界大戦中のある形成外科医の闘い

リンジー・フィッツハリス著
西川美樹訳　北村陽子解説

戦闘で顔が壊れた兵士たち

手足を失った兵士は英雄となったが、顔を失った兵士は、醜い外見に寛容でなかった社会にとって怪物となった。塹壕の殺戮からの長くつらい回復過程と形成外科の創生期に奮闘した医師の実話。

購入はこちら

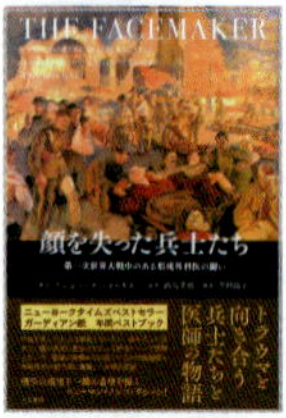

四六判並製324頁　定価4180円

お土産の文化人類学
——地域性と真正性をめぐって

鈴木美香子著

身近な謎に丹念な調査で挑む

「東京ばな奈」は、なぜ東京土産の定番になれたのか？　そして、なぜ菓子土産は日本中にあふれかえるようになったのか？　調査点数1073点、身近な謎に丹念な調査で挑む画期的研究。

購入はこちら

四六判並製200頁　定価2640円

が、すぐさまサルトル固有の回転によって積極的に転換される。その際にも、共同性の問題は捨象されることはない。なぜなら、アンガジュマンがなによりも共同性のうちへの挿入を意味するかぎり、対自がengagerするのは、自己自身のみではなく、共同性でもあるからである。

われわれの責任はわれわれの想像する以上にはるかに大きい。われわれの責任は人間全体をアンガジェするからである。〔……〕私はたんに私個人をアンガジェするのではない。〔……〕私の行動は人間全体をアンガジェするのである。(EH 26-27/45)

投企とは、それぞれの実存が自ら選んだ価値へと自らを投げ出すことである。アンガジュマンとは、そのような投げ出しが、世界と他者との間に投げ出されてあるという事態からしかありえないという自覚を通して、自覚的に再び自己を投げ出すことにほかならない。言いかえれば、自己を賭け、価値を創出する投企が対自の超越的側面であり、その被投性を反映した自己了解が対自のいわば自己言及的側面である。アンガジュマンとはこの両者と不可分だと言えるのではないか。だからこそ、私たちはアンガジュマンの根底にあるのが、人間的現実のもつ開示性だと考えたのだった。

サルトルが現象学から取り入れたのはなによりも〈現れ〉という考えであり、開示の観念自体はフッサールによるところが少なくないが、サルトルはおおむねハイデガーに依拠する形で論を展開する。そのハイデガーは、サルトルの主要な参照項である『根拠の本質』において、開示性と被発見性とを明確に区別していた。

命題の真理は、あるひとつのいっそう根源的な真理（非覆蔵性）のうちに、つまり存在者が前述語的に開示されているということのうちに根ざしており、存在者の前述語的開示性を存在的《オンティシュ》な真理と名づけることにしよう。存在者のさまざまな種類と圏域とにしたがって、存在者を開示しうる可能な開示性の性格とその開示性に所属している解釈しつつ規定することの仕方とは、変動する。こうして、このようにして、たとえば、手元存在（たとえば物質的な物）の真理は被発見性（Entdecktheit）として、われわれ自身がそれであるような存在者の真理、つまり実存している現存在の開示性（Erschlossenheit）とは区別される。（W 130-131/161）

Erschlossenheit は現在の仏訳では通常 ouverture と訳されるのだが、先に見たようにコルバンはこれを、modalité révélée et révélante（開示し、開示される様態）というふうに能動性と受動性を同時に強調する形で訳したのだった[10]。サルトルはこのコルバンに依拠しつつ、被発見性と開示性のこの区別を『存在と無』の緒論において、次のように記述する。

意識が何ものかについての意識であるということは、意識がある存在者の開示された開示（révélation révélée）として生じなければならぬということだ。その際、この存在者は意識とは異なるものであり、意識がそれを開示するときにはすでに存在しているものとして自らを与えるのである。（EN 29）

ここには、どうみてもフッサールとハイデガーの強引な接合がある。〈意識が何ものかについての意識であるということ〉、これがすでに見たフッサールの志向性の定義である。だがそれをサルトルはハイデガー的な開示として解釈しなおす。そして、先に見たように、世界内の存在者を意識（対自）とは異なるものとして示すことによって、開示の問題を主体のほうへと引きつけてしまうのだ。たしかに『存在と時間』のハイデガーもまた開示性を現存在のあり方と結びつけてはいた。「開示性は現存在の本質的な存在様態である。真理は、現存在が存在しているかぎり、かつその間だけ、ある（gibt es）。存在者は、そもそも現存在が存在しているときにのみ、かつその間だけ、発見され開示されている。ニュートンの法則も、矛盾律も、一般にいかなる真理も、現存在が存在している間だけ真であるのだ」（SZ 226）。しかし、それを単純に主体主義として捉えるわけにはいかない。

じっさい、ハイデガーの真理論をトータルに考えれば、その特徴は、真理の問題を陳述の正しさとしての認識の問題から、〈存在の明るみ〉としての存在の問題へと転回した点にある。対応説、整合説、合意説などの真理論がどれも、命題ないしは陳述の真理性が満たすべき条件の規定であるのに対し、ハイデガーはアレーテイアというギリシャ語を〈隠れなさ〉と捉え、真理を〈不覆蔵性（Unverborgenheit）〉と規定したわけだ。ところが、サルトルはこのようなハイデガーにおける開示性を、より能動性に重点をずらした形で、対自による存在の発見と読み替えてしまう。つまり、「発見された真理は、芸術作品と同様、ひとつの認識である」（EN 623）とするのである。これは、どう見ても、たんなる主体性への後退、ないしは単純化と見える。だが、サルトルにしてみれば、真理はあくまでわれわれ人間によって現れなければならない。このことは『文学とは何か』において、作家が真理を暴き出すものとして規定されることに通じる重要な点なのである。

この重要な流用の経緯を、ハイデガーの『真理の本質について』に触発されてサルトルが執筆したとされる『真理と実存』を引きながらもう少し眺めてみよう。サルトルはそこでは真理の問題を、開示性（Erschlossenheit）というよりは、暴露＝露現（Entbergung, dévoilement）の問題として扱うのだが、単純化して言えば、ハイデガーにおいてUnverborgenheit, non-voilement（隠れなさ、不覆蔵性）が中心にあるのに対して、サルトルにおいては、なによりも、dé-voiler（暴き出す、ヴェールを剝がす）という能動性が強調される。


ハイデガーが述べるような、〈存在〉をあるがままに存在‐放任させる態度は、出発点でしかない。

真理に対する二つの態度がある。
(1)真理イコール受動性。あるがままの存在を観想すること。（私には変えることのできない）存在の現前性が強調される。
(2)真理イコール能動性。表象の体系として真理であるものの構築（構築‐主観性が強調される。了解するためには行動する必要がある）。
ハイデガーの文章は綜合を与える。変容されない主体を放任するように構築する。構築されていないものを開示するために構築する。存在をその触れられていない現実において、あたかもひとりで存在するかのように、〈存在〉を散開させるがままにするために、振舞うこと。存在するものを創造すること。

したがって、根源的な問題は次のようなものである。〈すでに‐あるもの〉の創造者であることができ、一連の行為によって、それをその創造されていない本性のうちであるがままに創造することができるようなタイプの行動とはいかなるものであろうか。

このような行動が可能であるためには、意識は、そして〈存在〉はどのようなものであるのか。

（VE 19-20/167-168）

このように、サルトルにとって、真理はあくまで、われわれ人間による、人間にとっての真理、人間のための真理なのである。しかし、真理のヴェールを剝ぐというのは、サルトルの独創どころか、陳腐なイメージですらあろう。じっさい、図像学が示すように、西洋絵画においては、真理は、老人の姿をした「時」によってヴェールを剝がれる裸の女性としてしばしば描かれてきたのであった。したがって問題は、なぜサルトルにおいては受動性に対する能動性の優位がつねに見受けられるのかということであろう。管見によれば、それはサルトルの思想における中立的なものの排除と関連している。つまり、第I部で見たように、サルトルの世界把握や他者把握は中間的なものを認めえず、結局は二項対立（認識か承認か）になってしまう傾向にある。そして、それを克服するために呼びかけや了解といった両義的なタームが召喚されるのであるが、それは理論的な基礎という点から見ると、やや弱いのだ。アンガジュマンに関してもこのような理論的脆弱さは否めない。

3　アンガジュマン文学の功罪

アンガジュマンの構造をよく見てみると、私たちが了解において出会うのと相同的な循環構造、つまり、解釈学的循環と呼ばれる問題が見られる。ハイデガーは『存在と時間』において、いかなる解釈も、解釈すべきものをあらかじめ了解していなければならないという循環を指摘したが（cf. SZ 150）、前‐存在論的了解という表現のもとで問題になっていたのはまさにこのような循環であった。すなわち、現存在において、了解と解釈は核心的な構造契機であって、一定の意味地平を了解する投企と、その内容を解釈しつつ存在するという分節化の契機は不可分だとされた。これはアンガジュマンが、先行の状況の分節化であると同時に、それからの脱出としての投企であることと構造的に同じであると言える(11)。

したがって、アンガジュマンとはなによりも投企のあり方を倫理的側面から捉えた場合に言われることであって、そのかぎりにおいて、アンガジュマンは必ずしも文学だけに直結するものではない。とはいえ、戦後のサルトルにおいて決定的に新鮮だったのは、やはり、アンガジェという言葉をとうてい結びつきそうにない〈文学〉という言葉と連結した点にあった。その意味で、アンガジュマン文学（littérature engagée）という概念は、数多いサルトルの独創のうちでも秀逸のものと言えるだろう。ドレフュス事件を持ち出すまでもなく、文学者のアンガジュマンの名に値するものは、サルトル以前にも存在したが、それにアンガジュマンという言葉を付し、明確に価値を与えたのはサルトルであった。

だれもが状況に入り込んでしまっている（embarqué）のだとしても、そのことをみんなが完全に意識しているわけではない。多くの人は、自分の拘束状況（engagement）を自分に隠すために、時を過ごす。〔……〕作家が参加《アンガジェ》していると私が言うのは、彼が状況に入り込んでいることについて最も明晰で、最も全体的な意識を持とうとしているからだ。つまり、彼は、自分と他人のために、この拘束＝参加（engagement）を無媒介的な自発性から、反省的なものにしようとしているのだ。（QL 98/83）

かくして、世界を暴き出すというあり方は私たちすべてにとって根源的なあり方なのだが（それこそが開示性だ）、なかんずく作家はそのような暴き出しを仕事（vocation）とするがゆえに、誰にもまして、この暴き出しの行為に自ら身を投ずべきだとされるのであった。サルトルが『文学とは何か』をはじめ、声高にアンガジュマンを語っていたとき、レヴィナスが、それに対抗するように、「離脱した＝解放された」芸術（dégagé）を礼讃していたことはよく知られているところだ。「現実とその影」というテクストでレヴィナスは真理を哲学の領域のみに限り、芸術にはあくまで虚構と美の慰めしか求めない、という古典的なスタンスを最後まで保ったように思われる(12)。しかし、ピエール・アヤも指摘するように、レヴィナスのデガジュマンとサルトルのアンガジュマンを単純に対立させるのではなく、そこに見えない接線をこそ引くべきであろう。[13] じっさい、レヴィナスはサルトルの現代思想への寄与を次のように述べているが、正当な評価と言うべきものであろう。

サルトルの哲学全体は、人間の歴史的、経済的、社会的状況を人間の精神性のなかに包み込みながら、人間をたんに思考の対象にしてしまわないような仕方で、人間を思考しようとする試みなのである。サルトルの哲学は知識とは異なるアンガジュマンを精神のうちに見出す。思考とは異なるアンガジュマン――これこそ実存主義なのだ。〔……〕実存主義的ヒューマニズムが存在するということ、つまり――たとえそれが現代的なものであっても、いっさいの党派的教条主義から離れて――現代世界のさまざまな根本的経験を統合するヒューマニズムが存在するということ――これこそ、われわれの大義、つまり人間の大義へのサルトルの本質的な寄与なのである。[14]

レヴィナスが指摘するように、サルトルのアンガジュマンがいまなお重要性を保持していると考えられるとすれば、それは、アンガジュマンがたんなる知識や思考という枠組みを越えて、というよりもむしろ、知識や思考の手前で、自分が何なのか、何をしてゆくべきなのかという問いに向き合うことだからである。じっさい、アンガジュマンには二つの側面がある。ひとつは実存のあり方としての側面であり、いまひとつは実存における決断性とでもいうべきものである。第一の点から見てゆくと、アンガジュマンとは、私たちが状況というものに根ざし、ある歴史的・社会的境遇のうちに存在する（あるいは、そういう形でしか存在しえない）ということを自覚的に引き受けることだと言える。つまり、自分がいるいま・ここから離脱したり、それに背を向けたり、それを無視することなく、逆にそれへと積極的に関わって行動することだ（このことはすでに何度も強調した）。しかし、行動といってもそれは個々の行為を意味するというよりは、一連の筋道をもった振舞いないしは態度なのであって、事件や他者に対する行動のスタンスを意味する。だとすると、このようなアンガジュマンにおいては、一方で、巻き込まれているということが出発点にあるが、それ以上に未来への関わりということが重要性をもつ。私たちは一方的に状況に巻き込まれているのではなく、それをある明確な方向へと向けて変えてゆこうとするものなのだ。一連の筋道をもった振舞いと書いたのは、そのような意味においてである。だからこそ、そこには責任の問題が生じてくる。しかじかの時空間に生まれたことには、私たちの責任はまるでないように思われる。だが、私がここに生じたときにすでにこの世界があり、私の意志とは無関係にすでに出来あがってしまっていたとしても、私がそれをつねに未来へと向けて捉え直してゆくかぎりにおいて、私は自分の行為の結果ではないすべてのことを引き受けつつ、状況を変えてゆかねばならない。そして、その結果に責任があるのだ、というように、アンガジュマンにおける責任はしばしば語られる。たしかにそうではあるのだが、それ以上に、ここで問題となっている責任（responsabilité）とは、状況に対する応答性（responsabilité）なのだ。つまり、状況や人類に対して責任＝応答能力があるとは、作者でないものが、それにもかかわらず、その（保）証人という資格で、作者としての責任を引き受け、状況に対応することである。[15] 真理と創造に関して引用したサルトルの文をいま一度引いてみれば、「〈すでに－あるもの〉の創造者であることができ、一連の行為によって、それをその創造されていない本性のうちであるがままに創造することができるようなタイプの行動」(VE 20/168)、これこそが責任＝応答性の問題なのである。だからこそ、サルトルによれば、私たちは自分のしたわけではない過去に対しても、さらには自分の自由にならない未来に対しても責任をもつことになる。

「自らの時代のために書く」ということを、人々は、現在のために書くという意味で理解した。だが、それは違う。それは具体的な未来のために〔へと向けて〕書くことなのだ。ここで言う具体的な未来とは、希望と恐れと、各人の行為の可能性によって、画定されたものだ。私がそのなかで動く真理の領域を画定するのには、この五十年か百年の歴史で十分だ。真理は主観的である。ひとつの時代の真理とは、存在の発見として生きられたその意味〔方向〕やその風土等々である。(VE 33/42)

これだけを読むと、呼びかけによって目指されるのは、日々新たに解釈し直される真理なのであり、それは相対的で主観的でしかないように読めようが、問題は、このようなあり方そのものがメッセージでありうるという点だ。つまり、書かれた内容そのものではなく、書くという行為こそが、呼びかけであり、贈与なのだ。したがって、アンガジュマン文学が目指しているのは、言葉によって世界に働きかけることであり、それは、言葉が物を変える力を、言葉が物に働きかける力をもちうる、という確信によって支えられている。つまり、言葉に賭けられているのだ。前章で〈異次元交換〉としての贈与を問題にしたことを思い起こしてみよう。近代小説のとば口を開いたセルバンテスが先鋭な形で示したことは、言葉と物との相互作用の可能性であったが、サルトルもまた、言葉でないことを強調した。とはいえ、それは文学を忘れ去ることを意味しない。

「〈アンガジュマンの文学〉にあって、アンガジュマンはいかなる場合にも、文学を忘れさせるべきではない。そして、われわれは、人びとにふさわしい文学を与えようと試みることによって、人びとに役立つのと同じくらい、文学に役立ち、文学に新しい血をそそぎ込むことに腐心すべきだ」(S. II 30)とサルトルは「『現代』誌創刊の辞」で述べていたからである。

4　アンガジュマンと文学

ところで、アンガジュマンには決断という側面もあると述べた。それはどういう意味であろうか。私たちが、先に見たような実存のスタンスとしてのアンガジュマンに至ったとして(サルトルの言葉を借りれば、回心ということだ)、それをただ自覚するだけでは、原則論にすぎまい。そのような自覚に至った者は、具体的な状況のなかで行動をしてゆかねばならない。何に自分自身をアンガジェする(賭ける)か。これこそ、決断としてのアンガジュマンの焦点である。たとえば、サルトルにとってのアンガジュマンはまさに文学の選択という決断であった、と言える。私たちは、アンガジュマンと文学の関係を問うてきたが、いまそれにようやく答えることができる。アンガジュマンの具体的な実践には、さまざまな可能性があるとしても、サルトル自身はあくまでそれを文学という地平で行うことを選んだ。それはサルトルという個人(あるいは、後期サルトルの言葉を用いれば独自‐普遍）の事情に根ざしていたには違いない（この点に関する最良の分析は自伝『言葉』によって提供されるだろう）。だがもう一方で、作家と作品が、このようなアンガジュマン思想の体現に最も寄与するひとつのあり方だからであろう（少なくともそのようにサルトルは確信していた）。「作家はすぐれて媒介者（médiateur）であり、作家のアンガジュマンは媒介すること」（QL 98/83）だとサルトルが述べるとき、呼びかけと贈与という特性をもつ〈文学〉による倫理の可能性こそが賭けられているのだ。

　だが、アンガジュマン文学の実践という問題になると、私たちはここでもまたこの思想家に特有な矛盾にぶつかってしまうことも事実だ。『文学とは何か』で明示的に表明されていた論点を辿るとすれば、アンガジュマン文学の中心的な領野は言うまでもなく小説ということになろう。というのも、よく知られているように、詩ではなく、散文こそがメッセージの担い手であると規定され、作家という言葉で含意されているのは、ほぼ小説家のみであるからだ。だが、サルトル自身の創作のほうから見てみると、小説家としてのサルトルの仕事はほぼ戦前から戦中時代につきるのであって、戦後の創作の中心は、小説から劇作へと移ってしまう。サルトルがアンガジュマン文学を高らかに提唱したのは、一九四五年十月の「『現代』誌の創刊の辞」においてであるが、この時点で長篇小説『自由への道』の最初の二巻は出版されている。続く第三巻は、モラル論と平行して執筆され、四九年には出版されたが、第四巻は結局、断片的に発表されただけで、完結されることなく、放棄されてしまった。つまり、サルトル自身はアンガジュマン文学という狼煙はあげたものの、それを十分に実践するには至らなかったようにも見える。その一方で、戦前にはまったく発表していなかった演劇を、戦後は数多く執筆しているのだから、この小説から演劇への移行と、アンガジュマン文学という考えの間には何らかの関係があると見るべきであろう。事実、一九六〇年のインタビュー（「作家の声」）でサルトルは哲学とドラマの関係をこんなふうに語っている。「今日では、哲学そのものが劇的になっているのです。〔……〕行為者であると同時に役者である人間――自己のドラマを生み出しつつ、同時にこれを演じ、自己の人格を粉微塵にするか、それとも、自己の葛藤を解決するに至るまで、自己の状況の矛盾を生き抜く人間が問題なのです。戯曲は行為中の人間を示すのに、いま最も適切な形式です。そして哲学もまた、別の観点からではあるが、このような人間に関心を寄せるのです。演劇が哲学的となり、哲学が劇的となっているのはそのためです」（S. IX 12/9）。

サルトルが戯曲へと傾倒していくきっかけにも戦争体験が関わっていることを強調する批評家も少なくない。一九四〇年のクリスマスを捕虜収容所で過ごすことになったサルトルは、イヴの夜に上演するために聖史劇「バリオナ」を書き、自らもバルタザルの役を演じた。ローマの占領下にあるユダヤを舞台にキリスト降誕を扱ったこの芝居を自らの第一戯曲と認めることを生前のサルトルは拒んだが、それでも、この作品に見られるフランス人捕虜たちへの明白なメッセージ性は、後のサルトル演劇に通じるものであることは否定できまい。じっさい、ローマ人に対するレジスタンスを呼びかける村の長バリオナは、『蠅』のオレストや『悪魔と神』のゲッツに連なる人物であると言えよう。もちろん、サルトルと芝居の関係はこのとき突然はじまったものではない。このことは、少年サルトルと芝居との関係がこと細かに書かれている自伝『言葉』を引くまでもなかろう。

演劇への傾斜という現象は、アンガジュマン文学の概念そのものにより深く根ざしていると見るべきであろう。じっさい、サルトルが主張したようなアンガジュマン文学からすれば、――というよりむしろ、一般に考えられているようなメッセージの媒体として考えられた文学ということで言えば――演劇はそれに最も適したジャンルであるように見えるからだ。事実、戦後のサルトルの人気はその演劇作品の大衆性による部分も多かった。相剋の対他関係を見事に形象化した『出口なし』にしても、歴史に対する主体の責任の問題を扱った後期の意欲作である『アルトナの幽閉者』にしても、各作品が孕む問題系はさまざまであるにしても、どれも明確な指向性を示しており、その思想を追っていくことはけっして難しいものではない。哲学を専門にしない観客にとってはサルトル思想への格好の入門といった観を呈していたのである。かつてフランシス・ジャンソンはサルトルの演劇の特徴を「まやかしを告発するためにまやかしを用い、真理を示すために本当らしさを駆使し、解放するために所有し、自由にするために魅惑する」と述べた(16)。サルトルの小説はけっして問題小説ではないが、芝居のほうは問題劇(théâtre à thèse)と見なすことができよう。そして、この明快さが特長であると同時に欠点であると言ってもよいかもしれない。じっさい、作品の形態から見るとサルトルの戯曲はとても古典的であって、演劇自体にほとんど新しいものをもたらさなかったように思われる。ベケットやイヨネスコを持ちだして比べるまでもないだろう。

それだけではない。演劇とアンガジュマン文学という点をさらに検討すると、いまひとつの矛盾にぶつかる。というのも、『文学とは何か』の記述のなかではなぜか戯曲に触れた部分は驚くほど少なく、この時点でサルトルが演劇をアンガジュマン文学の中心と考えていた様子はないのだ。いや、この論考だけではない。全十巻の『シチュアシオン』には、小説論、詩論、政治論、言語論、哲学論はあるのに、演劇論だけはなぜか見あたらない。これはなぜだろう。この欠如を埋めるように、一九七三年になってコンタとリバルカによって『状況の演劇に』が編まれたが、これも中身はインタビューが中心であり、論考と呼べるほどのまとまったテクストがないのである。

こうして見てくると、アンガジュマンと文学という両立しにくい二項を結びつけたことが、サルトルの功績であったと同時に文学を袋小路へと追い込むことになってしまったようにも見える。事実、その後の世代はまさにそのような観点からサルトルを批判したのだった。だが、「作家のアンガジュマンは、伝達不可能なもの〈生きられた〈世界‐内‐存在〉〉を伝達することであり、それは共通言語のうちに含まれる脱情報（désinformation）の部分を用いることでなされる」（S. VIII 454/332）と日本で行われた講演では言っている。このことからも明らかなように、メッセージは情報として伝えられるのではない。すでに述べたように、サルトルの文学論は狭い意味でのアンガジュマン文学に尽きるものではないし、アンガジュマンという考えを〈アンガジュマン文学〉に限る必要もないだろう。アンガジュマンとは、最初に述べたように、なによりもまず、私たちの世界への根ざし方の問題なのだ。それを作家なり、知識人という立場から考え、やや単純に図式化したのが一般に流布している〈アンガジュマン文学〉像なのではあるまいか。じっさい、後期のサルトルがマラルメ論やフロベール論で語るアンガジュマンは、そのような単純な図式にはとうてい収まらないものである。

もう一方で、文学を読者への呼びかけと捉える文学観が、必然的に作家を多分野での創作へと駆り立てたという積極的な側面の評価も忘れてはならないだろう。サルトルが小説、演劇、批評と多分野で活躍したのは、その資質にもよるだろうが、それだけではなく、アンガジュマンという考えが彼を多様な形式へと自然に導いた結果であったようにも思う。そして、そのなかでも批評と評伝はさまざまな要素が複雑にからみ合う重要な戦略的地平となる（ロラン・バルトがサルトルのアンガジュマン文学を批判的に継承したのは、まさにこの批評というトポスこそが文学におけるアンガジュマンを担いうるという確信だったのではなかろうか）。そして、ジュネ論をはじめとする評伝のうちに、モラルに関する著作が執筆されなかったことの代償のように、貴重な倫理的考察を数多く見出すことができるのと同様、不在の演劇論もやはり、隠された形で評伝の重要な概念装置となっている。だとすれば、サルトルにおける真のアンガジュマン文学の実作は、五〇年代以降の作品の柱となる一連の評伝にこそ求めるべきなのではあるまいか。そのような観点から『聖ジュネ』や『家の馬鹿息子』を読む必要があるように思われる。じっさい、一方でアンガジュマンを説きながら、フロベール、ジュネ、マラルメといった書くことそれ自体が目的となっている作家に関して評論を書くのは矛盾ではなかろうか、というマドレーヌ・シャプサルのインタビューに、サルトルは次のように答えていた。

三つのケースはそれぞれ違います。フロベールについては、純粋芸術として受けとめられ、自己を規制する唯一の法則をそれ自体の本質から引き出している文学が、あらゆる次元——社会や政治の次元も含めて——における作者の断固とした態度決定とアンガジュマンを隠しているということを示すために役立ちます。〔……〕〔マラルメとジュネ〕はどちらも意識的にアンガジェしています。〔……〕マラルメは、人びとが彼に対して抱いているイメージとはひじょうに違っていたのではないか。〔……〕彼のアンガジュマンは、可能なかぎり全体的なものであり、詩的であると同時に社会的なアンガジュマンだった。（S.IX 14/11）

マラルメのアンガジュマンという発想は私たちを当惑させかねないものであるが、しかし、すでに見てきたように、サルトルの言うアンガジュマンとは、なによりも開示し、了解したものを、他者へと贈る行為であり、と同時にこのような贈与へと他者に呼びかける行為なのであり、責任とはそこにおいて、そのような開示や了解の結果を積極的に引き受けることなのだと言えよう。だからこそ、サルトルは右のインタビューで述べるのだろう。「アンガジェした作家の真の仕事とは、指し示し明らかにし、瞞着を暴き、神話や物神《フェティシュ》を批評という酸に浸して溶解することなのだ」（S.IX 35/28）と。

III

『嘔吐』を読む

古典とは、人から聞いたり、それについて読んだりして、知りつくしているつもりになっていても、いざ自分で読んでみると、新しい、予期しなかった、それまで誰にも読まれたことのない作品に見える本である。

カルヴィーノ『なぜ古典を読むのか』

第一章　植民地問題への視線

サルトルの処女小説『嘔吐』は多面的な魅力をもった小説だ。この小説が出版されて以来六十年以上もの間、数知れぬ『嘔吐』論が書かれてきた。サルトルの作品のなかで最も有名で、最もよく読まれ、最も言及されることの多いこの小説のなによりの魅力は、それが相互に矛盾する無限の読解を受け入れる点にあるのではないか。じっさい、『嘔吐』読解の変遷を辿るだけでも、一冊の本が書けるぐらい多様な解釈がこれまでに提示されてきているが、従来の『嘔吐』論は内容から見て大きく二つの傾向に分けられるように思う。ひとつは実存主義的解釈、つまり有名なマロニエ体験を中心とした存在の偶然性という問題系《プロブレマティーク》の分析であり、その際、この小説は『自我の超越』や『存在と無』といった前期哲学論文との関連でしばしば論じられた。最近では、『存在と無』の哲学を『嘔吐』と単純に接合するような短絡的なアプローチはすっかり影をひそめた。じっさい、〈実存〉や〈存在〉という言葉の使い方ひとつ取ってみても、両者の間には大きな違いがあるから、二つを単純に同一の地平で論じるには難がある（だが、日本では戦後になって一挙にサルトルが紹介されるという流れのなかで、この小説が戦前のものであり、『存在と無』には、ましてやアンガジュマンには思い至っていない遅咲きの作家のデビュー作であることが、忘却されてきたきらいがある）。いまひとつは芸術による自己救済というテーマで、書くという企図を中心に論じたものである。その場合はプルーストの『失われた時を求めて』をはじめとする芸術家を主人公（話者）とする一群の小説の流れで捉えられた。もちろん、両者の混合形態であるような解説も無数に存在する。その一方で、文体という観点から新たに解きほぐされてきたものとして、多面的エクリチュールの集合体という側面を取り上げるアプローチが見られる。『嘔吐』は長篇小説《ロマン》と銘打たれているものの、いわゆる〈ロマン〉の枠組みには収まらない混合的な性格をもっている。そこには、哲学的分析、民衆主義文学《ポピュリスム》的描写、シュルレアリスム風イメージ、ジョイスばりの内的独白といった雑多な様式があると同時に、文学作品からの引用が散りばめられ、新聞記事や百科事典がコラージュ的に使用されるなど、いわばパスティーシュ、パロディ、文体練習のテクストという体をなしている。このような重層的なエクリチュールに関する文体論的、物語論的研究のなかには評価すべきものも多く存在するし、特に六〇年代以降はこの手の評論は百花繚乱の様相を呈した。そして八〇年代に入り、生前から準備されていたプレイヤード版の小説集がサルトルの亡くなった翌年に出版されると、『嘔吐』論の生産量はさらに加速した。プレイヤード版には、ガリマール社からの要請でサルトルが削除した部分をはじめ、多くの貴重な資料が含まれていたからである。だが、ここでは、多岐にわたるこれらの『嘔吐』論を紹介する余裕はない。屋上に屋を重ねる愚をおかすことを承知のうえで、ふたつの読解を提示してみたい。それは、植民地問題とからめてのアプローチと、共同体と交流という視点からの『嘔吐』論である。
しかしそれに先立って、サルトル自身によって執筆された「書評掲載依頼状（prière d'insérer）」を、長いものではあるが全文引用しておこう。このテクストは、作者自身の要約によって作品の力点を窺うことができる貴重なものであり、格好の導入となると思うからである。

長年旅行した（voyages）後、アントワーヌ・ロカンタンはブーヴィルに落ち着き、冷酷な有徳の士のあいだで暮らしている。彼は駅近くの外交販売員（commis voyageurs）むけのホテルに住み、十八世紀の冒険家（aventurier）ロルボン侯爵に関する歴史の（histoire）博士論文を執筆している。この研究のために、彼は市立図書館に通うが、そこでは友人の独学者（彼はヒューマニストである）が、アルファベット順に読書を行い、教養を身につけようとしている。夜になると、ロカンタンは「鉄道員（Cheminots）のたまり場」というカフェに行き、一枚のレコードを聴く。それはいつも同じで、「いつかある日」という曲だ。そして時には、店の女将と二階の寝室へ行く。彼が愛していた女性アニーは四年前に失踪した。彼女はいつも「完璧な瞬間」を求めていたが、自分の周りの世界を再構成するための緻密だが効果のない努力を繰り返し消耗していった。彼らは別れ、いまではロカンタンは過去を少しずつ失い、次第に奇妙で不可解な現在のなかへと入り込んでいる。彼の人生そのものがもはや意味をもたない。というのも、彼は素晴らしい冒険（aventures）をしたと思い込んでいたのに、冒険など（aventures）存在しないからだ。あるのは物語（histoires）だけなのだ。彼はロルボンにしがみつく。死者は生者を正当化しなければならない。

　こうして、真の冒険（aventure）が始まる。自分の全感覚に、緩慢で甘美にもおぞましい変貌（métamorphoses）が起こったのだ。それが嘔吐だ。それに背後から襲われると、時の生ぬるい潮（mare）の間を漂流する（flotte）ことになる。変わったのはロカンタンだろうか。それとも世界だろうか。壁が、公園が、カフェが、突然、嘔吐感を引き起こす。またもや彼は不吉な一日に目覚める。何か腐ったような物が、空気にも、光にも、人々の仕草のなかにもある。ロルボン侯爵はこうして二度目の死を迎える。死者はけっして生者を正当化することはできない。ロカンタンはあてもなく、街を徘徊する。体を持て余し、自分を正当化できずに。そして、春が訪れた最初の日に、彼は自分の冒険（aventure）の意味を理解する。嘔吐、それは暴き出された実存だ。そして、この実存というのは、見るもおぞましいものなのだ。ロカンタンはそれでも一縷の望みを保っている。アニーから手紙が届いたからだ。彼はアニーに会うことにする。しかし、アニーは太って絶望に駆られた女になってしまっていた。彼女は完璧な瞬間を諦めていた。ロカンタンが冒険（aventures）を諦めていたように。彼女もまた、彼女なりの仕方で、実存を発見（découvert）したのだった。彼らはもうお互いに話すこともなかった。ロカンタンは孤独へと、この巨大な自然の底へと戻ってゆく。この自然は街の上に座礁しており（s'affale）、彼には次なる大異変が予見できた。どうしたらよいのだろうか。他の人々に助けを求めるか。しかし、他の人々はまっとうな人たちだ。彼らは帽子をとって挨拶を交わすばかりで、自分たちが実存していることを知らない。ロカンタンはブーヴィルを去ることにする。彼は最後にもう一度「いつかある日」を聴こうと「鉄道員のたまり場」に入る。そしてレコードが回っている間、彼はひとつのチャンスを垣間見る。わずかなチャンスだが、彼はそれに賭けることにする。(OR 1694-1695)

冒険という言葉はじつに五回も用いられ、嘔吐や実存の三回(実存は動詞を入れれば四回)を上回っているばかりか、冒険家、旅行、鉄道員、座礁する、潮、漂流するという旅行と関連した言葉も頻出する。だとすれば、『嘔吐』という小説はしばしば要約されるような、〈存在の発見〉の経験であるのみならず、いや、それ以上に、〈冒険〉をめぐる物語ではないのか。

1　冒険という情熱

サルトルがこの小説を構想したのは、ある種の失望ないしは挫折感のうちにおいてであった。知的な野心に満ち、自分を天才だと信じていたサルトルだが、その後の現実のほうは彼の望むとおりには必ずしも展開してゆかなかった。一九三一年、一年半の兵役を終えたサルトルは、冒険を求めて海外への赴任を希望、日本の外国人教員のポストに応募したが採用されず、結局北フランスの港町ル・アーヴルで教職に就く。その後、一年間のドイツ留学という長い休暇はあるものの、三七年に戻るまで、地方の高校で哲学を教える単調な日々、華々しい活躍を遂げる級友たちを横目で見る生活が続く。彼自身の表現を用いると千人のソクラテスだった彼がたった一人のソクラテスになってしまったのだ(CDG 272/90)。だが、この長く暗いトンネルがなければ、傑作『嘔吐』はけっして書かれることがなかったに違いない。学生時代に書いた『真理の伝説』は出版社に体よく断られ、サルトルは早速次の小説『偶然性についての反駁書』に取りかかっていた。これが七年の歳月を費やして何度も書き直され、後に『嘔吐』と呼ばれることになるのである。

冒険というテーマがこの小説の構想の中心にあったことは、「デュピュイ手帖」と呼ばれるル・アーヴル時代のサルトルがつけていたノートからも窺うことができる。(1) このノートは教え子アンドレ・デュピュイが大切に保存していた黒い擬似革の手帖であり、『嘔吐』の生成を知るのに鍵となる重要な手稿を含んでいる(その一部はプレイヤード版に採録されている)。執筆年代の確定は難しいが、プレイヤード編集者はベルリン留学前の一九三二年ごろではないかと推定している。したがって、『嘔吐』の最初期の構想がここに見てとれると考えてよかろう。長短さまざまのテクストのタイトルだけを書き出せば、「一、冒険について」、「二、もうひとつの幻想について」、「三、歴史的事実と現在の出来事について」、「四、散歩」、「五、独学者との対話」「六、倦怠について」、「七、偶然性について」、「八、非人間的なものについて」という構成になっていて、冒険が小説『嘔吐』の出発点であることが明白に見てとれる。

また、少年サルトルの冒険小説好きのことをここで思い出すこともできるだろう。自伝『言葉』には、プールーの愛称で呼ばれるサルトル少年がいかに冒険小説の虜であったかが、印象に残る仕方で記述されている。アルヌール・ガロパンの『世界一周飛行旅行』やジュール・ヴェルヌの『ミシェル・ストロゴフ』、さらには『グラント船長の子どもたち』や『最後のモヒカン族』などの名前が嬉しげに列挙されるくだりを引いてみよう。

作者がだれであれ、私はエッツェル叢書とみれば目がなかった。〔……〕〈美〉と私が最初に出会ったのは――シャトーブリアンの均整のとれた文章ではなく――これらの魔法の小箱によってであった。それを開くと、私はすべてを忘れた。それは読むという行為だったのだろうか。いや、むしろ、恍惚感にひたって死ぬことだったのだ。私が消えてしまうと、たちまち投げ槍をもった土人や深い藪や白いヘルメットの探検家が現れた。私は幻灯そのものになり、アウダの美しく暗い頰やフィアレス・フォッグのひげを光で産み出すのだった。(M 58/51)

サルトルにとって小説との出会いがなによりも冒険小説であったことを読む者に確信させるくだりだが、重要なことは、すでに見た読書による他者への変身、あるいは他性の発見がここにも見られることだろう。冒険小説とはなによりも、読むという行為により他者になる体験であり、他者と遭遇する場でもあるのだ。

さらに傍証をもうひとつ挙げておこう。『メランコリア』という名前だったこの小説が、版元のガリマール社長の鶴の一声で『嘔吐』に変更されたことはよく知られているが、じつは、別の題名がサルトルによって提案されていた。「アントワーヌ・ロカンタンの驚異の冒険」がそれである。『嘔吐』という小説における冒険というテーマの重要性をこれ以上強調する必要はなかろう。だが、ここで問題となっている冒険とはいかなるものなのか。アヴァンチュールと片仮名で書くと、まずは「情事」という古びた訳語が頭に浮かびかねないが、冒険(aventure)という言葉は、ラテン語の動詞 advenire(到着する、起こる)から派生した adventura(将来起こること)に由来する言葉で、もともとは「未来に起こる、予期せざる事件」という意味で用いられた。この語は、中世の武勲詩の段階では、ごく単純に「突然に見舞う運命、偶発事、不幸」を意味するにすぎなかったが、宮廷風騎士道物語《ロマン・クルトワ》の発展に伴い、騎士道の理念が内面化され、「驚異的な事件を契機として、己を試し、己の価値を高めるための自発的行為」をも意味するようになった[2]。その後、いわゆる冒険物語では、このような精神性は著しく後退することになるが、それでも、冒険という語にはいまでもこのような側面は残っている。以上のようなニュアンスを踏まえて、冒険をキーワードにすると何が見えてくるだろうか。

戦後のサルトルが植民地問題や第三世界に関して積極的に発言したのに対して、戦前のサルトルはこのような問題に無関心だった、あるいは、盲目だった、としばしば評される。しかし、初期サルトルの文学作品を読むと、冒険ないしは旅行というテーマの下、植民地問題が見え隠れしている。たとえば、短篇小説「部屋」の冒頭。

ダルダベ夫人はラハット・ルクムを指でつまみあげた。それを注意深く唇のほうへと近づけ、うっすらと撒かれた細かい粉砂糖を吹き飛ばさないように息をひそめた。「これはバラの味ね」と彼女はつぶやいた。そして一挙にこの半透明な肉に嚙みついた。すると、よどんだ香りが口のなかに広がった。「病気になると感覚が鋭くなるなんて不思議ね」。モスクや追従たっぷりの東洋人たちのことを考えはじめると（新婚旅行でアルジェに行ったのだった）、彼女の血の気のない唇に微笑が浮かんだ。ラハット・ルクムもまた追従的だった。（OR 235）

この官能的な始まりは、たしかにサイードによって指摘されたオリエンタリズム的態度を髣髴させる。ラハット・ルクム（rahat-loukum）とは辞書によれば、「ターキシュ・ディライト」、レモン、蜂蜜、小麦粉などで作る長方形をしたアラブの砂糖菓子とあるが[3]、それを食べる有閑夫人が、オリエントのことを夢想するこの冒頭のシーンは物語とほとんど無関係であるだけによけい印象的なものだ。――フランス人にとって最も近く親しいオリエント（東）とは、フランスの南に位置し、マグレブ（アラビア語で西を意味する）と呼ばれる北アフリカの国々である（この方角のなんという混乱！）。これが、ロマン派以来の倦怠と夢想と脱出願望の消失点としてのオリエントであることは明白だ。しかし、そこには、このような紋切型のオリエントへの話者の皮肉な視線も投げかけられているように思われる。じっさい、初期のサルトルには旅へのアンビヴァレンツな感情が通奏低音のようにつきまとう。たとえば、初期短篇集『壁』に収録されるはずだった短篇「異郷（デペイズマン）」もまた、イタリアを旅行する観光客の凡庸な異国経験を通して異文化と他者の位相が浮彫にされる作品だ[4]。

しかし、何と言っても『嘔吐』にこそ、このような「彼方」への憧憬と、その幻滅は色濃く現れている。嘔吐（La Nausée）という言葉は、語源的に見れば、「船酔い」を意味するラテン語 nausea、ギリシャ語 nautia に由来し、直接に naus（船）と関連しているが、『嘔吐』における冒険とは、なによりも船による旅行、外国への旅行を示している。じっさい、『嘔吐』を読むとき圧倒されるのは、旅行へのロカンタンの偏執的なこだわりである。彼は世界の至るところを旅したように見える。まず「刊行者の緒言」には、ロカンタンが「中央ヨーロッパ、北アフリカ、極東方面を旅行した」と簡単に述べられているが、日記の冒頭でもインドシナ滞在からの帰還が語られている。断片的記述から再構成すれば、ロカンタンはほぼ六年間を外国で過ごし、その間、あるいはその前も含めて訪れた都市や国として挙げられるのは、インドシナ、ハノイ、ローマ、バルセロナ、アンコール、ベルリン、ロンドン、マラケシュ、釜石、ブルゴス、テットゥアン、ギリシャ、モロッコ、アルジェリア、シリア、メクネス、バクー、スペイン、サンセバスチャン、サンチラーナ、東京、ハンブルク、上海、モスクワ、アルジェ、アデン、タンジールと多数にのぼる。

　だが、注意深く読んでゆくと、これらの地名がほとんど実質を失った記号のごときものにすぎないことがわかる。主人公がほんとうに訪れたとは思われないほど、実感が稀薄なのだ。一年間も極東で過ごした人間が、フランスとはまったく異なる珍しい土地の風物や人びとに関して、こんなに凡庸な仕方でしか語ることができないのだろうか。ロティに代表されるエキゾチスム文学はとりあえず措くとしても、たとえば、フロベールの東方の記述と比較しても、『嘔吐』のなかの異国の風景や風物の描写はあまりに平板に見える。主人公ロカンタンによれば、それは年月による風化の結果とされる。じっさい、ロカンタンにとって重要なことは、旅行そのものよりも、旅行をした、冒険をしてきたという事実なのだ。現在形で「旅行をする」ことが問題なのではなく、経験としての過去が問題なのだ。なぜなら、「上海もモスクワもアルジェも二週間経てば、すべてがまったく同じ」（N 49/66）なのであり、どこに行っても、仕方ないからだ。だが、そんなロカンタンがなぜまた旅に出たのだろうか。

おれはあまり考えない質だ。たくさんの小さな変化がおれの内部に、気づかないうちに増えてゆき、ある日、ほんとうの大変革が起こる。これがおれの人生に、ぎくしゃくとして一貫性のない様相を与えてきた。たとえば、フランスを去ったときには、後先を考えずに行動したものだ、とみんなから言われたが、六年間の旅から突然戻ったときにも、おれの無鉄砲な行動についてとやかく言うことはできただろう。（N 9/10–11）

要領を得ない説明だが、あまり大した理由はなかったと言いかえてもよかろう。だが、決定稿から削除された部分では、もう少し詳しく次のような説明がされていた。

おれにはフランスに留まる理由が十分すぎるほどあったのだ。おれはとても幸福な青年だった。あの当時のことを思い出すと、出発など思いもよらなかった、と言ってもよいだろう。おれは二十一歳だった。いや二十二歳だったか。親父が死んだのが一九一八年だったから……。同級生たちの多くはときどき半年ほど姿を消し、マドリードやフィレンツェから絵葉書を送ってよこした。しかし、おれは「自分もやつらのようにできるのに」などと言うことはなかった。

おれには金も友人もあったし、女も何人かいた。歴史の教授資格試験に失敗し、ロルボン氏を発見したところだった。おれは快適な生活を送っていた。おそらく、侯爵に関する本を書こうという気もちはあったかもしれない。彼のことばかりに関心があったのだから。夜までマザリン図書館で、その時代の回想録を渉猟し、彼に関連した箇所を収集していた。〔……〕おれは十月に出発した。七月の終わりにシャンテルがパンクーク奨学金を与えてくれたのだ。本来は経済地理の専門家が対象なのだが、歴史をやっているおれが選ばれたのは、たぶん教授資格に落ちたことに対してシャンテルが責任を感じたためだろう。〔……〕いつか帰国しようなどとは夢想だにしなかった。火曜の夜から水曜の朝までのうちに、旅行、というか冒険という観念が現れ、取り憑かれてしまったのだ。

冒険への情熱は六年間つづいた。冒険の情熱に駆られ、いろいろな場所に出かけた。イギリス、スペイン、モロッコ、ヴェネツィア、ドイツ、コンスタンチノープル、そして再びドイツ、それから中央ヨーロッパ。(OR 1727)

つまり、単純化して言えば、ロカンタンは、病気にでも罹るように、冒険という情熱《パッション》＝情念に駆られ、ふらふらと出発してしまったことになる。この設定、どこかで見たことはありはしないだろうか。言わずとしれたロビンソン・クルーソーである。ロビンソンの冒険への欲望にもまた明確な理由はなかった。

父は私を法律関係の職につける意図だった。しかし私は海へ出なければ気がすまなかった。海へ出たいという私の傾向性は、父の意志、いな父の命令と強く対立し、母や友人の懇願や説得にもすべて逆らうものだった。(5)

ロビンソンには少なくとも反対する父母や友人がいたのだが、ロカンタンにはすでに父母はなく（この不在については一考に値しようがいまはその余裕はない）[6]、これといった抵抗に遭うことなく出発してしまうところが違うとはいえ、まったく無目的に、理由もなく、出発する点は同じである。フランス語ではロビンソン・クルーソーをロバンソン・クルーゾエと発音する。ロバンソンとロカンタン。これはたんなる語呂合せにすぎないのだろうか。

2　ブーヴィルのロビンソン

サルトルが提案した「アントワーヌ・ロカンタンの驚異の冒険」というタイトルが（プレイヤード版の註も指摘するように）『ロビンソン・クルーソーの生涯と不思議で驚くべき冒険』を淵源とするというだけではなく、編者による手記の出版という十八世紀の小説の常套手段ともいえる構成もまた『ロビンソン・クルーソー』に由来するのだとすれば、日記という形式も、たんなる文体上なり様式上の問題ではあるまい。ロカンタンの日誌とは海なき航海の航海日誌、定住する難船者の漂流日誌なのだ。岩尾龍太郎がその示唆に富んだ『ロビンソンの砦』や『ロビンソン変形譚小史』で展開した〈ロビンソナード〉（ロビンソンもの）という観点から見れば、『嘔吐』もまた、「ロビンソン変形譚」のひとつと見ることができるのではないか。

ロビンソン物語を「海外へ進出して膨張するヨーロッパ人の集合全体あるいは動向そのものを、ロビンソン個人のエネルギッシュな活動に置き換えて表現した物語」[7]と特徴づける岩尾の説を援用すれば、『嘔吐』とは、裏返しのロビンソン物語だとも言えよう。つまり、〈次第に矛盾ばかりが増大してゆく植民地問題に対するヨーロッパ人の集合全体あるいはその動向を、主人公の不安と虚無に置き換えて表現した物語〉と。ロカンタンは、無人島に辿り着くのではなく、植民地のひとつ（仏領インドシナ）からフランスに帰還する。というよりも、じつは本土の街であるブーヴィルにあたかも漂着するかのように辿り着くのだ。

じっさい、ロカンタンはまるでブーヴィルが負の冒険に満ちた南の島であり、住民たちが原住民であるかのように振舞う（さらに言えば、人類全体に対するロカンタンの態度が、このようなものなのだ。独学者は、「あなたは無人島で書いているんですか。書くのは、つねに読まれるためじゃありませんか」（N 139/193）と皮肉るが、ロカンタンはじっさい無人島にいる気分なのだ）。彼にはこの街に友人と呼べるほどの知人がいない。「独学者は数のうちに入らない」（N 11/14）とロカンタンは、このもう一人の独身者が彼に寄せる共感を一蹴する。時おり関係をもつカフェの女将は、現地妻ほどの意味ももたない。彼は共同体からは完全に排除された存在だが、根拠のない優越感をもって、自分の孤独に耽る。奇妙なのは、カフェやホテルの主人や従業員を除けば、誰もロカンタンのことは知らないのに、彼のほうは住民たちのことを知悉していることだ。アシル氏、商工会議所会頭のコフィエ氏、医者のウェークフィルド等々。まるで、彼自身は不可視でありながら、市民たちを観察することができる全知の支配者であるかのように……。

ここに植民地主義が典型的に引き起こす対他関係に酷似した他者関係を見てとることはできないだろうか。一方に彼ら・現地人・他者・対象、他方に私・本国人・自己・主体という明確な二項対立構造があるのだ。ロカンタンはけっしてブーヴィル市民たちの風俗習慣のうちに入っていこうとはしない。つねに外にとどまりながら、ブーヴィル市民の日曜日の生態を記述するその筆致は、人類学者の民族誌的記述に限りなく近い。彼はそこであくまでも〈よそ者〉にとどまり続けている。彼はこの共同体から排除されているのだが、それを気に病むふうもない。ときに孤独をかこつことはあるが、だからといってあえて土着民たちの仲間入りをする気はさらさらないのだ。なぜなら、彼はこの野蛮で、下品な連中とは違う種族に属しているからだ(「おれは違う種族に属しているのだろう」(N 186/259))。ロカンタンは自らの優越性を信じて疑わない。彼の孤独はやはりロビンソン的孤独なのである。

注目したいことは、この優越感の根拠のひとつが、冒険者として世界中を旅してきた点にあることである。彼は、折あるごとに自分の旅行を回想する。わずかな特権階級こそグランド・ツアーを楽しんでいたとはいえ、海を一度も見たことのないフランス人も多くいたその当時、大旅行は誇りとするに足りる出来事だったのかもしれない。いまでこそヴァカンス天国として知られるフランスだが、それは総選挙に勝利したレオン・ブルム率いる人民戦線が行った一九三六年の大改革の結果にすぎない。フランス全土がゼネストのため麻痺状態に陥っていたその年、事態を収拾するためブルム内閣は労働総同盟と経営者側のフランス生産総同盟の双方の代表を首相官邸に招き、調停を行った。その結果、労働者が勝ちとったのが週四十時間労働と年間十五日間の有給休暇だったのである。(8) つまり、冒険や旅行はまだ最後のステイタス的なきらめきをもっていたのだ。「独学者が数のうちに入らない」理由もそこにある、後に見るように独学者はロカンタンの影の分身とも言える存在なのだが、彼は旅行という聖別化をいまだ受けていないから同等とは認められない。だが、ブーヴィル市民をかくも軽蔑するロカンタンはなぜこの地に滞在するのか。それは、ロルボン侯爵に関する論文を仕上げるためということになっている。

おれがいまここにいるのは彼のためだ、こいつのためなのだ。旅行から帰ったとき、パリにだってマルセイユにだって落ち着くことができたはずなのに。(N 18/23)

侯爵のフランス滞在関連の資料の大部分はブーヴィルにあり、図書館が所持する侯爵の手紙、日記の手紙等々をロカンタンはまだ全部は読んでいないから、仕方なしにここにいるというわけだ。一見すると、外国への出発の理由に比べれば、この説明はかなり説得的であるように思われる。そして、ロカンタンが研究対象とするロルボン侯爵が何者なのかと言えば、これはほかでもない十八世紀の冒険家《アヴァンチュリエ》なのだ。世界各地を旅行し、政界に暗躍し、女たちを魅了する――そんな冒険がまだ可能だったころの冒険家である。意識するともなくロルボンを模倣し、侯爵の手紙をモスクワでまんまと盗んできたと自慢したりするロカンタンは、旅行はやめたとはいえ、まだ冒険病から快癒していないのだと言える。だが、ロカンタンの冒険の影が薄いように、ロルボンの実在性も疑わしい(もちろん、虚構の人物なのだが)。というより、ロルボン侯爵とはかつて冒険がまだ可能だった時代の象徴、ないしは冒険という記号以上のものではないのだ(ロビンソン・クルーソーがまさにそうであるように)。

かくしてRobinson-Rollebon-Roquentinという冒険の理想的三角形が浮かび上がってくる。ロカンタンは、ロルボンやロビンソンに自分を擬することで自分をも冒険家と見なしているのであり、その意味で、多くの冒険家と同様、ロビンソン・ウィルスに罹った人間なのだ。病はいつも（恋愛のように）突然わけもなく現れる。彼はこの侯爵を描写したわずか十数行の文を読んだだけで、ロルボンに惚れ込んでしまったのだという。感染当時の模様をロカンタンは次のように回想している。

おれが最初にロルボンを知ったのはこの数行によってだ。なんと魅力的な人間に見えたことだろう。このわずかな文章によっておれはすぐさま彼を好きになってしまったのだ。（N 18/23）

ところで、冒険という記号であるロルボン侯爵の資料収蔵場所《アーカイヴ》であるブーヴィルは何の象徴、というか寓意なのだろうか。bouvilleは泥の町（boue＋ville）であり、果ての町（bout＋ville）だと言われる。ブーヴィルを、旅という恒常的な船酔いに疲れたロカンタンが逃げ込んだ港と解することも可能だろう。[9] 泥のように、あるいは船酔いのように捉えどころのない身体感覚こそが、ロカンタンが見出す実存の恐怖でもある。だとすると、ロカンタンにとって、ブーヴィルとは流謫の地（exil）なのか、それとも、嵐を避けるための避難所（asile）なのか。

ブーヴィルがサルトルが田舎教師生活を強いられていたル・アーヴルをモデルにしている（そこにルーアンや思春期を送ったラ・ロシェルのイメージが重ねられている）ことはよく知られている。

ル・アーヴルは、パリからおよそ二百キロの距離、北フランスのセーヌ河口に位置する人口およそ二十五万人ほどの港湾都市である。その名は、「港」（特に「避難港」）を意味し、現在では文章語として「避難所」や「隠れ家」の意で用いられる普通名詞[10]に由来するが、この町はフランソワ一世によって一五一七年に建設され、植民地貿易の基地として発展した。特に十九世紀後半からは、大西洋航路の起点として繁栄し、アメリカ大陸からの人・物・金はまずこの港に荷揚げされるのであった。このような大西洋貿易のおかげでフランス第二の港となったル・アーヴルは、なによりもフランスとアメリカを結ぶ都市である。このことは果たして偶然だろうか。

ブーヴィル美術館訪問の挿話を取り上げてみよう。壁に掛けられた肖像画のブーヴィルのブルジョワジーや名士たちがロカンタンによって〈卑劣漢（Salauds）〉と見なされる、『嘔吐』のなかでもとりわけ有名な場面である。このくだりを仔細に見てみれば、ブルジョワという言葉が一般に想起する定住者のイメージとは違う側面が見えてくる。ルノーダとボルデュランという二人の画家によって描かれた肖像は「一八七五年から一九一〇年にかけてのブーヴィルのエリートたち」（N 99/136）だとされるが、彼らはたんに第三共和制第一世代の大ブルジョワであるだけではない。政治家や医者や法曹界の重鎮もいるが、主要な面々は、貿易商ジャン・パコーム、海運会社社長ジャン・パンタロン、綿布の大貿易商オリヴィエ・ブレヴィニュなど、この港湾都市を大西洋貿易によって発展させることに貢献した人びとだ（N 100/137）。つまり、ここでは、ブルジョワ一般ではなく、ヨーロッパの帝国主義に荷担したブルジョワたちが問題となっているように思われる。だとすれば、ブーヴィルとはまた、西欧の冒険のアーカイヴと見なすこともできよう。

3　エキゾチスムの終焉

セリーヌの『夜の果ての旅』が『嘔吐』に与えた影響は、つとに指摘されるとおりだが、このことを、「ロカンタンの冒険はバルダミュの旅が終わったところから始まっている」と言いかえてみてもよいかもしれない。じっさい、『嘔吐』という作品における冒険の意味内包は、手記が進むにつれて、少しずつ変貌してゆく。この言葉はまず、冒険小説的な、血湧き肉躍るといった、ごく低レベルから始まる。

おれは感動した。おれは自分の体が休止中の精密機械であるように感じる。おれこそ、本物の冒険を経験したのだ。細かいことはすっかり忘れてしまったが、個々の状況の間にあった厳密なつながりを考えることはできる。おれは多くの海洋を横断した。多くの街を後にし、河を遡り、森に踏み入った。そして、いつも別の街へと向かった。多くの女と関係し、その情人と殴り合った。(N 30/40)

若きロカンタンはこのような紋切型ともいえる冒険の情熱に浮かされて、旅に出た。そして、その六年後、突然夢から覚めるように、このような冒険の無意味さを覚える。

〔クメールの〕立像が不快で愚かなものに見えた。すっかり嫌気がさしているのがわかった。なぜ自分がインドシナにいるのかが理解できなかった。いったいここで何をしているのだろう。なぜこんな連中と話しているのだろう。なぜこんな奇妙な服装をしているのだろう。情熱は消えていた。情熱に圧倒され、何年ものあいだ、引きずり回されたのだが、いまではおれはからっぽだった。〔……〕二日後、おれはマルセイユ行の船に乗った。(N 10/11-12)

そして、ブーヴィル到着以来、このような冒険に対する否定的考察が繰り返される。

おれは冒険を経験しなかった。もめごと、さまざまな事件、いざこざなど、ありとあらゆる経験をしたが、冒険を経験したのではなかった。これは言葉の問題ではない。いまようやくわかりかけてきた〔……〕。ふいに、はっきりした理由はわからないが、十年の間、自分を欺いていたことを知ったのだ。冒険は書物のなかにあるのだ。もちろん、書物に書かれていることは、現実にも起こりうる。しかしその起こり方は同じではない。そしておれはその起こり方にひどく執着していたのだ。(N 46/62-63)

このあたりの事情の背景を、先に触れた「デュピュイ手帖」は垣間見させてくれる。サルトルは冒険の箇所を「ジュール・ヴェルヌかモーリス・ルブランの引用。〔……〕人生において冒険の感情をもつことは論理的に不可能である。なぜなら、それが冒険であることをひとは知ることはないから」（OR 1680）と始めている。つまり、ロカンタンは、もはや冒険が彼方にはないことを知っている。未知の海へと乗りだしたり、野蛮な現地人と喧嘩することではないことに気づいている。冒険小説の冒険であれ、探偵小説の冒険であれ、エキゾチスム文学の冒険であれ、それらの基底にヨーロッパの植民地との関係があるという指摘は、ポストコロニアル批評以降、言い古された観があることだが、ここでは十分有効な視点であろう。たとえば正木恒夫は、シャーロック・ホームズのシリーズ六十篇のうち、全体の四分の一以上にあたるじつに十六篇の短篇の（そしてひとつの短篇集の）タイトルに「冒険」という言葉が含まれていることを指摘したうえで、次のように分析する。

冒険小説ではふつう、ヨーロッパ人が非ヨーロッパ世界を訪れ、その地の「蛮人」を抹殺するか、または文明＝キリスト教化を通じて彼らを無害化する。これを一種の浄化作用と考えると、ホームズ・シリーズは冒険小説の国内版として位置づけることができよう。その意味でもホームズ物は、まさしく大英帝国の落とし子であった(11)。

これを若干ずらしつつ援用すれば、冒険に関する否定的な考察が随所に現れる『嘔吐』は、植民地戦略においてイギリスに大きく水をあけられたフランス第三共和制末期の落とし子だ、と言えるかもしれない。ごく単純化して言えば、文学における冒険というテーマが、ヨーロッパの世界制覇という物語を個人レベルで追体験することでもあるのだとすれば、『嘔吐』における冒険幻想からの覚醒は、ヨーロッパが非ヨーロッパという他者を発見し征服するという幻影からの目覚めをも示唆しているようにも見えるのだ。

冒険の終焉というテーマが、後に検討する共同体からの排除と並んで、『嘔吐』の基底を貫いているとすれば、それはなぜだろうか。管見によればそれは、この小説がエキゾチスム文学からの脱却をもまた志向しているということであろう。サルトルのすぐ上の世代に属するアンドレ・マルローやサン＝テグジュペリにはまだ残存していた十九世紀以来のエキゾチスムや冒険への信頼は、この小説では完全に姿を消し、冒険はひたすら内面化されることになる（だからこそ、ブーヴィルは、まるで異国のように見つめられ、記述されることになるのだ）。

文学史の本を繙いてみれば、十九世紀後半から二十世紀初頭のフランスは、エキゾチスム文学花盛りの様相を呈している。海軍士官ピエール・ロティや、ポール・クローデル、ポール・モーラン、ジャン・ジロドゥーといった外交官・作家がこの時期に活躍したのはけっして偶然ではない。『地の糧』のアンドレ・ジッドがアルジェリアを、ヴァレリー＝ラルボーがヨーロッパ各地の旅行を、モンテルランがスペインや北アフリカを、アンドレ・マルローがインドシナとスペイン市民戦争を、サン＝テグジュペリがアフリカ航路を、といった具合に自らの旅行経験を作品化する。多くの読者がそこに斬新な感覚の快楽を見出したのは、鉄道、飛行機、自動車といったスピード化によって世界が狭くなり、パリで開かれた博覧会や百貨店などで世界の物産を目にすることによって一般市民が異国情緒を簡単に擬似体験できるようになったからだ。エキゾチスム文学のすべてが、目を覆いたくなるような西洋中心主義の物語ばかりとは言えないが、なんとも気楽な冒険精神がその根底に横たわっていることはまちがいない。

戦後のサルトルは『文学とは何か』（第四章「一九四七年における作家の状況」）で、両大戦間の文学のなかからエキゾチスム文学を（シュルレアリスムとともに）取りあげ次のように批判する。「モーランは、典型的消費者、旅行者、通行人である。彼は民族的伝統を、懐疑学派やモンテーニュの古いやり方に従って、相互に接触させて無効にしてしまう。彼は民族的伝統を蟹のように笊のなかに投げ入れ、なんの註釈もなしに、互いに引き裂きあうままにしてしまう」（QL 235/185）[12]。じっさい、エキゾチスムの逆説とでもいうべき回路がある。世界の秘境へと旅をし、それを次から次へと語るこの手の文学は、逆にすべてを平準化し、もはや真の冒険の名に値する経験を不可能にしてしまうのだ。「安物金ぴかやガラス玉や奇妙な美名でいっぱいのモーランの本はエキゾチスムの弔鐘を告げているのだ」（QL 236/186）。自分たちの世代はこのような前世代の幻影から覚めたとサルトルは続ける。

歴史の圧力が突如として、諸国家の相関関係をわれわれに暴いてみせた——上海での一事件はわれわれの運命を切り裂いた——しかし同時に、歴史の圧力は国家集団のなかに、われわれをわれわれ自身におかまいなく置き直した。われわれの先輩たちの旅行、彼らのぜいたくな脱出感覚（デペイズマン）、大げさな遊覧旅行に伴うすべての儀礼、それはまやかしだということを、われわれはまもなく認識しなければならなかった。（QL 259/203）

このくだりは期せずして『嘔吐』の解説になっているように思われる。それは、ロカンタンが他愛もない冒険の夢から覚めるという事実のためだけではない。ロカンタンは外国での放浪生活だけでなく、ロルボンに関する本をもまた放棄するのだが、それは現実の冒険だけでなく、記号としての〈冒険〉とも訣別することを意味している。ロカンタンがロルボン侯爵に関する本を断念するのは、まさに冒険の可能性の地平である発見と征服の世界観が、世界の西洋化に伴い逆説的に消滅してゆくためなのだ。その意味で、『嘔吐』こそは、エキゾチスム文学への弔鐘をならす作品と言えよう。

4　フライデーとしての独学者

このような視点から眺めてみるとき、『嘔吐』のなかには、すでに触れたRobinson-Rollebon-Roquentinという冒険の理想的三角形Rと並んで、いまひとつの三角形が浮かび上がってくる。冒険(Aventure)を欲望しつつ、それに到達できないAntoine-Autodidacte-Annyが形成するAの三角形だ。Antoine RoquentinとはA/Rの二つの三角形の共通項に与えられた名前にほかならない。

独学者(Autodidacte)と呼ばれる中年の独身男は、『嘔吐』をロビンソン物語と見るとき、フライデーの役回りにある、と言えよう。独学者は、一方でブーヴィル市民(原住民)のひとりであるが、ブーヴィル市民から身を離し、ロビンソン=ロカンタンにすり寄ってくる。彼はロカンタンのように、知識を蓄え、旅行をし、できれば本を書きたいと思っている。図書館にある本をアルファベット順に読破中の彼は、この学習が終わったら、その知識を現実と照らし合わせるために、中近東（またもやオリエンタリズム！）を旅することを夢見ている。かつてのロカンタン同様、冒険への憧れでいっぱいの独学者は、だが、この幻影から覚めつつあるロカンタンによって皮肉たっぷりに描写される。独学者は、（そのヒューマニズムも含めて）百科全書的な知による世界の征服という西洋の植民地主義の矮小化されたカリカチュアであると言えよう。だが、なぜアルファベット順に図書館の本を読むことが滑稽なのか。アルファベット順というのは、偶然性（これは『嘔吐』のテーマのひとつだが）の象徴とも言える恣意的なものであり、そのような抽象化された知によっては、けっして〈生きられた世界〉に辿り着くことはできないからだ。[13] したがって、すでに見たように、ブーヴィルの図書館が冒険という記号の収蔵場所《アーカイヴ》だとすれば、読書に耽溺する独学者は、騎士道物語を読みふけるドン・キホーテ的な人物でもある。彼は百科全書的な知と、世界征服が表裏一体であることを本能的に見抜いており（それはドン・キホーテの推論同様、一面では正しく、一面ではまったくずれているのだが）、知を獲得することによって、世界が征服できると思い込んでいる。発見し、記述し、分類することによって、知の帝国を作りあげること。独学者は、黒い革の手帖に赤いインクで「彼の考え」を書き留める。そこにはまだ多くの空白の頁がある（N 129/178）が、それが満たされていくことは、地図の空白の海域に新たに発見された島々が書き込まれ、世界がくまなく西洋の視線に曝されていく様子を模倣している。百科全書（encyclopédie）は、語源から言っても、完結した円環で世界を囲い込む理性の知によって、世界を捉えることだが、これが十八世紀啓蒙の時代に現れたことは偶然ではない。そこにあるのは、科学的な知の体系化によって、世界の全体像を書物のなかに収めてしまおうという欲望なのであり、これは帝国主義的野望と相俟って、世界に存在するあらゆる島や人々や物産を調査探求し、それを書き留める企図になる（たとえば、ブーガンヴィルによる『世界一周旅行記』[14]）。ロカンタンも同様に手帖に彼の考えを書き留めているのだが、それは冒険を遂行するためではなく、冒険について考察し、冒険を批判するためだ。独学者の考えを想像するロカンタンが、そこに「植民地の幻想」を見出すのも偶然ではなかろう。

> 〔独学者の〕頭蓋の下では、サモイエド人やニャン・ニャン族やマダガスカル人やフエゴ島人たちが、世にも不思議な祭典を行い、年老いた父親や子どもを食べ、タムタムの音に合わせて気絶するまでくるくると回転し、狂熱的な殺戮《アモーク》に身を任せ、死体を燃やしたり、屋根の上にさらしたり、松明に照らされた小舟に乗せて河に流したり、母と息子が、父と娘が、兄弟姉妹がてんでに交わりあい、自分の体を傷つけたり、去勢したり、唇を板に挟みつけたり、腰に怪物のような動物を彫り込んだりしている。（N 43/58）

だが、このイメージは独学者のものではなく、あくまでロカンタンが想像する独学者のものであることを忘れてはなるまい。したがって、これこそかつてのロカンタンが探し求めていた冒険だ、と見てよかろう。この独学者との長い対話の場面が写真を媒介にしていることは兆候的である。独学者は旅行の写真を見るためにロカンタンのわび住まいにやって来たのだった。ロカンタンはと言えば、約束したのも忘れて、ひとり自分の冒険を回想している、という設定である。

ドアをノックする者がいる。独学者だ。すっかり忘れていた。おれが旅でとった写真を見せてやる約束をしていたのだ。奴なんか、悪魔にでもさらわれるがいい。（N 42/56）

ロカンタンが冒険から持ち帰ったのが結局のところ世界各地の写真でしかなかったことは、ゴダールの映画『カラビニエ』を思い出させるが、この場面で冒険を無邪気にも信じる独学者への近親憎悪的な不快を通して、ロカンタンは自らの冒険をはっきりと否定するに至る。じっさい、ロカンタンは結局のところフランスの植民地官吏の下っ端としてインドシナにいたにすぎない。それを冒険と呼べないことは彼自身がよく知っていたことだ。だからこそ、本物の冒険家になりたいという欲望を、ロルボンという冒険家について書くことで代行、代償しようとしたのだった（だが、そこからも覚めることは先に述べたとおりだ）。独学者とアニーという二人の分身の冒険の試みが挫折に向かっていくのと、ロカンタンが冒険の幻影から目覚めてゆく過程は明確にシンクロナイズしている。(15)

サルトルが明確な植民地への批判的視線を『嘔吐』執筆の時点でもっていた、などということを主張しようとしているわけではもちろんない。『嘔吐』という島を囲む「無意識」の海として、植民地というトポスを透視することができるのではないか、と言いたいのだ。このような水平線は作者の意図を越えて（あるいは、その手前に）形成されているが、そのつもりで読むと『嘔吐』の至るところに――すでに指摘した場所以外にも数多く――オリエントなり新世界に関連した符号を読みとることができる。たとえば、ブーヴィルの映画館のひとつがエル・ドラドであること（N 62/

84)、長々と引用されるのがバルザックの小説『ウージェニ・グランデ』(これもまた植民地とフランスの物語だ)であること、アニーの新しい恋人がエジプト人であること。これらはすべてたんなる偶然の符合なのだろうか。

この小説の最後の場面は新たな旅立ち(ないしは帰還)を示唆しているが、それは冒険という古い幻想からの覚醒にほかならない。冒険なき世界での冒険とは何かという問いかけ、それが『嘔吐』の隠れた主題であるように思われる。文学に関心のある者で、子どものころにロビンソンごっこに興じなかった者がいるだろうか。冒険を求めて家を飛びだそうと考えなかった者がいるだろうか。発見すること、暴き出すことのうちにあるスリリングな瞬間に身を任せる快感に喜びを見出さない者があろうか。『嘔吐』が呼びかけるのは、だから、ただ冒険の否定だけではなく、新たな〈冒険〉――他者の征服に還元されないもうひとつの冒険の発見でもある。そして、それこそ文学という冒険にほかならない。『嘔吐』のなかの冒険に関する最も美しい箇所を引くことでこの章を閉じることにしよう。

最初に灯った光はカイユボット島の灯台だった。ひとりの少年がそばに立ちどまって、うっとりした表情で呟いた。「ああ、灯台だ」

そのとき、おれの心が大いなる冒険の気持でいっぱいになるのを感じた。(N 65/89)

第二章　沈黙の共同体

前章では、植民地主義の問題とからめて『嘔吐』の読解を試みた。その際、このような冒険への幻滅が吐き気を引き起こす原因のひとつだと述べたのだが、本章では別の側面からアプローチしてみよう。それはすでに検討したモラルの問題と密接な形で展開される。すでに述べたように、従来の『嘔吐』論は大きく二つの傾向に分けられる。ひとつは実存主義的観点、つまり有名なマロニエ体験を中心とした存在の偶然性という問題《プロブレマティーク》系の分析であり、この小説を『自我の超越』や『存在と無』といった前期哲学論文との関連で論じるもの。いまひとつは芸術による自己救済というテーマで、書くという企図を中心に論じたものである。私たちは、第II部でコミュニケーションの問題を『文学とは何か』をはじめとする四〇年代の評論から概観し、それが文学の問題であるだけでなく、同時に倫理の問題でもあることを確認したが、コミュニケーションという問題設定は、存在論と芸術をつなぐ稜線になりうるのではないか。この小説のエコノミーにおいて「存在の顕現」という体験はたしかに重要なものだが、それ以上に、この経験をどのように語るか、さらには、その経験そのものを語りうるのかということが、当の経験以上に重要な主題であるように思われる。問題をこのように設定することによって、『文学とは何か』以降のサルトル思想に端的に現れる文学と倫理のキアスマが、『嘔吐』においてすでに先駆的に現れているということが、いやそれだけでなく、このキアスマの意義もまた、より明確に理解できるのではなかろうか。

『嘔吐』の分析に先立って、繰り返しにはなるが重要なことなので、前期のサルトル思想が抱える問題点をもう一度確認しておこう。〈超越的あるいは内在的同一性〉を否定するサルトル思想は、倫理的地平においていくつかのアポリアに不可避的に逢着してしまうことを私たちはすでに見た。サルトルの倫理思想の座礁は、いかなる普遍性も想定せずに、自由な存在としての〈人間的現実〉のモラルを築こうとした点に由来する。つまり、古典的な倫理学においては何らかの上位の同一性が規範性を保証しているのに対して、このような同一性をあらかじめ退けることによってサルトルは、規範性を不可能な要請としてしまうと同時に、伝達をも困難なものとするのである。実存主義の根幹は「実存が本質に先立つ」という周知のテーゼに要約できるが、それは、つまるところ、〈あらかじめ想定されうるようないかなる人間の本性もありえない〉ということだ。だが、もしそうだとすれば、いかにして伝達は可能なのだろうかと問わざるをえないことになる。というのも、他者と自己との間にいかなる共通項もないのだとすれば、伝達の基盤は簡単には見出せないからである。言いかえれば、他者理解はどのようにして可能なのかということが大きな問題として現れるのであった。真理が各自によって創造されるものだとするなら（これが前期のサルトルの主張であった）、複数の相反する真理が存在することになるだろう、という批判はしばしばなされてきた（『真理と実存』のなかでは贈与としての真理という魅力的な答えが見られることにはすでに触れた）。だが、その一方で、このような真理が果たして伝達可能なのだろうかという点は十分論じられてこなかったように思われる。私たちはこの問題もまた贈与という観点から考察したが、その意味でもコミュニケーションの問題が、サルトルにおいて、文学的地平と哲学的地平を結びつける蝶番的位置にあることは明らかであろう。じっさい、倫理問題は、『文学とは何か』以降、次第に文学的地平へと横滑りし、付随して現れてきた〈伝達（不）可能性〉の問題が、『聖ジュネ』や『弁証法的理性批判』、さらには『家の馬鹿息子』において主題的に論じられることになる。この問題は『弁証法的理性批判』においては可知性・了解という相のもとに、評伝においてはエクリチュールの選択という視点のもとに論じられるのだが、『嘔吐』においてもすでにコミュニケーションの問題は萌芽として見られる、と考えられる。ところで、『嘔吐』をこのような問題系から捉え直すためには、これまでしばしば日常性の問題として論じられてきたものを、共同体を根拠とする言語的意味空間として捉えることから始めなければならない。

1　共同体からの排除

まず、すでに何度か触れた共同体という主題から入ることによって、『嘔吐』のパースペクティヴの変換を試みてみよう。ここで言う〈共同体〉は、〈社会〉と対立するような狭い意味ではなく、社会とほぼ同義ととってよい。『嘔吐』の冒頭に置かれた銘句、「あいつは世間的にはまるで重要性がない男だ、つまりたんなる個人なんだ」というセリーヌの『教会』の一節に象徴的に表れるように、個人と共同体の対立は『嘔吐』を貫くテーマのひとつである。主人公アントワーヌ・ロカンタンが意識する共同体は第一に、ブーヴィル市民を成員とするそれだ。『嘔吐』の支配的な調性《トナリテ》がなによりも孤独であることはしばしば指摘されているが、この小説は孤独な三人の人物、ロカンタン、独学者、アニーを主要な登場人物として展開する。独学者は、ある意味でロカンタンの陰画《ネガ》とでも呼ぶべき孤独者であり、アニーもまた、ロカンタン自身が「彼女も、おれと同じように孤独なのだ」(N 179/249) と記しているように、主人公の分身的孤独者であることはすでに前章で確認したとおりである。これらの孤独な人物たちと共同体(あるいは共同体に溶け込んでいる人物たち)との対立が『嘔吐』の主要な対位法をなしている。

とりわけロカンタン対ブーヴィル市民(おれ/彼ら)という二項対立が全編を通して明瞭に記述されることは言うまでもない(1)。「おれはひとりっきりだ」とロカンタンはノートに繰り返し記し、自らの孤立を確認する。日曜日、街を散歩するロカンタンは重苦しい午後がのしかかるのを感じる。「だが、それはおれの午後ではなく、彼らの午後である。十万のブーヴィル市民が共に過ごそうとしている午後」(N 62/84) である。また、謝肉祭の最後の日、カフェで、アニーからの手紙を受け取ったロカンタンは、それぞれの家庭にいるだろうブーヴィル市民のことを思う。

ウェイトレスが電気をつける。まだ二時なのに、空は真っ暗であり、彼女が縫物をするには暗すぎる。穏やかな光。人々は家にいて、やはり明りを灯しているのだろう。彼らは本を読んだり、空を眺めたりするのだろう。だが、彼らにとっては……それは同じことではない。彼らは別の仕方で年老いたのだ。彼らは遺産や贈り物のなかで生きているのだし、彼らの家具の一つひとつが想い出なのだ。（N 79/107-108）

このように主人公は、全編にわたり、ブーヴィルという共同体からの疎外を表明する。日曜の美術館で、公園で、図書館で、行きつけのカフェで、ロカンタンは自分が市民たちにとって他者であるとひしひしと感ずる。孤独という言葉の表すものは、第一にこの共同体に対する他者としての自覚である。「おれは一人で生きている。本当に一人っきりだ。誰とも、まったく話さない〔……〕独学者は数のうちに入らない。たしかに、〈鉄道員のたまり場〉の女将フランソワーズがいる。でも、彼女と話しているといえるだろうか。〔……〕二言、三言言葉を交わすだけだ。話したって何になろう」（N 11/14）。じっさい、ロカンタンは他の人々と話すことはほとんどない。彼の日記は、読書と、仕事の進捗状況と、彼が耳にとめた周囲の人々の会話に満ちているが、生身の他者との交流は極端に少ない。つまり、共同体からの排除と伝達の不可能性はここでは通底している。ロカンタンの孤独、それは、共同体の外にある（ex-communication）状態にほかならない。「おれは、どこかに行ってしまいたい、どこか、本当に自分の場所であるような所に」とロカンタンはいったんは夢想するが、すぐにそれを否定する。

しかし、おれの場所などというものはどこにもありはしない。おれは余計者なのだ（je suis de

trop)。(N 144/200)

ここに見られる「余計者」意識が、すでに前章で検討した流れ者ロカンタン、漂流者ロカンタンに必然的に結びつく感情であることは見やすいことであろう。ロカンタンはブーヴィルという地方都市に辿り着いて三年になるのに、終始マージナルな存在のままだ。一人の友人ももたず、カフェの女将と時に即物的な肉体関係をもつ以外には女友だちもいない。あるいは、ロカンタンは最初からブーヴィルという共同体に入り込もうという気すらないのだ、と言ったほうが正確なのだろう。彼がこの小都市にいるのは、ただロルボン侯爵に関する資料のためなのだから、とロカンタン自身は、自分に言いきかせるかもしれない。

ここで表明されている「おれは余計者だ」という排除の意識は、もちろん、けっして目新しいものではない。いや、それどころか、「この世の外なら何処《どこ》でも」のボードレールに典型的に見られる居心地の悪さや、世界に対する非帰属意識は陳腐とも見えかねぬものであり、『嘔吐』の十九世紀的側面とでも呼びうるものである(そして、それが不可避的に消失点としてのオリエントと結びつくことはすでに見た)。じっさい、ロカンタンにとって、そこから排除されている共同体はブーヴィルにとどまらない。彼はそれまでにも多くの旅行をしてきたが、定住よりは放浪を選んだのだ。ロカンタンが排除されている共同体は、だから、より広く人間社会と解するべきであろう。というよりむしろ、ブーヴィルは現実社会そのものというよりは、さらに外延の広い共同体の表象として語られていると考えるべきではないか。主人公が示す人類《ユマニテ》への嫌悪は、人間社会という共同体への疎外感と表裏一体の関係にあるのだが、この点は後に詳しく見ることにして、ここではロカンタン対ブーヴィル市民の対立をもう少し眺めてみよう。

ロカンタンは年金生活者であり、独身者であり、一般市民と共通の話題ももたず、彼らのさまざまな儀式（日曜のミサ、散歩、外食等々）に参加することもない。ブーヴィル市民とロカンタンとはいかなる共通項ももたないのだ。この設定は〈書く者＝単独者〉としてのロカンタンを明確に規定するものと言えよう。ここでミシェル・フーコーが日本で行った講演「狂気と社会」(2)で展開した排除の分析を思い起こしておくことはロカンタンの位置を正確に知るためにけっして無用ではなかろう。フーコーは人間の活動領域を大まかに「生産」、「家族（再生産）」、「言語」、「祝祭」の四つに分け、これらの領域において、通常の規則から逃れるものがマージナルな者と呼ばれるのだと述べた後、狂人はこれらすべてのカテゴリーにおいて社会から排除されていることを指摘している。つまり、狂人は、生産性からも、家族からも、言語的コミュニケーションからも、祝祭からも排除された存在なのである。すぐさま見てとれるように、この四つの排除は、『嘔吐』の主人公にもぴったりとあてはまる。年金生活者であるがゆえに生産から、独身であるがゆえに家族から、市民たちとの会話の不成立によって言語から、儀式への不参加によって祝祭から、彼は排除されている。共同体から排除されているロカンタンが自分が狂人かどうか自問するのは、したがって、ゆえなきことではない。だが、『嘔吐』はけっして狂気の物語ではない。ロカンタン自身が自分は狂人ではないと明らかに見てとっているように、周辺化《マージナル》はロカンタンを狂気へと駆りたてるのではなく、エクリチュールのほうへと押しやるのだ。(3)

不思議なことに、自分が狂っているとはまるで思わない。いや、はっきりと（évidence）そうではないと思う（je vois）。（N 6/6）

ここであえて視覚的な用語が二度（voir, évidence）使用されていることは偶然ではなく、『嘔吐』を貫通する視覚性とエクリチュールとの紐帯を示しているのだが、ここでより重要なことは、主人公が共同体に属さないという設定が、より深く「存在の顕現」の問題に関わっていることである。「余計者（être de trop）」という表現が共同体からの排除の意識を意味すると同時に、『嘔吐』においても『存在と無』においてと同様、〈存在の偶然性〉を指示する言葉であることは、たんなる偶然の一致ではない。〈意味を剝ぎとられた生《なま》の存在〉というものが開示されるのは、ロカンタンが意味の支配する共同体という場所から排除されているからであって、このような排除の構造が存在開示の主要なきっかけとなっている。じっさい、このような視点から眺めてみると、有名な〈マロニエ体験〉にはいくつかの伏線が敷かれていることに気づく。そのひとつが、帰属意識である。ロカンタンは〈帰属〉ということを考えているうちに、〈現実存在〉の問題に招じ入れられる。事物は現実に存在するだけであって、何かに帰属するわけではないし、さまざまな性質がその物に帰属するわけでもない。一般に意味と見なされているものは共同体における約束事にすぎない。その共同体から飛び出すとき、事物はもはや帰属のない、ただそこに存在するだけのものとして現れる。

おれはさっき公園にいた。マロニエの根っこが地面に深く伸び、おれの座っているベンチのすぐ下まで伸びていた。おれはそれが根っこだということを思い出せなかった。言葉は消え失せてしまっていたのだ。そして言葉とともに物の意味も、その使い道も、物の表面に人間が刻んだ微弱な符号も〔……〕。（N 150/208）

つまり、ここで、問題となっているのは、より広い意味での共同体からの排除、つまり、言語活動の共同体からの排除にほかならない。対象の客観性と主題化が言語によって可能になると明言したのはフッサールであったが、意味形成の問題と他者との関係は、『デカルト的省祭』の後半で述べている諸モナドの共同体（レヴィナスの仏訳は la communauté des monades）の問題と併せて考えてみる必要があるだろう。レヴィナスはそれを踏まえて、次のように述べている。

客観的に認識すること、それは、それ自体すでに他人たちの思考との関わりを含むものとして、私の思考を構成することであろう。だから、私が伝達するものはそもそものはじめから他人たちに依存して構成されていることになる。発語するとき、私は自分にとって客観的なものを他者に伝えているのではない。逆に、客観的なものはコミュニケーションを通じてのみ客観的なものと化すのだ。（TI 231/319-320）

だとすれば、ロカンタンはこのような言語共同体から離脱してゆくにしたがって、客観的な認識からも遠ざかってゆくのだと言えるのではなかろうか。じっさい、『嘔吐』に表される共同体の支配的原理とは、端的に言えば、同一性への信憑にほかならない。各市民は自分が他の市民と同じであることを確認し（共有する歴史、偉人、散歩道、店等々）、そのことによって共同体への帰属を確認する。このくだりを『存在と無』で述べられた即自存在と対自存在のあり方の違いを援用しつつ、解釈することも可能だろう。サルトルは即自の原理を「それがあるところのものであり、それがあらぬところのものではない」という同一律（identité）と規定し、それに対して、対自存在の原理は「それがあらぬところのものであり、それがあるところのものではない」（EN 715）という「同一律」とは一線を画した自己性（ipséité）としたからだ。

ブーヴィル共同体の成員は自らの存在を共同体に委ねることによって共通の真理をもち、お互いに了解しあっている（と思っている）。このような共同体の前で、ロカンタンは「おれは違う種に属しているのだろう」（N 186/259）と言う。しかし同時に、この非帰属性によってロカンタンには日常的なコミュニケーションの道が閉ざされてもいるのだ。共同体からの排除はその必然的結果として、沈黙を引き起こす。それは、他者と同じであろうとすることの挫折である。サルトルにおいては、小説のみならず評伝的エッセイにおいても、沈黙はしばしば懲罰のごとく主人公たちに重くのしかかってくる。少年ジュネや少年ギュスターヴが余儀なくされている沈黙や、言語習得における困難さを、サルトルは執拗に記述している。そして、この沈黙は当然、共同体からの排除者の自己疎外、およびその物象化と無縁ではない。後に『聖ジュネ』でサルトルは記すことになる。「ジュネは沈黙の刑に処せられた。罪人は語らないものなのだ。いまでも私は、十歳のころに何かいたずらをして罰せられた私が、あえて大人たちに話しかけたときに、彼らが装った憤慨した呆れ顔を覚えている」（SG 259/上 470）と。

2 沈黙

『嘔吐』を読むものは、したがって、そこに頻出する〈沈黙（silence）〉とか〈黙る（se taire）〉といった言葉のもつ深い意味に注目すべきであろう。この重要な問題系にはじめてアプローチしたのはフランスの気鋭の研究者J＝F・ルエットである。「『嘔吐』、沈黙の小説(4)」と題した刺激的な論文で彼は、『嘔吐』を支配する沈黙に、パロール批判を読みとっている。ルエットは、会話が見せかけのコミュニケーションでしかないこと、また、会話がしばしば沈黙によって満たされる点に注意を促す。たしかに『嘔吐』には――のみならずサルトル作品の至るところに――このような沈黙が見出される。会話は多くの場合、沈黙によって断ち切られる。いやむしろ、言葉とはこのような沈黙を充顚するために時おり投入される詰物のごときものである。このような沈黙の典型的な例はレストラン「ヴェズリーズ」でロカンタンの隣りに座る夫婦の描写である。

おれが来てから、となりの客たちは黙ったままだった。ところが突然夫の声がおれの読書を中断した。〔……〕沈黙。妻は再び物思いに耽る。〔……〕長い沈黙。〔……〕隣りの連中は黙った。〔……〕まるで彼らの通常の状態は沈黙であり、言葉は時々彼らを襲う熱のように現れるかのようだ。（N 59-61/79-83）

以上は数頁にわたるパッセージから沈黙に関連する部分だけをいくつか抜き出したものだが、この他にもさまざまな直接的あるいは間接的な表現が用いられている。ブーヴィル市民たちだけではない。主人公自身もまた必要最低限のことしか言わない人物として描かれている。この作品に見られる会話の多くはロカンタン以外の人物によるものであり、ロカンタンの台詞はと言えば、注文や簡単な受け答え、他人の行為に対する声に出されないコメント、そして多くの場合は果てしのないモノローグである。じっさい、彼が人と長く会話する場面は、全編でわずか二回しかない。ひとつは独学者との昼食の場面であり、いまひとつはアニーとの再会の場面である。どちらの場合もロカンタンは、少々不安ではあるものの、このような会話の機会をもてたことを素直に喜んでいるようにも見える。

「なぜ、おれはこんな所にいるんだろう。——まあ、いたって悪くないか」（N 123/168）と、独学者に昼食に誘われたロカンタンは相手を前に思う。そして、「誰かが自分のことを心配してくれ、寒くないかどうか気遣ってくれる。おれは他の人間と話しているのだ。こんなことはもう何年もなかったことだ」（Ibid）と、この同伴に満更でもない様子だ。だが、会話が進むにつれ二人の話が嚙み合わないことは明瞭になってくる。ロカンタンの内的独白が、表面上の会話と〈言いたいこと〉との乖離を端的に示す。そして、結局はロカンタンは、突然この昼食を打ち切ってしまうのである。

アニーとの対話もしばしば重苦しい沈黙と内的独白によって断ち切られている。久し振りにアニーと再会したのに会話は流れるようには進まず、コミュニケーションがうまくいかないことを主人公は苛立ちとともに確認し、その場に充溢する沈黙の重苦しさを執拗に記述している。対話のぎごちなさは、「黙る」とか「沈黙」という頻出する語によってだけではなく、サルトルの特許とも言える、あの無言の眼差しによっても強調される。相手を対象化する眼差しについて何度か言及されることからも、関係がけっして穏やかでないことが仄めかされるのだ。

沈黙がそれに続く。が、アニーはそれを破ろうとはしない。〔……〕アニーは微笑んでいる。だが、彼女の視線はほとんど敵意ともいえる好奇心でおれの顔を穴のあくほど凝視める。〔……〕新たな沈黙である。〔……〕この沈黙は耐えがたい。〔……〕おれは突然言うが、まるで的外れだ。

「君に逢えて嬉しいよ」

最後の言葉が喉のなかで詰まる〔……〕彼女は突然言う。

「私は変ったの」

さあ始まったぞ。いや、彼女は黙ってしまう。〔……〕彼女はおれが話すのを待っている。（N 161‐167/222‐231）

自分の考えをうまく言えずにいるロカンタンに向かってアニーは「おかしな人ね。話すか、黙るか、どっちかにしなさいよ」（N 179/249）と言うのだが、この言葉は象徴的であろう。語るか、沈黙するか、人はそのどちらかを選ばねばならないのだ。だが、語りたいのに語れないのだとすれば……。沈黙はこのように伝達の不可能性の結果として懲罰のように私たちに降りかかってくる。主人公はけっして黙っていたいわけではない。ただうまく語ることができないだけなのだ。

このように伝達の困難さは至るところに見受けられる。それだけではない。一見うまくいっているように見える会話のなかにも、サルトルは同様の伝達の困難さを挿入する。たとえば、ロカンタンが独学者と食事を共にしているとき、店に入ってきた若いカップルはいかにも楽しげに話している。独学者はその睦まじさを羨望の眼差しでみつめる。一方ロカンタンは、恋人たちが実際に考えていることと彼らが言っていることとはおよそ無縁なのだ、と決めつける。「なんという喜劇だ！彼らは演じているだけなのだ」（N 141/196）と。

以上のように重苦しい沈黙はサルトルの小説の特徴とも言えるものである。[5] とはいうものの、サルトルの著作における沈黙のテーマの重要性に着目する際に、その両義的な性格に留意すべきであろう。[6] サルトルにおける沈黙にはネガティヴな側面とポジティヴな側面があり、前者がコミュニケーションが不可能なために起こる沈黙なのに対し、後者はコミュニケーションが不用なために現れる沈黙である。別の言い方をすれば、一方に〈共有の欠如〉としての沈黙があり、他方に〈十全な共有〉としての沈黙がある。じっさい、サルトルの小説において、沈黙はつねにコミュニケーションの失敗によって現れるわけではなく、十全な相互了解による沈黙もあるのだ。そのような例としては、『自由への道』のボリスとイヴィッチ姉弟の関係が挙げられるし（OR 635）、『言葉』のなかでのサルトル母子もまたそうである。そこでは言葉は必要ではない。いや、それどころか無用である。ちょっとした仕草や言葉の断片で意志の疎通は行われ、お互いの了解のためにはそれだけで十分なのだ。もちろん、現実にはこのような透明な関係は稀であり、私たちは最愛の相手とさえなかなか理解し合うことができない、いや、それどころか、最愛の相手にこそ理解されないのではないか。

アニーはおれの前にいる。おれたちはもう四年も逢っていなかった。それなのにもうお互いに言うことはないのだ。（N 181/251）

もう一度、アニーとの再会の場面を見てみよう。先ほど引用したパッセージの前後を仔細に眺めてみれば、その行間に〈透明な関係〉を求めているロカンタンの姿が見えてくるはずである。そして、沈黙のなかでこそ相互に理解したいと主人公は願っている。

いまではもうどんな欲求もない。あるとすればたぶん、黙って彼女を眺め、沈黙のうちで、自分の前にアニーがいるというこの特別な出来事の重要性をすっかり実感することだけだ。（N 163/225）

ロカンタンは、アニーが自分と同じように変わり、二人に同じようなことが起こったのだと思い込み（独学者がロカンタンに対してそう考えていたように）、彼女に〈現実存在〉の話をする。しかし、アニーは彼らが同じであることを認めない（ロカンタンが独学者に対して否定したように）。ロカンタンは必ずしも言葉によらない〈透明な関係〉を望むのだが、その望みはアニーによって打ち砕かれてしまう。はっきりと言葉に表すことなしに意志の疎通が行われるこのような対他関係こそ、ロカンタンにとって、そしておそらくはサルトルにとっても、理想なのだ、と思われる。その意味でスタロバンスキーが『透明と障碍』においてルソーについて述べたものとひじょうに近い、透明性あるいは明晰性への渇望がサルトルにおいても明瞭に見てとれる。パロールに対する大きな不信感、あるいはパロール的なコミュニケーションの挫折による外傷というテーマは、『嘔吐』において、透明感への希求というテーマを相補的に透視させているように思われる。お互いにすべてを言うか、それとも沈黙するか、という二者択一が、サルトル文学の隠れた主要なテーマであると仮定してみると、たとえば『自由への道』は真のコミュニケーションを望む人々の物語として読むことができるだろう。『自由への道』で「マテュウは明晰さのなかでしかマルセルを愛せなかった。彼女は彼の明晰さであり、伴侶であり、証人であり、助言者であり、判事なのであった」(OR 402) と、サルトルは書くわけだが、このような明晰性と十全なコミュニケーションの探求はマテュウだけでなく、ダニエル、ボリスその他の登場人物にも認められるものである。そして、この明晰性、透明性こそが、浄化的反省とサルトルが呼ぶものの根拠でもあるのだ。

『嘔吐』に現れたこの沈黙と伝達のアポリアは、後に『弁証法的理性批判』でコミュニケーションのパラドクスとして発展されるが、積極的な意味での沈黙こそ、サルトルにとって理想的なコミュニケーションのあり方だとすれば、それはそこで他者との直接的（非媒介的）コミュニケーションが成立しており、他者を対象化したり客体化することのない対他関係が成立しているからだ。『存在と無』において展開された〈眼差し〉の理論が対他関係を終わりなき相剋関係へと導いてしまうことはすでに見たとおりだが、このような相剋からの脱出の可能性ないし希望が、沈黙による透明な対他関係に求められているのではなかろうか。そして、このような透明性の追求こそが、沈黙を余儀なくされた者をエクリチュールのほうへと押しやるのだと言えよう。

だとすれば、『嘔吐』においては主人公ロカンタンと話者ロカンタンを区別して考える必要があるだろう。〈話者〉が、ここでは〈書く者〉の謂であることは言うまでもない。主人公ロカンタンがたんに沈黙の世界に閉じこもる存在であるのに対し、話者ロカンタンは沈黙のなかにとどまりながら、その沈黙を越えつつ自己と世界を記述する。そして、小説のラストでロカンタンが小説を書くことを企図するとき、主人公と話者とはようやく一致することになる。

「直観は沈黙であり、言語の目的はコミュニケートすることだ」（QL 28/28）とサルトルはたしかに『文学とは何か』で述べていたのだが、これを単純に沈黙と伝達《コミュニケーション》＝交流の二元論と捉えてはなるまい。沈黙と伝達＝交流の関係はより弁証法的であり、沈黙を挟んでその前後に審級を異にする二つの言葉、二つのコミュニケーションがあると考えるべきであろう。そして、そのそれぞれにおいて異なる共同体が形成されるのであると。サルトルがパロールとエクリチュールを明確に区別していないという批判が必ずしも正鵠を射ていないと思われる理由の一斑はこの点に関連している。サルトルが作家を〈語る者〉として規定することは事実ではある（QL 26/26）が、そこで問題になっているのは日常的パロールの語り手などではない。そうではなく、日常的コミュニケーションの否定としての沈黙を潜り抜けた、もうひとつの語りかけなのである。サルトルの好むヘーゲル的な表現を用いれば、作家の言葉はパロールの否定の否定なのである。だからこそ、サルトルの作品の

随所に、パロールに対するエクリチュールの優位が見られると同時に、作家はパロールの人と位置づけられもするのだろう。(7)

3　一体化《コミュニオン》＝融合

共同体からの排除の自覚によるコミュニケーションの困難、これが『嘔吐』の舞台設定であるとすれば、そこに孤独、透明性、自伝的試み、エクリチュールの選択といったテーマの連関がより有機的に見えてくるだろう。共同体の解体の意識、それはすぐれてルソー的な問題設定であり、サルトルとルソーを結ぶ稜線でありうる。(8) ルソーは〈社会〉を狭義での共同体の凋落したものとして捉えた。〈社会〉は共同体的な親密さの喪失であり、それが一方で孤独者あるいはマージナルな個人を産み、同時に近代社会の成員である主権をそなえた市民を成立させたと考えられている。そして、このような〈失われた共同体〉の思想がヘーゲルへと継承されてゆくことは、周知のとおりである。ところで、『嘔吐』におけるロカンタンの伝達不可能性と孤独が思い起こさせるのは、『新エロイーズ』の主人公がパリで遭遇する同様の体験である。理想的な〈共同体〉のクラランに対置して描かれる〈社会〉、パリの群衆のなかでサン＝プルーは深い孤独を覚え、自分の心は語りかけようとするのに、それに応えるものがないことをジュリーに宛てて「ぼくはここの言葉がまるでわからないし、誰もぼくの言葉がわからない(9)」と訴える。

水林章の明瞭かつ美しい分析の一部を借りれば、このくだりには、「『社会』をめぐる革新的な主題が一挙に提出されている。それは端的にコミュニケーションの不在、言語の不通状況と要約することができるだろう。『社会』とは人間が群衆をかたちづくり、ひしめき合っている広大な空間なのだが、そこには、こういう言い方が許されるとすれば、騒々しい沈黙が支配している。人々は大きな声で言葉を交わしはするが、それが心の耳に届くことは決してないからである」[10]。水林はそこに『新エローイズ』の主人公サン＝プルーとモリエールの『ル・ミザントロープ』の主人公アルセストの間に通じる系譜を見出すのだが、ロカンタンもまたその後裔であると言えるかもしれない。『嘔吐』の主人公もまた彼が対面する社会との意志疎通不可能性（incommunicabilité）に打ちひしがれている。だが、もちろんそこには大きな相違も見られる。サン＝プルーとは異なり、ロカンタンは外観と真理、あるいは〈存在〉と〈現れ〉の二元論をもはや奉じることはできないからだ。彼は——そしてサルトルも——このような二元論を拒否するし、「いまや、私にはわかった。物はそれが現れるとおりであって、その背後には……何もない」（N 114/157）と明言する。というのも、ルソーにおいて〈見えること＝現れ（apparaître）〉と〈あること（être）〉の二元論は揺るぎないものであり、言語の不通状況の要因が〈見えること＝現れ（apparence）〉だけに重きを置く社会のあり方だとされるのに対し、サルトルにおいてはこのような画然とした二元論は、原理上、ありえないからである。じっさい、『存在と無』の出発点は、〈現れ〉を通してしか存在は意識されえないということであった（「緒論」参照）。サルトルの存在論から結論づけられることは、意識が自らに対して透明であるにしても、認識が対象化であり異化作用であるかぎり、対他関係には必然的に〈不透明なもの〉が侵入せざるをえない、ということである。ここにサルトルが出会う独自の困難がある。ルソーにおいて失われた共同体は彼の渇望する透明性の保証される世界であったが、サルトルにおいてはそのような共同体は希求されつつも否認されている。もちろん、このような共同体の願望は、ルソーとサルトルだけに固有に見られるものではない。ジャン＝リュック・ナンシーの的確な分析を借りれば、「共同体への未練と願望は、ルソー、シュレーゲル、ヘーゲル、次いでバクーニン、マルクス、ワグナー、マラルメたちのうちに息づいていたが、この共同体は〔キリスト教的な〕合一《コミュニオン》のように考えられていたのであり、そして合一はその原理においてもまたその目的においても、キリストの神秘的象徴体〔すなわち教会〕のうちに生起するものなのである。共同体は西欧の最古の神話だとも言えるだろうが、同時にまた、人間による神的な生の分有というまったく近代的な思想でもある[11]」。

だとすれば、『嘔吐』に出てくる融合（communion）がまず、まったく否定的な調子で語られていることは、驚くにはあたらない。独学者との昼食の場面の記述でロカンタンはこのように記す。

> なんという奇妙な視線を、彼〔独学者〕はおれに投げかけるのだろう。それは見るための眼差しではなく、魂の融合〔交感、一体感〕（communion d'âme）のためのものだ。独学者の魂は、盲人の目のような素晴らしい目のところまで昇ってきて、そこから溢れでていた。〔……〕おれは魂の合一（communion d'âme）は望まない。そこまで落ちぶれたくはないのだ。（N 126/173）

このあとで独学者は、人類への彼の抽象的な愛を語るのだが、ロカンタンがこのような共同体への融合を拒否するのは、融合の受入れが大文字の同一性に再び帰依することにほかならないからであろう。じっさい、独学者は「日曜日ごとに、私はミサに行きました。しかし、私はまるで信者ではなかったのです。ミサの神秘は、人間同士の融合〔一体感を感じさせる〕（la communion entre les hommes）のことではないでしょうか」（N 136/188）と告白するのだ。このような人類という抽象的な共同体の成員になることによって独学者は孤独を忘れる。「私はもはや独りではないのです。もはやけっして」と述べる独学者に、ロカンタンが誤解して「ああ、たくさんお知合いがあるのですね」と応えると、独学者は「私の言っているのは、もう自分が孤独だとは感じない、ということです。しかし、もちろん、誰かと一緒にいる必要はないのです」（N 137-138/190）と説明する。これが独学者にとっての共同体であり、合一なのだ。

ロカンタンが（そしておそらくはサルトルが）望む合一は、そのようなものとはまったく別のものである。それはなによりも世界との直接的（非媒介的）な合一としての認識であるし、エクリチュールを通しての他者との一体感《コミュニオン》である。この直接性の重視は意識の明晰さを基調とするサルトルの存在論に通底するものである。サルトルの存在論においては、視覚の他の感覚に対する優位があることはしばしば指摘されるとおりだが、『嘔吐』においてもロカンタンはなによりもまず見る人である。彼がつけている日録も書くことによって明晰に見ることが第一の目的である。

おそらく日々起こる事柄を記してゆくのが最良の方法なのだろう。明晰に見るために日記をつける。どんなニュアンスも、どんな些細な事実も、たとえ、それがつまらないように見えても、漏らさずに。そして、それらを分類すること。おれがこのテーブルや通りや人々や煙草の箱をどのように見ているのかを述べなければならないのだ。[12]（N 5/5）

ロカンタンの手記は、このように始まる。だが、ここで注目すべきは、見るためには見ることそれだけでは十分でなく、より明晰に見るためにはそれを書き留める必要がある、と主人公が考えている点だ。つまり見ることは記述することによって、補強される。さらに言えば、問題は見ることそれ自体ではなくそれを定着することなのだ。とはいうものの、この時点では書くことはいまだコミュニケーションを目的としてはおらず、認識の手段といった色彩が強い。このようなエクリチュールが、サルトルのイメージしていた現象学的記述とひじょうに近いものであることは明瞭に見てとれる。非反省的意識は純粋な自発性であり、それはいかなる曇りもない透明なものである、とサルトルは『自我の超越』で述べるが、『嘔吐』のロカンタンが行う作業は、このような非人称的な地平への回帰、分節化以前の領野、あるいは前述定的な世界、つまり直接的（非媒介的）な世界の認識である。真の体験はこのような前反省的意識のレベルに求められる、ということは多くの論者によって語られてきたし、すでに見たように、回心を可能にする純粋な反省（ないしは非共犯的反省）の契機もまた、このような原体験への回帰を想定することで成立していた。だが、そのような現象学的註釈はそれとして、ここでのより重要な問題は、このような独自な体験がどのように語られうるのかという点にあるのではないか。

ところで、沈黙の結果として現れるエクリチュールがこのような透明性の追求であるのに対して、共同体的パロールは、見せかけの伝達可能性にすぎない。共同体的な同一性の原理に根ざした語り、つまり、日常性のレベルの語りは、不透明性によって支配されており、そこで交わされるパロールはハイデガーが〈お喋り＝空談《ゲレーデ》〉と呼んだような非本来的なものである（cf. SZ 167-170）。それは端的に言えば大文字の他者（Autre）が支配する世界である。(13) 非同一律に根ざした自己性こそが対自のあり方であり、人間的現実にとって本来的なあり方はそのような事実を自らに隠すことなく引き受けることであると、サルトルが考えていたことはすでに指摘した。『存在と無』で明らかにされるように、対自存在の本来的なあり方が非同一性であるかぎり、同一性を信じることは幻想（あるいは自己欺瞞）でしかない。他者であることを強く意識するロカンタンが、その異質性を鋭く意識することによってブーヴィル市民より倫理的に優位に立っていると思うことになるのもそのためであろう。じっさい、日常生活における大部分の会話はロカンタンによってひじょうに否定的に捉えられている。つまり、このような見せかけの同一の信憑、つまり共同体への帰属は倫理的に見れば非本来的なものであり、それを自覚していない連中が〈卑劣漢（Salauds）〉と呼ばれる人々なのである。ジャック・ドゥギーが的確に指摘しているように、Salauds はつねに複数である。(14) なぜなら彼らはつねに他者と同じであろうとするからだ、彼らの真実とはまさに他者、大文字の〈他者〉を信じることによって共同体へと自己放棄することだからだ。彼らは大文字の〈同一《メーム》〉を信じる。このような共同体に帰属できないロカンタンが通常のコミュニケーションからも排除されるという事実は、別の観点から言えば、固有で独自な体験自体は一般概念によっては掬いとられないから、一般的なパロール共同体においては沈黙を余儀なくされるということである。したがって、「おれはもはや自分の見ているものを説明することができない」（N 13/17）とロカンタンが記してしまうのは、当然なのである。

明晰に見ていながら、それを語ることができないことのもどかしさ、ジレンマ。〈存在の顕現〉という明晰さの開示が、共同体からの排除ということと同時に起こるのはそのためでもあろう。そしてパロールからエクリチュールへの移行、変換が出現するのもまたこのような状況においてだ。つまり、エクリチュールとはなによりも透明性を即自的かつ対自的に可能にするものとして、沈黙の彼方に現れるのではなかろうか。じっさい、晩年のサルトルは「あなたはこの透明性をまずエクリチュールのなかに探し求めましたね」というミシェル・コンタの質問に、「まずというよりは、エクリチュールにおいても同時に求めたのだ。あるいはそこでこそ最も透明性を押し進めることができたのだと言ってもよいだろう」（S.X 143/133）と答えている。

したがって、『嘔吐』がひとつの変身《メタモルフォーズ》の書であるとすれば、それはこの書がまさにこのようなコミュニケーションの挫折から沈黙へ、沈黙からエクリチュールを通してのコミュニケーションの回復の試みへという変換の再現であるからではあるまいか。このことは日記の最初の部分ですでに明確に述べられているように思われる。

変わったのは自分だと思う。気づかぬうちに私のなかで小さな変貌《メタモルフォーズ》が少しずつ増えてゆき、ある日突然、真の変革《レヴォリュション》〔革命〕が起こるのだ。（N 9/10）

事実、この書は、体験の記述から、記述の体験への移行の書であり、その意味ですぐれて回心（conversion）を主題とした小説なのだと言えよう。例の〈存在〉の把握の際にロカンタンは「私は言葉なしに、事物について、事物とともに考えていた」（N 152/211）と記している。これはもちろん、「事象そのものへ」というフッサールの現象学的態度を思い出させるし、しばしばそのように註釈されてもきた。だが、それ以上に、ここにあるのは共同体の言葉を忘却することではあるまいか。共同体的な見せかけのパロールを忘れること。言葉というフィルターを介することなしに物を見ること。事物と融合すること。とはいうものの、ロカンタンはそれを再び記述せざるをえない。『嘔吐』のなかに見られるこの往還運動を、鈴木道彦は的確に次のように指摘している。

もとより偶然性といい不条理といっても、やはり言葉にすぎないだろう。しかしこれは事物《もの》を通過した言葉である。語の放棄から事物、事物から再び語、という過程は重要だ。ここには、日常的なコミュニケーションとはまるで違った抽象化の操作が認められるのだ。[15]

それを共同体という私たちの問題設定からパラフレーズし直せば、通常の言語（つまり共同体）のパロールのコミュニケーションから文学的なエクリチュールのコミュニケーションへの移行として捉えられるだろう。後にサルトルはこの問題をジュネ論やフロベール論でより理論的な形で展開することになる。そして、たとえば『家の馬鹿息子』においてサルトルがモノローグから虚構への転回を執拗に記述していることを想起すれば、この問題がけっして周辺的な問題などではないことが理解できると思う[16]。そして、このような種々の沈黙こそ、文学作品を分節する（articuler）ものだと、サルトルは考えていた。つまり、最初に書き手をエクリチュールのほうへと押しやる根源的な沈黙がある。「沈黙は、作者の意図する目的かもしれないが、作者はあらかじめこれを知っていたわけではない。作者にとっての沈黙は、主観的であり、言語に先立つものである。それは言葉《モ》の欠如であり、未分化の沈黙、作者が霊感によって経験した沈黙であり、次に言葉《パロール》がそれを特殊化していくのだ」（QL 57/54）。だが、このように言語によって特殊化された沈黙は、作品として再び別の沈黙となる。「文学的対象物《オブジェ》は、言語を通して実現されることは確かだが、言語のなかで与えられているのではない。むしろ、それはその本性からして沈黙であり、言葉《パロール》に対する異議申し立てだ」（QL 56/53）とされるからだ。そして、読書とは、このような言葉《パロール》に対する異議申し立てとしての沈黙を自らのうちに統合ないしは編入することにほかならない。というのも、「読者が初めから、ほとんど何ものにも導かれずに、その沈黙の高みに達しないとすれば、何事も成就されない。つまり、読者が沈黙を発明し、言葉や句をその場所に置き、保持し、目覚めさせる必要がある」（Ibid）からだ。そして、この読者が創造する沈黙こそ、作者自身も捉ええなかった、彼方の沈黙なのである。「読者のつくる沈黙は、一個の対象物である。そしてその対象の内部にさらにいくつもの沈黙、すなわち作者の言わなかったものがある」（QL 57/54）。かくして、私たちがすでに見たように、読者は作者と同様に文学作品＝行為の成立に不可欠なのであり、その意味で、「読書は方向づけられた創造だ」（Ibid）と言えるのだ。

　この問題を再び『嘔吐』における共同体という糸に結びつければ、読む者から書く者への転身の書であるこの小説において、ポジティヴな共同体とはまず、広義での作者たちからなる共同体である。ロカンタンは書物の世界に参入することによって孤独から逃れる。しかし、それだけでは十分ではない。彼が真にその共同体の一員となり、他の作者たちとの、そして自分自身との真の交流が可能となるためには自らもまた作者にならねばならない。そして、最後にもうひとつの来るべき共同体がある。それが読者の共同体である。ロカンタンが、自分の小説を書くときに夢想するのは、まさに彼の読者たちからなる未来の共同体である。

一冊の本。一冊の小説。そしてその小説を読んでこんなふうに言う人々がいるだろう。「これはアントワーヌ・ロカンタンが書いたのだ。それはカフェにたむろしていた奴だった」。そして彼らは、おれがあの黒人女のことを思うように、おれの人生のことを考えるだろう。(N 210/290–291)

このくだりにおける〈彼ら〉は、ブーヴィル市民対ロカンタンの対立の場合とは打って変わって、肯定的に捉えられている。ここに至ってようやく、おれ/彼らの対立は解消し、相剋のない共同体が透視されるのである。エクリチュールの選択が、このように相剋解除を可能にする結末は、象徴的だ。つまり、それは和解の結末なのである。ここに、『嘔吐』が胚腫として孕んでいるコミュニケーションの問題が端的に見出せるのではないだろうか。だとすれば、文芸の共和国にも似た、作者と読者からなる共同体は、すでに見たように、倫理的な関係を可能とする開かれた空間、開示性であって、共同体というよりは開示なり公共性（ouverture, publicité）と捉えることもできるかもしれない。[17] ハイデガー自身は公共性を、〈ひと〉が支配する領域と捉え、自らが死への存在であることをそこにおいて自覚する共同体のほうに優位を置いていることはすでに見たとおりだ。だが、サルトルにとっては、既存の共同体は「卑劣漢（Salauds）」が支配する領域であり、作者と読者が、そして読者たちが交流する公衆（public）あるいは共和国（res publica）こそが本来的なあり方を可能にする場所だと考えられる。[18]

第三章　自伝というトポス

1　思索する主体と語る主体

前章で私たちは小説『嘔吐』のうちにコミュニケーションという稜線を探った。最後に、この小説に潜むいまひとつの重要なテーマである自伝というトポスに触れることで、ここまで見てきた文学・倫理の問題系とこの小説を結びつけ、論を閉じることにしよう。その導入に役立つのは、そこかしこにちらつくデカルトの影である。まず、明白にコギト・エルゴ・スムが遍在するくだりを引用しておこう。

私はいる私は存在する私は考えるがゆえにある。私は考えるから私はいる、どうして私は考えるのだろうか？　私はもう考えたくない私はいるというのも私は存在したくないと考えているから、私は考えている私は……なぜなら（N 120/164）

このくだりはロカンタンがロルボンに関する歴史書の執筆をやめる決意した日[1]の長い記述の半ばに見られるものであるが、まずなによりも、この文がコギト的明晰さの対極にある混沌のうちで記されているという事実に注目したい。ここでは句読点は大幅に省略され、ほとんど譫言のようになった文が続き、そこでje penseとje suisが執拗に繰り返されるのだ[2]。この直前、主人公は物の存在が結局はその〈現れ〉にすぎぬことを発見する。それはいままで住んでいた日常的な世界観が、いわば括弧入れによって、消えてしまった状態とも言える。このようなひじょうに危機的な瞬間に〈私はある〉が現れることは象徴的だ。有名なマロニエ体験はこの翌日に語られるのだが、引用したようなエクリチュールの乱れが見られるのは、この小説中で後にも先にもここ一ヵ所だけである。

もう少し先を見てみよう。

「私は寒い私は一歩進む私は寒い一歩私は左に曲がる彼は左に曲がる彼は左に曲がると思う気狂い私は気が狂っているのだろうか。彼は気が狂うのが怖いと言う実存いいかい君実存のなか彼はとまる体はとまる彼はとまると考えるどこから彼は来るのか」(N 121/166)と同じ調子でさらに続くのだが、ここで錯乱状態における譫妄が擬態されていることは明らかであろう。もっとも、狂気に関して言えば、それがここではじめて現れたわけではないことは、すでに前章でも見たとおりだ。

不思議なことに、自分が狂っているとはまるで思わない。いや、はっきりと〔明証的に〕そうではないと思う〔見える〕。(N 6/6)

この部分には、デカルトの誇張的懐疑のはるかなエコーが聞き取れる。『第一省祭』で「この手そのもの、この身体全体が私のものであることを、どうして否定できよう。これを否定するのは、まるで私が狂人たちの仲間入りをしようとするものである」と述べられているが、まさにこのような懐疑が普通の目には狂気と映るとしても、コギトに辿り着くためには、狂気とも見えかねないリスクを冒しても、疑うことを押し進める必要があるとデカルトは考えたのだった。もちろん『嘔吐』は方法的懐疑とは異なるが、それまでの信憑が音を立てて崩れていく過程を記述した書であり、その途上で主人公ロカンタンはデカルトの足跡を明確にそれと意識せずに追っているように見える。ロカンタンには自分の手も、他人の指も、それとしては見えず、存在の塊としか見えないのだ。このようなくだりを含む『嘔吐』を『方法序説』のパロディと見なすことができると提唱したのはジョルジュ・プーレであった。

「私は考える、だから私はある」と述べることは、サルトルにとっては「私はある、しかし私は不条理なもの〔として〕である」ということを意味している。〔……〕サルトルにおいては意識の行為は人間に苦々しくも彼の孤独を感じさせるのだ。かくして、サルトル的コギトはむしろ、デカルトのコギトの悲劇的カリカチュアとして現れる。サルトルはこのことを十分に意識しているし、彼の小説が『方法序説』のパロディとして構想されたのは意図的なのである。〔……〕サルトルがデカルトのコギトを逆転させたことをこれらのくだりほど明らかに示したものは他にない。デカルト的コギトは、恐怖と瀉血のうちで、生きることと考えることとの無償性の感情とな

ってしまうのだ。コギトはもはや揶揄なしでは発することができなくなる。(3)

まことに穿った分析ではあるが、このようなプーレの読解は『嘔吐』の本質ともずれているし、サルトルのコギトをも捉えそこねていると私には思われる。ロカンタンの記述をそのままサルトルの思想と見なすこと自体の問題は別として、サルトルはけっしてコギトを揶揄的にここで扱っているのではない。サルトルにとって〈ある〉とは偶然な存在として〈ある〉ということにほかならないことは確かだが、だからといってサルトルのコギトが無償なわけではない。

『嘔吐』が『方法序説』のパロディであるとすれば、それはより本質的には、デカルトを参照しつつ、〈思索する主体〉と〈語る主体〉の不可避な共犯関係を提起しているためではあるまいか。(4)先ほど引用した一節が興味深いのは、朦朧とした問いかけのうちで突然、一人称から三人称への変換、そして三人称から一人称への回帰が、二人称の介在を通して見られるためである。存在と思惟について考えることが、人称性を崩し、人格の消えた純粋な現れとしての語りを現出させるのである。原文を見ておこう。

J’ai froid je fais un pas j’ai froid un pas je tourne à gauche il pense qu’il tourne à gauche fou suis-je fou ? Il dit qu’il a peur d’être fou l’existence vois-tu petit dans l’existence il s’arrête le corps s’arrête il pense qu’il s’arrête d’où vient-il ?（N 121）

「私は気が狂っているのではないか」という発話が、反省レベルにおいては客体化され三人称化され、「彼は気が狂うのが怖いと言う」と捉え直され、記される。そして、このくだりのあとで、ロカンタンは自分をまさに客体化しつつ言う。「アントワーヌ・ロカンタンは死んでいない、私は気を失う。彼は気を失いたいと言う」（N 122/167）。だが、〈気を失う〉とはまさに〈思考を止める〉こと、〈存在の意識〉を失うことであり、それゆえ、それはコギトの否定へと向かいかねない。考えないことは存在しないことを意味するからだ。〈私は気を失っている〉と言うことは日常的には不可能であり、〈気を失うこと〉と〈語ること〉は両立不可能だが、テクストのなかでは必ずしもそうではない。以上のことと『嘔吐』という小説における沈黙の重要性とは、けっして無縁ではない。『嘔吐』は、語る主体と思惟する主体の間にある微妙なずれに関する多くの示唆を含んだ物語であり、その点でデカルト的コギトが孕む主体の二重性を側面から照射していると言えよう。だが、もちろん大きな違いは、すでに見たように、サルトルがコギトをエゴへと投げ返すことを執拗に避ける点であり、この点は『嘔吐』においてもまた例外ではないのだ。「いま、私が〈私〉と言うとき、それは空虚なように私には思われる。私は自分を感じることがもはやできない。あまりにも私は忘れられているのだ。私においては相変わらず実在的なものは、現実に存在することを感じる実存だ」（N 200/277）。だとすれば、ここでも問題となっているのは、根源的な非人称性であって、けっして〈私（自我）〉ではないのだ。じっさい『自我の超越』においてサルトルが示そうとしたことは、エゴが形式的にも実質的にも意識のなかにはないということ、つまり、体験を統一づける空虚な原理としても、欲望や行為の中心をなす心的生活の実質的な存在としてもエゴを想定することは誤りであり、エゴは外部つまり世界のなかにあり、他者のエゴ同様、世界の一存在者であるということであった。換言すれば、自我を意識から排除することであった。デカルトにおけるコギトは、それがエルゴ・スムへと続けられるかぎり、明らかに人称的である。だが、このような人称性が現れるのは反省のレベルにおいてでしかない、とサルトルは断言する。少々長いが、重要な箇所なのでいとわず引用してみよう。

コギトは、正しく行われる場合には、純粋意識の把握であって、状態や行動の構成を伴わないものなのだから、コギトの機会に、なぜ〈私〉が現れるのかは、問題にするに足ることであろう。本当を言えば、〈私〉はここでは必要ない。それというのも、〈私〉はけっして意識の直接的な統一ではないからだ。それどころか、自分を非措定的な自発性として自分自身に示すような、純粋な反省作用を行う意識を想定することすら可能なのである。ただ、そうした現象学的還元は、けっして完全には行われないものだということを考慮に入れなければならない。ここには、一群の心理的動機づけが介入してくるので、デカルトが〈コギト〉を遂行した場合にも、彼は方法的懐疑と、〈科学を進歩させよう〉という野心などと関連してそれを遂行したのであって、それらのものは、行動および状態なのである。してみると、デカルト的方法、懐疑などは、その本性からして、ひとつの〈私〉の企てとして与えられているわけだ。これらの企ての果てに現れ、方法的懐疑と論理的に結びあったものとした与えられる〈コギト〉が、その地平線に〈私〉の現れをみることは、まったく当然である。この場合の〈私〉とは、〈コギト〉が懐疑と同じ形できちんと捉えられているということを断言するひとつの仕方、ひとつの理念的な関係形式である。要するに、この〈コギト〉は不純なわけで、それはなるほど自発的な意識ではあるが、状態や行動の諸意識と総合的に結びあったままの自発的意識なのだ。（TE 72-73/72-73）

だとすれば、ここで問題となっているコギトをいまひとつ別の視点、デカルトとサルトルが共有する〈自伝的なもの〉というトポスから考えてみることは意味のあることだろう。さらに言えば、私たちがここまで眺めてきた諸問題（つまり、コミュニケーション、普遍性、呼びかけ等々）は、自伝的なものという問題系のうちにこそ探られるべきではなかろうか。というのも、ジャン・ラフォンが指摘したように、(5) 言表主体の厳密な唯一性=統一《ユニテ》こそ近代的な言説の根本原理であり、作品の統一と責任を一人で担うのが近代的な意味での作家だとすれば、その嚆矢はデカルトであり、その掉尾を飾るのがサルトルにほかならないからだ。サルトル自身は、多くの文学論においても、また哲学的著作においても、エクリチュールとコミュニケーションの成立に関わる根源的な他者、他性、そして非人称性に理解を示しながらも、文学における非人称を追求するよりは、一人称の神話化というきわめてデカルト的な身振りを選択した。伝記的関心とでも呼べるものは、小説『嘔吐』、自伝『言葉』だけでなく、ボードレールからフロベール論に至る文学論の端々にも見られる。「私とは他者である」というランボーの言葉をしばしば引用するサルトルが、それにもかかわらず、一人称にとどまるのはなぜか。セルジュ・ドゥブロフスキーはその卓越した論文「サルトル・自画像の修正」のなかで、「彼〔サルトル〕においては、自伝的なディスクールと理論的構築は相互に不可分な関係にある。というのも、両者はともに同一の開示の結果だからだ[6]」と述べている。じっさい、『戦中日記』には、後に『存在と無』のなかで発展してゆくさまざまなモチーフが、個人的な体験として記されており、間テクスト的分析によって、個人的な体験がどのように哲学的な理論へと昇華してゆくかを辿ることができる。ポール・ヴァレリーがいみじくも喝破したように、「およそ理論というもので、なんらかの自伝の丹念に推敲された一断片でないようなものは、存在しない[7]」のである。だが、サルトルにとって自伝というトポスは通常のあり方以上に特権的なトポスであるように思われる。それは自己言及というものが、全体的（つまり、主体的かつ客観的）真理の発現の場であると同時に、独自な体験が普遍的な真理と通じあう経路であるからだ。そこでは自己と世界とが、反省するものと反省されるものの最終的な一致において確証される。したがって、自伝的な主体（sujet autobiographique）と哲学的主体（sujet philosophique）とを不可分な形で記述することによって、同時に主観（主体）的であり、客観（対象）的であるような思考を記述することこそ、サルトルがつねに追求していたものであり、また彼がデカルトのうちに見出そうとしたものであったと言ってよかろう。反省する意識と反省される意識が向きあう場、反射し反射されるもの（開示性）としてのエクリチュール。その恰好の先例が『方法序説』である。

「私の企ては、各人がその理性をよく導くためにとるべき方法をここで教えようとすることではなく、ただいかなるしかたで私が自分の理性を導こうとつとめてきたかを示すだけのことなのである」とデカルトは『方法序説』の冒頭部で述べていた。それは、普遍的な真理、命題を客観性の名のもとに差し出すのではなくて、ひとつの（主体的な）体験を語るということである。三人称ではなく一人称で真理を語るという、哲学史上最初の試みは、そのうちに本質的な両義性を孕んでいる。ここで一人称で語られているのがデカルト個人の物語ではないことは言うまでもない。しかし、同時にデカルトは随所で、それが彼自身が発見した真理であることを強調する。そこに、根源的な矛盾がありはしないか(8)。いや、それは矛盾ではなく、それこそがまさに言葉のもつ根源的な贈与の力なのだと捉えるべきだろう。このことをレヴィナスは明確に次のように指摘していた。

他者を承認すること、それは所有された事物の世界を貫いて他人に到達することである。と同時に、それは贈与によって共有ならびに普遍性を創設することでもある。言語が普遍的なのは、言語が個的なものから一般的なものへの移行そのものだからであり、言語が私の所有物を他者に供するからである。発語すること、それは世界を共通のものたらしめ、共通の場としての常套句を創り出すことである。言語は概念の一般性に準拠しているのではない。言語が共有の基盤を築くのである。(TI 74/104)

『方法序説』に戻れば、その意義はそれが独自なものでありながら、普遍化可能なディスクールだという点にまさに存する。個人的な体験という装いのもとに提示されるこの物語は、じつは追体験可能な祖型なのだ。ある種の小説において読者が主人公に自己同化しつつ、物語を生きるように、一人称で書かれたこの哲学書は、その一人称性ゆえに、読む者を語り手との同化へと誘う(9)。のみならず、コギトがたとえ主観的なものであるとしても、『方法序説』の執筆という行為によって、デカルトのコギトは純粋な主観性から間主観性の地平へと横滑りする。「私は思う」という哲学的真理は他者に向かって語られ、語りかけられることによってその独我論的陥穽を脱出するのである。デカルトが自己について書くのは、他者と真理を共有するがためにほかならないのだ。

2 普遍 - 独自

四〇年代後半から五〇年代にかけてサルトルが文学の地平として構想していた問題系は、まさにこのような普遍化可能性（universalisabilité）の構造の解明であった。個々の実存が独自（singulier）で普遍概念に通約不能だとすれば、そのような独自の体験がいかにして伝達可能なのかということ、これが実存主義が逢着した根本的なアポリアであった。サルトルはそれに答えるべく、独自である主体が同時にまた普遍でもありうることのパラドクスを文学論や『弁証法的理性批判』において論じた。コギトという経験が独自なものであるならば、それはどのように伝達できるのか。いったい、「私は思う」の私とは誰なのか。「私」はけっしてある特定の個人ではありえない。コギトの主体は独自であると同時に普遍でなくてはならない。つまり、コギトは個別的人格ではなく、認識一般でなければならぬのだろうが、それにもかかわらず、デカルトはコギトを個人的な経験の装いのもとに提示した。さらに、コギトの明証性自体が、本質的に三人称では語りえない直接性に根ざしているのだとすれば、コギトという問題系のなかには自ずから〈語る主体〉とコミュニケーションの問題が潜んでいるように思われる。サルトルは、このような間主観性が他者の自由を前提としていることを強調した。私たちがすでに見たように、アンガジュマンとはひとつの自由の他の自由への呼びかけ（appel）であり、テクストはつねに他者の自由に向けて発せられているジェネロジテなのだ。「自由はすべての人において等しく無限なのであるから、あるひとりの人間が他の人々よりも、より人間であるということはありえない。この意味で、デカルトほど、科学の精神とデモクラシーの精神との間のつながりを、うまく教えたものは誰もいない」（S.I 388/274）と、デカルトへの親近性をサルトルが語るのは、自由の経験という共通の基盤の上においてである。一人称単数で語りながら、それが他者へと開かれてある自由というコギトの両義性、それこそが、あらかじめ与えられた〈普遍性〉ではない〈普遍化可能なもの〉としてのコギトのうちにサルトルが見出した意味だったように思われる。

だとすればもう一方で『嘔吐』の最後の部分で現れる一人称から三人称への一瞬の横滑りにおいてより本質的に問題となっているのは、エクリチュールのもつ絶対的な三人称性の発見であるように思われる。じっさい、非人称への回帰はエクリチュールの必要条件ではありえても、十分条件ではない。先に見たように、通常の一人称から非人称への回帰は、言ってみれば、共同体の言葉から共同体の外（ex-comunication）での沈黙への沈潜であろうが、書くことは、その沈黙から再び飛び出し、自らを他者に贈与しながら、他者へと呼びかけることなくしてはありえないからである。『知識人の擁護』のなかでそれは次のように言われていた。「書くということが伝達《コミュニケート》＝交流することだとしても、文学作品は沈黙による言語の彼方での伝達＝交流として現れる。この沈黙は、言葉によって作られたとはいえ、言葉によってふさがれ、意味を担わないものなのだ。だからこそ、

〈そんなものは文学にすぎない〉つまり〈何も言わないために語っている〉といった表現がされるのだ」(S.VIII 437/320)。そして、エクリチュールの問題がなぜ最初に見た倫理問題と結びつくのかと言えば、それは超越的同一性が不在であるサルトルの存在論に即せば、ひとつの発話《エノンセ》は、それがいかなるものであれ、匿名《アノニム》ではありえず、誰かの発話とならざるをえないからである。言いかえると、カントの道徳論においては「汝~するなかれ」という命題は、それが人間本性というものを前提としているかぎりにおいて普遍的な命題となり、それが誰によって発せられたかは問題とはならない。また、有神論的な立場から考えた場合、「汝~するなかれ」という発話はそれが神の言葉であるかぎりにおいて、規範性と根拠をもちうる。しかし、サルトルの存在論が示すのはいかなる命題も誰かによって発せられたものでしかありえず、それがゆえにいかなる規範性も、また根拠も有しえないということなのだ。このような視点に立ったときはじめて、なぜサルトルにおいて文学が倫理問題の特権的な場として現れてくるのかが了解されるだろう。文学が特権的に倫理的問題を主張しうるとすれば、それは作者の言葉がいったん非人称性の回路を潜ることによって、たんなる私個人の言葉ではなく、ある種の超越性を獲得するからだ。というよりむしろ、作品とは同一者から他者へ向けての帰還なき贈与だからだ。そこで問題になっているのはまさに、どうすれば個別的な主体が、同時に普遍的でありうるかということであり、〈生〉の経験を知に還元することなく、どのように他者に提示しうるかということである。これこそが、晩年のサルトルが〈独自‐普遍(universel singulier)〉という問題系のもとに探ったものでもあった。

一人の人間はけっして個人ではない。それは「独自‐普遍」と呼ばれるほうがふさわしい。というのは、時代によって全体化され、それゆえ普遍化されていながら、時代のうちに自らを独自性として再現することによって、彼は時代を再全体化するからである。人間の歴史の独自な普遍性によって普遍であり、彼の投企の普遍化する独自性によって独自であるから、それはこの二点から同時に考察されることを要求する。(IF 7/I. 3)

このように、『嘔吐』から『存在と無』や『文学とは何か』を通って種々の評伝へと続く稜線は、真理の発話の場としての伝記的なものとして伸びているように見える。伝‐記(bio-graphie)とはサルトルにとって、多くの場合は作家の生(bio)について書く(graphein)ことにほかならなかったが、その中心に位置するのは、テクストではなく、作品＝行為(œuvre)、私たちがすでに見たような意味での œuvre だった。したがって、ここでも問題は、ある行為がどのような形で語られるのかという、生と語りとの関係の変奏だったように思われる。事実、サルトル自身もこのことを大いに意識していた。『戦中日記』には、自らの半生を振り返って決算を試みる場面があるが、そこには生と伝記の関係が次のように考察されている。

美しい人生を計りうる指標は〔当時の私にとって〕何だったのか、といまになって問うなら、美しい人生とはたんに、感性豊かな伝記作者によって語られたときに読者の瞳を濡らすような人生だった、ということに私は気づく。私は、伝記幻想とでも呼ぶべきものに骨の髄まで犯されて

いた。生きられた人生は語られた人生のようでありうる、と信じる幻想だ。（CGD 278-279/98）

サルトル自身は、自分の生をこのように眺める幻想からは脱出するが、他者を了解するという企図のもとでの伝記への執着は晩年まで続く。それは、伝記が、自伝と同様、真理の発話の場としての〈主体〉を問題とするからだろう。ただ、その場合、誤解してはならないのは、このような主体はけっしてナルシスティックな〈私〉ではない。それどころか、私の手前ないし彼方にある自己だということだ。それは、レヴィナスがメシアについて「つきつめて言うといったい誰が、『私』と発語する者でなくて誰が、他人の苦難を身に引き受けるだろうか」[10]と述べていたことと通底するような自己であるとも言える。「私」の名のもとにでなければ、倫理的主体はその責任＝応答性を担いえないだろう。このような意味で、サルトルの文学論は著しく倫理的傾向を帯びるのである。

それだけではない、自伝というテーマは、おそらく〈想起〉という問題設定とからんで、哲学史上においても重要な位置を、それも形而上学的なレベルにおいてももつのではないか。それは、ソクラテス＝プラトン（anamnēsis）にはじまり、デカルトを経て（その前にモンテーニュを入れてもよいが）、ルソーの告白（confessions）、ヘーゲルの回想＝内面化（Erinnerung）、さらにはハイデガーの回想（Andenken）へと続く重要なモチーフとなっている。ハイデガーが現存在の現を真理の開示の場と規定したことを私たちはすでに見たが、サルトルにおいては、非人称から一人称へ、一人称から三人称へと漸進的にかつ自由に転換をつげる自伝における〈自己〉にそれを見出したと言ってもよかろう。だとすれば、サルトルに見られるパロールに対するエクリチュールの優位というのも、じつにこの生身の個人が、作者という虚構に至るために不可欠な装置であるためではなかろうか。先にも見たように日常的パロールはしばしば演戯として、非本来的な様態として描かれる。人前で演戯をすることによって対他関係は一見円滑に進むように見えるが、それはコメディでしかない。ロカンタンがより本来的な意味でのコミュニケーションである作品へと次第に向かってゆくのはそのためであろう。そこに、後に『聖ジュネ』で主題化される作家と言語の逆説的な関係に通じるものを見ることができよう。

ブルジョワの青年たちにとっては書くというメティエはまずコミュニケーションの手段として現れるが、ジュネにとってはそれはまず彼の孤独を肯定するためのものであり、自己充足のためのものである。そして、エクリチュールこそが、その問題によってジュネを読者の方へと知らず知らずのうちに導いていったのだ。言葉の力とその不十分性によってこのオナニストは作家となった。しかし彼の芸術にはつねにその最初の形態が残り続けるし、彼が行うコミュニケーションはひじょうに独自なタイプのものであるだろう。(SG 446/下 239)

〈生〉が概念に通約不可能だとすれば、言葉と体験(vécu)の間には必ず乖離が生じ、〈伝達不可能なもの〉の伝達という問題が出てくる。というのも、それぞれの実存が生きるものは決定的に独自だからであり、そこに他の実存との公約性はないからだ。しかし、このような伝達の不可能性こそが、伝達を要請する。じっさい、もし言うべきことが最初から共有されているのだとすれば、そのようなものをあらためて言う必要などない。サルトルによれば、このような逆説的なあり方こそ人間の条件なのであり、私たちの倫理的出発点はそこにしかありえない。呼びかけとしての文学という地平が現れてくるのは、まさにこのような来るべき共同体が倫理的な意味合いを含まざるをえないからである。アプリオリな普遍性の欠如こそが普遍性を要請し、コミュニケーションの不可能性こそがコミュニケーションを誘う。本来性とはまさにこのような伝達不可能性を自覚しつつ、なおかつ伝達に向かうことにほかならない。なぜなら『弁証法的理性批判』で述べられるように、もし私と他者が同一であるとすれば、もはや何も伝達すべきものなどないわけであり、伝達とは差異を前提とするものであるからである。書くという行為がすぐれて倫理的行為だとされるのは、まさにそこでは倫理的要請である〈独自‐普遍（universel singulier）〉が、不断の意味生成、つまり創造の行為だからだ、とする晩年のサルトル思想に連なる問題系を『嘔吐』のなかにすでに読み込むことは可能であろう。

以上のことをいま一度、読者の側から見てみると何が見えてくるだろう。R・ダーントンはその刺激的な『猫の大虐殺』において、ルソーの作品が熱狂的なファンを産み出すという現象を分析しつつ、個性としての作者との自己同一的な関係を形成する新しい読者層の誕生を活写している。それによれば、この読者たちは、『新エロイーズ』や『エミール』のなかの主人公たちと自己同一化し、これらの作品が自分のことを描いているとまで思い込むのであるが、そのことによって、自分の完璧な理解者としての作者の存在をテクストを通して想定することになる。つまり、読者は作品を通して作者ルソーという人格を想像（創造）し、この作者ルソーを現実のジャン＝ジャック・ルソーと同一視する。ルソーは、素晴らしい作品を書く作者としてというよりは、このような思想と感受性をそなえた素晴らしい精神的個性として、読者から愛されることになるとダーントンは指摘するが、ここには、虚構が現実のほうへとあふれ出す、それ以前とは異なるタイプの読書の形態が見られる。さらに、読者・物語の主人公・作者の三位一体的な同一化の試みが、このような読解のうちには見てとれるのだ。私たちが最初に考察した読者の共同体も、これと無縁のものではない[11]。公共性あるいは読者層としての public が確実なあり方で成立したのが十八世紀だとすれば、市民社会における倫理の問題と近代文学の空間は、どちらも近代的な〈我れ〉を核とする等根源的な問題設定のうちにあるとは言えないであろうか[12]。一見唐突に見えるかもしれないが、ここでルソーの例を持ちだしたのはゆえなきことではない。『文学とは何か』においてサルトルは、ルソーの生きた状況を黒人作家リチャード・ライトのものと比較しつつ次のように書いていたからだ。

作家はその出身階級に彼を結びつけている絆を破ったと信じ、普遍的人間本性の高みから読者に語った。それゆえ、読者に対する呼びかけも、読者の不幸に参与するその役割も、作家にとっては、純粋にジェネロジテの命令であると思われた。書くとは与えることであった。作家が働く社会に寄生しているという状況には、承認しがたいものがあったにもかかわらず、作家がそれを引き受けて救うことができたのは、そのためである。また、作家が文学的創造を特徴づけるあの絶対的自由、あの無償性を自覚したのも、そのためである（QL 136-137/110)。

サルトルは、マラルメ論やフロベール論で、十九世紀にこの問題がどのように展開したかを論じることになるのだが、いま私たちはそこにまで踏み込む余裕はない。ただ、『文学とは何か』の次のような雄弁なくだりを引くことで満足しよう。

読者層が具体的な普遍性と一致するとすれば、作家はまぎれもなく人間の全体について書くべきはずであろう。あらゆる時代の抽象的な人間について、どの時代にも属さない読者のために書くのではなく、彼の時代の人間全体について、彼の同時代人のために書くべきであろう。抒情的主観性と客観的証言との文学的な二律背反も、そのとき同時に、乗り越えられるはずである。読者と同じ冒険に参加し、読者とともに分裂のない社会のなかに状況づけられたなら、作家は、読者について語ることによって彼自身について語り、彼自身について語ることによって読者について語ることになるだろう。（QL 192/148）

現在、私たちはこのような作者に自己同一化する読者ではとうていありえないだろう。サルトルが〈同時代人サルトル〉であったとき、多くの読者は自らの代弁者としてのサルトルに耳を傾けていたように思われるが、それは、決断せねばならぬ状況に対してすぐさま答えを出してくれる即効薬のような魔法の存在だった。もっぱらテクストとなったサルトルを読むいまの私たちにとっては、サルトルとは、このような切り札的存在ではありえない。むしろ、距離のなかでこそ、あるいは時代に即さないからこそ、個々の事例を越えて読む者に訴える、ほとんど古典的な存在になりつつある。プルーストの有名な魅惑的な表現を借りれば、「一人ひとりの読者は本を読んでいるときに、自分自身の読者なのだ。作品はそれがなければ見えなかった読者自身の内部のものをはっきりと識別させるために、作家が読者に提供する一種の光学機械にすぎない[13]」。あらゆる文学作品に自伝的な側面があるとすれば、それはただ作者の自伝というだけでなく、それが読者にとっての自伝でもあるからだろう。私たちはいま、そのような巧妙な光学装置としてのサルトルのテクストに再び向きあうべきときに来ているのではないか。「作家といえども、他の人間以上に世界に巻き込まれてあることを免れているわけではない。それに彼の書いたものは独自‐普遍の典型でさえあるのだ。〔……〕作家は自分の言葉を使って、その存在と目的において、独自な普遍性と普遍化する独自性を二重に証言するような対象物《オブジェ》を作る」（S. VIII 441/323）と『知識人の擁護』でサルトルは述べていたが、私たちがいまなおサルトルを読みうるとすれば、それはこのような作家の呼びかけに対し、積極的に応え、それを読みかえてゆくという営為を通してであろう。œuvre（作品＝行為）とはその意味で、作家が私たちに残した何かである以上に、作家その人の行いなのである。言いかえれば、私たちは文学作品に触れるとき、そこで作家の身振りをなぞりつつでなければ、それを理解することはできないであろう。そして、私たちがいま一度サルトルから学びうる何かとはまさに、アンガジュマンの姿勢、つまり〈読み〉かつ〈書く〉ということの根源にある自己と他者の了解であり、つねに自己と現実を変えようとする変革の決断であるように思われる。

註

I　文学と哲学をつなぐもの

第Ⅰ章　読者論

（1）Italo Calvino, *Se una notte d'inverno un viagiatore*, Einaudi, 1979, reed. Mondadori, 2002, pp. 3-5（イタロ・カルヴィーノ『冬の夜ひとりの旅人が』脇功訳、ちくま文庫、一九九五年、九―一一頁).

（2）Jean Starobinski, Préface à *Pour une esthétique de la réception* de Hans Robert Jauss, Gallimard, coll. Tel, 1978, p. 12.

（3）ウンベルト・エーコ『エーコの文学講義――小説の森散策』和田忠彦訳、岩波書店、一九九六年、四頁。

（4）イーザー「作品の呼びかけ構造」の翻訳に付した解説で、訳者の轡田収はサルトルの『文学とは何か』の一節、「あらゆる文学作品は呼びかけである」を引いて、その近親性を示唆している。『思想』一九七二年九月号、一一七頁参照。

（5）ここでは、南米の作家バルガス・リョサの証言のみを挙げておこう。「少なくとも十年にわたって、文学の機能について私が書き、信じ、述べてきたことは、この本の註釈であり、剽窃であった」（Mario Vargas Llosa, *Contra Viento y marea*, Seix Barral, p. 241)。

（6）Marshall McLuhan, *Pour comprendre les média*, Mame/Seuil, 1968, p. 25.

（7）この情報とコミュニケーションの区別は Jean-Claude Guédon, *La planète cyber : Internet et cyberspace*, Gallimard, 1996, pp. 11 sqq. を参照。

（8）作品の普及という問題系は、贈与と関連した重要なポイントとして、別に語られる必要があるだろう。

ちなみにプルーストは、作品の普及＝配給（diffusion）に関して、明確な考えをもっていた。それは次のようなガリマール宛書簡からもわかる。「このような質問をいたしますのも、私の本がただ金持ちや愛書家ばかりではなく、広く一般の読者にも読んでもらいたいと思うからなのです。そして、たとえそのために私がいっそうの経費を負うことになるとしても、作品全体が買い手に七フラン以上の負担になるようなことだけは望みません。これは普及の問題です」（*Correspondance de Marcel Proust*, établie par Philip Kolb, t. XI, Plon, 1984, p. 280）。また、『失われた時を求めて』の後半で、話者が『フィガロ』紙に掲載された自分の記事を読むくだり。「私が手にしているのは、〔……〕私が書いたものというだけでなく、私が書き、みなが読むものなのだ」（Marcel Proust, *A la recherche du temps perdu*, Gallimard, Bibl. de la Pléiade, t. IV, 1989, p. 148〔マルセル・プルースト『失われた時を求めて』11「逃げ去る女」鈴木道彦訳、集英社、二〇〇〇年、二五八頁〕）。作品がどのように配給されるのかという問題はインターネット時代を迎えたいま、よりアクチュアルなものとして、考察されるべきものであろう。

（9）このような『文学とは何か』のスタンスは六〇年代に入っても変わりはしない。じっさい、『知識人の擁護』においてもほぼ同じ主張が繰り返され、「作家は根本的には何も言うべきことをもっていない。それは彼の本質的な目的が、ひとつの知識を伝達することではないという意味だ。〔……〕しかし、それにもかかわらず、作家は伝達＝交流する」（S.Ⅷ 444/325）と言明される。

ちなみに、ハイデガーもまた、伝達＝交流（Miteilung, communication）をそのような情報伝達とは考えてはおらず、コミュニケーションにおいて、了解的な相互存在の分節が構成されると考えていた。「伝達は、共同情態性と共存在の了解の『分かち合い』をなしとげる。伝達は、たとえば意見や希望のような体験を、一方の主観の内面から他方の主観の内面へと輸送するようなことでは決してない。共現存在は本質上、共同情態性と共同了解とにおいて、すでにあらわになっている。共存在は語りにおいて『言葉に出して』分かち合われる」（SZ 162）とハイデガーは言明する。ただし、この最後の点に関しては、サルトルとハイデガーの違いは小さくない。

（10） W. K. Wimsatt and Monroe C. Beadsley, " The Intentional Fallacy ", *Sewanee Review*, 1946. W. K. Wimsatt, *The verbal Icon : Studies in the Meaning of poetry*, University of Kentucky Press, 1954.

（11） Roland Barthes, *Œuvres complètes*, t. II, Seuil, 1994, p. 987, p. 1310.

（12） Albert Thibaudet, « Le liseur de romans », in *Réflexions sur le roman*, Gallimard, 1938（アルベール・ティボーデ『小説の美学』生島遼一訳、白水社、一九五三年）. チボーデは lecteur と liseur を区別している。彼によれば、前者がただ単に読む人であるのに対し、後者は精読する人である。たとえば、新聞の読者《レクトゥール》とは、習慣的に新聞を買い、ざっと読む人であるが、精読者《リズール》は複数の新聞を注意深く比較しながら読むような人のことである。

（13） 以下のボーヴォワールの証言を参照のこと（ただし、これは正確には一九二八年当時についての言及）。「私たちは熱心に『NRF』誌、『ユーロップ』誌、『ヌーヴェル・リテレール』誌を読んだ」（FA 59/上 43）。

（14） Paul Valéry, « Je disais quelquefois à Stéphane Mallarmé... », in *Œuvres complètes*, Gallimard, Bibl. de la Pléiade, t. I, 1957, p. 645（「私は時をりステファヌ・マラルメに語った」鈴木信太郎訳、『ヴァレリー全集』第七巻、筑摩書房、一九六七年、四〇頁）。

（15） Marcel Proust, « Journées de lecture », *Contre Sainte-Beuve*, Gallimard, Bibl. de la Pléiade, 1971, p. 174（「読書の日々」『プルースト文芸評論』鈴木道彦編訳、筑摩書房、一九七七年、一七七頁）.

（16） ヴァルター・ベンヤミン「セントラル・パーク」久保哲司訳、『ベンヤミン・コレクション1』ちくま学芸文庫、一九九五年、四一一―四一二頁。

（17） Françoise Waquet, « Qu'est-ce que la république des lettres ? : essai de sémantique historique », in *Bibliothèque de l'Ecole des Chartes*, I. 147, 1989.

（18） この問題に関しては、水林章「公衆の誕生――公共的世界のアルケオロジーのために」『総合文化研究』第四号、東京外国語大学総合文化研究所、六〇―九七頁から多くの教示を受けた。この示唆に富む論文を参照されたい。

(19) Roland Barthes, *Œuvres complètes*, t. III, Seuil, 1995, p. 345.

(20) 読者が物語のなかに自分の姿を探す場合がしばしばあることを私たちは経験的に知っている。そのような読者の代表として、ドン・キホーテを挙げることができよう。ヨーロッパ最初の近代小説『ドン・キホーテ』において、読むことこそはすべての発端にある。古の騎士道物語を読むという行為が、ラマンチャの才知溢れる郷士をドン・キホーテという騎士にしたのだから。このように、読書は、読者を行動へと駆り立てることも稀ではないのだが、それが必ずしもまっとうな方向であるとは限らない。時代の前後を無視して言えば、ここには〈アンガジュマン文学〉への猛烈な皮肉が見られはしまいか。

(21) Charles Baudelaire, « La Fanfarlo », in *Œuvres complètes*, Gallimard, Bibl. de la Pléiade, t. I, 1975, p. 554（『ボードレール全集』V巻、阿部良雄訳、筑摩書房、一九八九年、一七〇頁）.

(22) ここにはもちろん、書くことによって他者になることの悦楽を語ったフロベールの残響《エコー》を聞き取ることができるだろう。『ボヴァリー夫人』の作者は恋人ルイーズ・コレに宛てて「じつに甘美なものですね、書くということは。それは自分自身でなくなること、いま語っている被造物のなかをくまなく経巡ることです」と書いていた（Gustave Flaubert, *Correspondance*, Gallimard, Bibl. de la Pléiade, t. II, 1980, p. 362）。

(23) 私は『言葉』を伝記的事実そのままだとは思っていない。相当の虚構や嘘を含んでおり、ときには眉につばしながら読むべきだと考える。だが、ここで問題になっているのは実証的なアプローチではないのだ。サルトルが記しているとすれば、それが事実と反していようと、それなりの意味をそこに読みとることこそが問題なのである。

(24) この詩句は『言葉』だけでなく、『存在と無』でも引かれているところを見ると、サルトルのお気に入りのものだったのだろう。

(25) いまひとつの証言を取りあげておこう。夏休みにサルトルとボーヴォワールがどんなふうに本を読んだか。「私たちはとてもたくさん本を読んだ。毎日、私はアドリエンヌ・モニエのところから借りてきた本をサルトルにもっていった。彼は『パルダイアン』や『ファントマ』や『シェリ・ビビ』が大好きなので、〈おもしろい三文〉小説をもってきてほしいと言われた。三文小説は山ほどあったが、おもしろいものは一冊もなかった。がっかりしたサルトルは、良書を入れてもよいと言った」(FA 57/上41)。

(26) ディルタイに即した訳語を用いれば、体験‐表現‐理解だが、同じ言葉はここまでの文脈に即せば、経験‐表現‐了解ということになろう。

(27) *Sartre*. Un film rèalisé par Alexandre Astruc et Michel Contat, Gallimard, 1977, p. 43.

(28) Antoine Compagnon, *La Seconde main*, Seuil, 1979, p. 34.

(29) より正確に言えば、ハイデガーのカントやニーチェの解釈の場合は、語のレベルというよりは、文脈のレベルで、批判的な乗っ取りを行っていると言うべきかもしれない。

(30) このことは、スピノザが、『エチカ』のなかで自分の用いる哲学的用語のレジスター(使用法)と、同じ言葉が含むさまざまな文化的コノテーションが異なることに関して述べている一節を思わせる。「この二つの言葉が、普通の用法では別の意味をもっていることは承知している。しかし、私の意図するところは言葉の意味ではなく、物の本性を説明することにある。その言葉の通常の意味が、私の用いたいと思う意味とは著しく異ならないかぎりは、私はその言葉で説明することにしている」(『エチカ』第三部、定義二〇、説明)。この説明は「敵意」の定義に関してであり、その定義とは「敵意とは、他のものに禍をもたらした人への憎しみである」というものなのだが、このような言葉・用語に対する態度は、『エチカ』全体を通して見られるものだ。

(31) その代表はしばしば3Hと称されるヘーゲル、フッサール、ハイデガー。さらには後期の主要な対話者であるマルクス。もう少し言及の頻度が下がるが重要度においてはそれほど劣らないものであると思われる思想家としては、プラトン、デカルト、カント、スピノザ、ニーチェ、キルケゴール、フロイトなどが挙げられよう。

第二章　モラルの問題

（1）Michel Sicard, *Essai sur Sartre*, Galilée, 1989, p. 343.

（2）Cf. ES 215.

（3）第二のモラルに関しては、いくつかの研究書があるが、特に以下を参照。AAVV, *Sur les écrits posthumes de Sartre*, Annales de l'institut de Philosophie et de Sciences morales, Ed. de l'Université de Bruxelles, 1987. Tomas C. Anderson, *Sartre's Two ethics : From Authenticity to Integral Humanity*, Open Court Publishing Company, 1993. 日本では水野浩二が精力的に紹介をしている。水野浩二「サルトルにおける倫理学の構想」『社会思想史研究』（社会史学会年報）第八号、一九八七年などを参照されたい。

（4）この間の事情に関しては、『シチュアシオンⅧ』所収の「もはや対話は可能ではない」と「あるアメリカ人の手紙」を参照のこと。

（5）これらのテクストに関しては巻末の付録を参照。

（6）ヴィクトールは、フランス毛沢東主義《マオイスト》の指導者的存在だった人物であり、晩年のサルトルを語るには避けることができない存在だ。晩年になってサルトルに取り憑いた〈共同作業〉という夢に関しては以前に書いたことがある。澤田直「〈共同作業の夢〉――ゴダールとサルトル」『現代思想』一九九五年一〇月臨時増刊号（総特集「ゴダールの神話」）を参照されたい。

（7）Cf. CA 150–151/148–150.

（8）たとえば、アルキエによる批判。「サルトルが自由と名づけるものは、けっして人が一般にこの語で理解しているものではない。人間は〈自由であるという刑に処せられている〉などと感じることはできない。自由は人間を高揚させるものなのだ」（Ferdinand Alquié, *Les Cahiers du Sud*, 1946, p. 815, cité par Robert Campbell, *Jean-Paul Sartre ou une littérature philosophique*, Pierre Ardent, 1945, p. 309）。

（9）ただここで注意すべき点は、サルトルの主張している自由は、あくまでも意識の自由であって、意志の自由ではないという点である。

（10）ここで言われる人類＝人間性（humanité）はあくまでも理念的なものであって、人間の本性ではない。このことは、次のような発言を見れば明らかだろう。「実存主義者は人間をけっして目的とは捉えない。というのも、人間はつねにこれから作られるべきものだからだ。我々はオーギュスト・コントのように、それに礼拝を捧げうるような人類（humanité）があると信じてはならない。人類への礼拝はコント流の閉鎖的ヒューマニズムに、さらには、ファシズムに通じるものだ」（EH 92/79-80）。同様に、サルトルの盟友メルロー＝ポンティも、サルトルのヒューマニズムの意味を分析して次のように述べている。「もし、ヒューマニズムが、自然の種としての人間を信じる宗教であり、完成した人間をあがめる宗教だとすれば、今日のサルトルもこれまで同様そんなものとは縁遠い。〔……〕血と種のつながりが問題なのではないのだ。われわれのひとりひとりが類的なのは、その最も固有なものにおいてである。というのも、各自の自由は他者の承認を待っているし、自由が自由になるためには他者を必要としているからである」（Maurice Merleau-Ponty, « Un auteur scandaleux », in *Sens et non-sens*, Nagel, 1948, p. 91-92〔モーリス・メルロー＝ポンティ「ひんしゅくを買う作家」『意味と無意味』滝浦静雄訳、みすず書房、一九八二、六六―六七頁〕）。その意味でサルトルの考える人類は次のように述べるバタイユの考える共同体に近い。「多数の人間が祖国を愛し、祖国の犠牲となり、祖国のために死んでゆく。ひとりのナチは彼の帝国を気も狂わんばかりに愛することができる。われわれもまたファナティズムに達するまでに愛することができる。しかしわれわれの愛するもの、フランスの出であるにもかかわらずわれわれの愛するものは、いかなる度合いにおいてもフランス共同体ではなく、人間の共同体なのである」。

（11）自由概念の変遷に関しては他の場所で詳しく論じたことがある。澤田直「サルトルにおける自由概念の発展」『法政大学大学院紀要』第一八号、一九八七年。

（12）ところで、このような自由の概念の変遷は当然のことながら、責任の概念の変化と結びついている。『存在と無』においてはあくまで、主体的に投企する対自が自らに対してもつ責任だけが問題となっていた。各自は主体的に自らの価値を選択し、投企するかぎりにおいて、自分の現在のあり方を、状況や他者のせいにするわけにはいかない。このことをサルトルは、自分が自分と世界のあり方の作者であることと規定している。それに対して、『実存主義とは何か』では、主体は自分自身に対してだけでなく、他者に対しても責任があると述べる。じっさい、責任が問題になるかぎり、そこでは責任の主体だけではなく、当然、それに対して責任が問題となる他者、共同体が浮かび上がってこざるをえない。

（13）サルトルにおける自由という語の多義性に関しては、フロンディジが明確な区別を行い分析している。Risieri Frondizi, "Sartre's Early Ethics", in *The Philosophy of Jean-Paul Sartre*, Open Court Publishing Company, 1981, p. 382 sq.

（14）この点に関しては、より詳しい形で別の場所で論じたことがある。Naoyuki Sawada, *Ecriture et morale : question éthique chez Sartre*, thèse de doctorat, présentée à l'Université de Paris I, 1993, Atelier national de reproduction des thèses.

（15）もちろん、これらの意義は判然と区別された三つの型の作用を示すのではなく、同じ志向的な生において、多少とも強度の異なる三つの段階があるとされる。Gaston Berger, *Le cogito dans la philosophie de Husserl*, Aubier Montaigne, 1941, pp. 47, 65–66（ガストン・ベルジュ『フッサールのコギト』北村浩一郎訳、せりか書房、一九七七年）.

（16）以上のまとめに関しては、『イデーン』の渡辺二郎の訳註に負うところが大きいが、単純化による歪曲があるとすれば、その責はもちろん筆者にある。

（17）措定的（positionnel）と定立的（thétique）はサルトルにおいてはほぼ同義語と言えよう。

（18）ただしエポケーが中立作用そのものであるかどうかには、議論があるところである。『イデーン』の渡辺二郎による註を参照。渡辺は、中立変容と現象学的エポケーを単純に同一視するような解釈を厳しく退けている。そして、リクールをはじめ多くの論者が「この謬説に陥っている」と指摘する。『イデーン』I-II、四一八頁。

（19）ヒトゲノム解読とデジタル社会という現在の状況から、もう一度サルトル思想の射程を考察する好論文として、生方淳子「二〇〇〇年、世界はサルトルから遠く離れて——ゲノムとデジタルの時代の対自存在」『理想』六六五号（特集「サルトル・今」）、二〇〇〇年がある。

（20）Cf. Jean-Luc Nancy, *La communauté désœuvrée*, Christian Bourgois, 1986（ジャン＝リュック・ナンシー『無為の共同体』西谷修他訳、以文社、二〇〇一年）.

（21）このような観点からサルトルのモラルを考えようとするとき影のように姿を現すのがバタイユである。それは、共同体、コミュニケーションといった言葉がサルトルによって「新たな神秘主義者」と断罪された思想家の鍵語であるからだけではない。もちろん、サルトルが、フランスのみならず、世界の思想上のトップステージに立つに至った四〇年代後半、この二人の思想家は強いライバル意識を互いにもっていたように見え、また現在の思想界においてはその関係が逆転しているがやはり緊張関係が続いていることもある。だが、それ以上に、サルトルの構想していた倫理思想においては、バタイユ経由で摂取したと思われるモースの贈与論が重要な位置を占めているように思われるからである。実際、『倫理学ノート』では、バタイユ、モースへの言及が散見するし、バタイユを意識しつつサルトルを読むことによって、新たに見えてくるものも少なくないと思われる。

（22）Georges Bataille, *La littérature et le mal*, in *Œuvres complètes*, Gallimard, t. IX, 1976, p. 309n.（ジョルジュ・バタイユ『文学と悪』山本功訳、ちくま学芸文庫、一九九八年、三三二頁）.

II　モラルとエクリチュール

第一章　呼びかけとは何か

（1）晩年にミシェル・コンタが行ったインタビューでも言及されている。「それら〔哲学作品の草稿〕は、完全に仕上がってはいないんだ。『倫理学ノート』のなかには、うまくいってもよい考えがあったが、これは書かれなかった。私が書いたのは、主要な考えを導入するはずの最初の部分だったのだが、そこで思わぬ障碍にぶつかってしまったのだ。それに、ノートの大部分がなくなってしまった。そのなかには出版に値するものがあったかもしれない。一冊だけ残っているが、あとのものはどこにあるのかわからない」（S.X 207/192）。

（2）サルトルとレヴィナスとの親近性については、マルカの指摘以来、いくつかの論考がある。Salomon Malka, *Lire Lévinas*, Cerf, 1989（サロモン・マルカ『レヴィナスを読む』内田樹訳、国文社、一九九六年、四六―四八頁）.

（3）とはいうものの、ここでより正確を期して述べておけば、私たちが戦後のサルトルに見出すことができると考える〈呼びかけとしての文学〉という考えは、すでに戦中に姿を現している。ただし、それはサルトルではなく、ボーヴォワールのテクストのうちにおいてである。一九四四年出版（執筆は四三年）の『ピリュスとシネアス』のなかでボーヴォワールは「言葉とは他者のうちなる自由への呼びかけである」と明確に述べている（Simone de Beauvoir, *Pyrhus et Cinéas*, in *Pour une morale de l'ambiguïté*, Gallimard, 1944, coll. Idées, 1972, p. 348）。そこでは、文学がなによりも読者とのコミュニケーションを重視し、社会の虚偽をあばき、惰性的安易を拒否して人間の本来的な姿への覚醒を促すもの、すなわち「呼びかけの文学」であると規定されている。そこにはまた、アンガジュマンという言葉を見出すことができることも補足しておこう。

（4）Marcel Proust, « Journées de lectures », in *Contre Sainte-Beuve*, op. cit., p. 176（『プルースト文芸評論』前掲書、一八〇頁）.

（5）サルトルの言語観について触れるべきであろうが、これについては別の機会にゆずりたい。

（6）Emmanuel Lévinas, *En découvrant l'existence avec Husserl et Heidegger*, Vrin, 1974, p. 191.

（7）『存在と無』のなかでサルトルがハイデガーの共存在を批判しつつ〈主体‐我々（nous-sujet）〉を原初的な経験ではありえないとしたことはよく知られている。「『主体‐我々』という経験は、気まぐれに生じては消え去り、我々は『対象‐他人たち』の面前、ないしは、我々に眼差しをむける〈ひと〉の面前に取り残される。この経験は、相剋の決定的な解決としてではなく、この相剋そのもののさなかに構成される暫定的な緩和として現れる。相互主体的な全体が、一体になった主体としての自己自身を意識するような、ひとつの『人類的な我々』を望んでも無駄だろう。そのような理想は、断片的でまったく心理的な諸経験から出発して、極限にまで、つまり絶対者にまでいたる移行によって産み出されたひとつの夢想でしかありえないだろう」(EN 500-501)。サルトルの根本的なスタンスに変更があるわけではない。このような主体‐我々がもともとあるのではないのだ。

(8) もちろん、ハイデガーにおける共同体を既存の共同体ではなく、あくまで存在論的次元における問題として理解する可能性も完全には排除できないだろう。だが、一九三〇年代の彼の思索と行動を考慮に入れたとき、民族的なものがやはり想定されていたのではないかと言わざるをえない。

(9) 『存在と時間』におけるハイデガーの用語法は、それがVolkと並置されて用いられていることからも、共同体という語が、「失われた価値の復興」と結びつけられたナチズムにおける用語法ときわめて近いものであることが見てとれる。

(10) とはいうものの、ハイデガーにおける呼び声が聴覚的であるのに対し、サルトルの呼びかけは、かなり視覚的である。

(11) ボーヴォワールの回想録『女ざかり』によれば、サルトルが了解の概念に出会ったのはまずヤスパースの思想のうちであった。「サルトルはなによりも人間に関心をもっていた。ソルボンヌで教えていた埃っぽい分析的な心理学に、個人の具体的で、それゆえ総合的な『了解』を対抗させようとしていた。この〔了解という〕概念に彼は、一九一三年に執筆され一九二七年に翻訳されたヤスパースの『精神病理学総論』で出会ったのだった。彼はニザンと一緒にこの翻訳の校正の仕事をしたのだった」(FA 52-53/上 37)。

(12) 「一般に了解がそうであるように、この了解も認識作用から生じてきた知識ではなく、ひとつの根源的な実存論的存在様相であって、これがはじめて認識や知識を可能にする」(SZ 123-124)。

(13) このような了解と認識の区別が、後に『弁証法的理性批判』で展開されることになる〈了解〉と〈知解〉という区別をすでに素描していることに注目すべきであろう。

（14）とはいえ、『存在と無』結論部「実存的精神分析」においても、このような了解の予兆は見られなかったわけではない。Cf. EN 656 sqq.

第二章　贈与について

（1）『小学館ロベール仏和大辞典』小学館、一九八八年を参照した。

（2）Cf. Marcel Mauss, « Essai sur le don », in *Sociologie et anthropologie*, PUF, 1950, 4e éd. 1991, pp. 145-279（マルセル・モース『社会学と人類学』有地亨他訳、弘文堂、一九七三年）.

（3）Claude Lévi-Strauss, « Introduction à l'œuvre de Marcel Mauss », in Marcel Mauss, *Sociologie et anthropologie*, PUF, 1950, 4e éd. 1991, pp. IX-LII（クロード・レヴィ＝ストロース「マルセル・モースの業績解題」『マルセル・モースの世界』足立和浩他訳、みすず書房、一九七四年、二三五―二四六頁）. Gilles Deleuze/Félix Guattari, *L'Anti-Œdipe*, Minuit, 1972, pp. 218-219（ジル・ドゥルーズ／フェリックス・ガタリ『アンチ・オイディプス』市倉宏祐訳、河出書房新社、一九八六年、二二六頁）.

（4）レヴィ＝ストロースはたしかに互酬性を「自己と他者の対立を統合させるもっとも直接的な形式」（Claude Lévi-Strauss, *Les Structures élémentaires de la parenté*, PUF, 1947, éd. Mouton, 1971, p. 98（クロード・レヴィ＝ストロース『親族の基本構造』福井和美訳、青弓社、二〇〇〇年、一八七頁）と規定した。この点は大いに評価されるべきであろう。しかし、構造主義的な交換概念はどちらかと言えば、等価性を前提としているのであり、そこでは不均衡や不平等の出現は病理的と見なされる。あくまでも静的モデルにしたがっているのである。また、レヴィ＝ストロースは近代経済学的な交換概念を、贈与や負債の概念こそが社会の規定を構成している「未開」社会に不当にもちこんだという批判もなされている。

（5）そしてサルトルにおけるこの発展にはバタイユとの緊張した関係の影を見てとることができるように思うが、いまはそれに詳しく触れる余裕はない。

（6）野田又夫「デカルトの生涯と思想」『デカルト』中央公論社「世界の名著22」、一九六七年、五〇頁。

（7）この件に関しては、他で詳しく論じたことがある。澤田直「デカルトとサルトル――無差別の自由からジェネロジテへ」、湯川佳一郎／小林道夫編『デカルト読本』法政大学出版局、一九九八年。

（8）従来のスコラ哲学と異なり、デカルトは情念を必ずしも悪徳とはせず、有徳でもありえると考えていた。この件に関しては以下を参照。Geneviève Rodis-Lévis, *La morale de Descartes*, PUF, 1957, p. 89, n. 1.

（9）湯川佳一郎「『高邁』について」『哲学年誌』法政大学大学院、二九号、三頁。

（10）サルトルがここで〈ジェネロジテを徳とは異なるもの〉として規定しているのだから、逆にジェネロジテをまさに徳論のなかで論じているジャンケレヴィッチとつきあわせて考察することは興味深いことだろう。その浩瀚な『徳論』では、ジェネロジテは愛との関係で次のように記述されていた。「ジェネロジテが外部での贈与の自発性であることは、シャリテが内部での愛の発露であることに似ている。たしかに、ジェネロジテとは愛さずにはいられないものだ。しかし、愛というものは、ほとんど必然的に惜しみなく与えるものとなる。少なくとも、愛の対象に対しては、そして、愛しているかぎりでは」（Vladimir Jankélévitch, *Traité des vertus*, Bordas, 1949, p. 520）。

私たちは何のために与えるのか。愛によってだろうか。たしかにジャンケレヴィッチは、ジェネロジテなき愛は存在しない、と述べている。しかし、逆にジェネロジテとは愛そのものでないこともまた確かなのだ。そして徳としてのジェネロジテが、つまり、モラルとしてのジェネロジテがあるとすれば、それは愛に根ざさないジェネロジテによってはじめて可能だろう。換言すれば、ジェネロジテは愛さないものをも対象とするかぎりにおいてはじめて、ひとつの徳たりうるのだ。なぜなら、人は愛するものにはすべてを捧げるだろうが、それは宗教ではありえるかもしれないが、倫理的な行為の指針とはなりえないからだ。

（11）Cf. aussi CM 509-510.

（12）たとえば、ここでアリストテレスの有名なくだりを思い起こしておいてもよかろう。「語ることは、語る人（ホ・レゴン）と、それについて語られる事柄（ペリ・フー・レゲイン）、その人へと向けて語られる人

〈プロス・ホン〉を含んでいる」（アリストテレス「弁論術」Ars rhetorica 1358b1-2、『アリストテレス全集』十六巻、岩波書店、一九八九年、二〇頁）。

(13) 湯浅博雄『バタイユ』講談社、一九九七年、三〇二頁。

(14) もっとも、このテクストを第一期の〈モラル〉に関する草稿だと見なすことに対して疑義がないわけではない。ベルギーのサルトル研究者ジュリエット・シモンは、刊行直後に、『現代《レ・タン・モデルヌ》』誌に書評を発表、『真理と実存』においては「認識ないしは真理という存在の型《タイプ》に関する探究が問題」なのであり、その意味でこれはむしろ存在論であって、倫理学を扱ったものと考えるべきではないのではないか、と述べていた（Juliette Simont, « Les Fables du vrai (à propos de *Vérité et existence*) », in *Les Temps Modernes*, n° 531-533, oct.-déc. 1990, pp. 188-233）。たしかに、狭義の〈倫理学〉という意味で言えば、真理や、その裏面である無知についての考察に多くの紙面を割いたこの草稿にはいわゆる倫理に関する議論が主題的にはあまり見られないことは確かだ。だが、サルトルのここでの意図は「真理とは何か」ということをたんに存在論の、ましてや認識論の枠組みで捉えようというものではない。そこで論じられる歴史、真理検証、贈与、無知といった主題を通して目指されているものは、規範性なき、価値なき、超越性なき倫理の可能性であるように思われる。つまり、これらさまざまなテーマを変奏しながらサルトルが探るのは、まさに学としての倫理が不可能になった時代におけるひとつのモラルのあり方なのだ。それは別の観点から見れば、〈歴史〉を無視してモラルがありえるのかと問うことである、と言えよう。『真理と実存』の解説として付した拙論「贈与としての真理――サルトル倫理の作業現場を読む」人文書院、二〇〇〇年を参照されたい。

(15) フッサールは『イデーン』二四節「一切の諸原理の、原理」において、直観に対象が呈示されるあり方を、対象の自己贈与であるとする。「我々に対し〝直観〟のうちで原的に〔……〕呈示されてくるすべてのものは、それが自分を与えてくるとおりのままに、しかしまた、それがその際自分を与えてくる限界内においてのみ、端的に受けとられねばならない」(Ideen I 43)。一方、ハイデガーに関して言えば、いわゆる「転回《ケーレ》」以降、贈与の様態に関する大きな変化が見られる。一九六二年に行われた講演「時間と存在」では「存在が存在する、ではなく。存在はある／それが存在を与える（Es gibt Sein）と言おう」と述べていることはよく知られている。また、自由の根源に位置するジェネロジテに関しては、次を参照。Jean-Luc Nancy, *L'expérience de la liberté*, Galilée, 1988（ジャン＝リュック・ナンシー『自由の経験』澤田直訳、未來社、二〇〇〇年）.

（16）盗みの問題に関しては、ドゥルーズ／ガタリ『アンチ・オイディプス』前掲書を参照されたい。

（17）嶋田義仁『異次元交換の政治人類学——人類学的思考とはなにか』勁草書房、一九九三年。

第三章　アンガジュマン

（1）Michel Sicard, *Essai sur Sartre*, op. cit., p. 240.

（2）平井啓之はアンガジュマンに〈責任敢取〉という語をあてた。けだし名訳であるが、これも一面的であることは免れていない。

（3）『小学館ロベール仏和大辞典』前掲書。

（4）*Le Grand Robert*（CD-rom版）では一九四五年としている。その定義は次のとおり。« Acte ou attitude de l'intellectuel, de l'artiste qui, prenant conscience de son appartenance à la société et au monde de son temps, renonce à une position de simple spectateur et met sa pensée ou son art au service d'une cause ».

（5）Gabriel Marcel, *Journal métaphysique*, Gallimard, 1927, p. 183. 同様に、人格主義《ペルソナリスム》で知られるムーニエもまた、「人格の生とは分離や逃亡や疎外ではなく、現前であり、アンガジュマンなのだ」（Emmanuel Mounier, *Manifeste au service du personnalisme*, in *Ecrits sur le personnalisme*, Seuil, coll. Points/Essais, 2000, p. 71）といった具合に、積極的な意味合いでこの言葉を用いていた。「多くの人々がこのように人間のあるべき姿（vocation）から遠ざかっている。あらゆる人間の第一の義務は、自らの人格を救うことではなく〔……〕直接でも間接でも、あらゆる行為において自らの人格を賭け〔アンガジェし〕〔……〕」（Ibid.）。

（6）サルトル自身による有名な証言を引いておこう。「いわゆる〈影響を受ける〉ということのなかで、自由と宿命の分け前はどのようなものなのかを理解したいと思うなら、私の場合は、ハイデガーが私に及ぼした影響について、考えてみることができる。最近になって、ときどきこの影響が天佑であったと思えることがあった。なにしろ、彼によって私は、本来性と歴史性を教わったのだが、それはまさに、戦争によってこの二つの概念が不可欠になろうとしていたときだったからだ。この二つの用具がなかったら、私の思想がどうなっていたのか想像すると、想い出すだけでぞっとする。これのおかげで、どんなに時間を得したかしれない。これがなかったら、まだいまごろ、フランスとか〈歴史〉とか死といった捉えどころのない大きな観念を前にして、足踏みしていたことだろうし、もしかしたら、いまだに戦争に対して腹をたて、全身全霊で戦争を拒んでいたかもしれない」（CDG 224/214）。この証言を掛値なしにとれば、サルトルにとって、本来性や歴史性という概念は、なによりも時間を稼いでくれた便利な道具であったことになる。

（7）これに関しては、すでにハイデガー自身がジャン・ボーフレ宛の書簡で触れている。Cf. Heidegger, « Lettre à Jean Beaufret », in *Questions III*, Gallimard, 1966, pp. 156-157. また、ジャック・デリダは『人間の目的＝終焉』において、サルトルの人間的現実を批判している。Cf. Jacques Derrida, « Les fins de l'homme », in *Marges de la philosophie*, Minuit, 1972, pp. 135-138. さらにこれについてのコメント、生方淳子と港道隆によるデリダへのインタビュー「自伝的な〈言葉〉――Pourquoi pas（Why Not）Sartre」『現代思想』一九八七年七月号、六二―六四頁も併せて参照されたい。

（8）Henri Corbin, « Avant-propos », in *Questions I*, Gallimard, 1968, p. 16.

（9）*Mondes nouveaux*, n° 2, 21 décembre 1944, cité dans ES 108.

（10）ここでも、コルバンの révéler という動詞の選択は的はずれとは思われない。というのも、語源的に見れば、revelare は velum（ヴェール）をとることを意味するからである。ただ、この語には神学的コノテーションが強く、その意味で啓示と訳されることが多い。

(11) この問題を、カール＝オットー・アーペルによって提唱された〈解釈共同体〉と結びつけることはできるだろう。「知識の根本的基礎づけ」、ガダマー／アーペル他『哲学の変貌』竹市明弘編訳、岩波書店、一九八四年参照。

(12) 「アンガジュした芸術とアンガジュした文学が混同される。芸術的生産の忘れがたい刻印である完成を私たちは過小評価しがちである。だが、この完成を通じて、作品は本質的に離脱した（dégagé）ものでありつづける。画家が最後の一筆をキャンバスに加えるとき、作家がテクストに加えるべきひとつの言葉も削るべきひとつの言葉もなくなったとき、その至福の瞬間に作品は古典となる。完成は、言語活動や自然の活動や製造活動を制限するたんなる中断とは異なるのだ」（Emmanuel Lévinas, *Les imprévus de l'histoire*, Fata Morgana, 1994, pp. 108–109〔エマニュエル・レヴィナス「現実とその影」『歴史の不測』合田正人／谷口博史訳、法政大学出版局、一九九七年、一一〇頁〕）.

(13) たとえば、次のようなレヴィナスの言葉を参照。「サルトルの作品におけるアンガジュマンに執着する人びとは、サルトルの主要な関心が参加のなかで離脱を引き受けることにあるという点を忘れている。この関心は、最も高貴な形で表現されるニヒリズムに行き着くことになる——すなわち、人間にとってその固有な本質である最高のアンガジュマンが否定されるのだ」（Emmanuel Lévinas, *Difficile liberté*, Albin Michel, 1963, 3e éd. Livre de poche, 1976, p. 297）。

(14) Emmanuel Lévinas, *Les imprévus de l'histoire*, op. cit., pp. 105–106（『歴史の不測』前掲書、一〇六—一〇七頁）.

(15) 語源的に見れば、responsable とは re-spondere（厳かに保証する）に由来し、応えることであり、責任を担うことだ。

(16) Francis Jeanson, *Sartre par lui-même*, Seuil, coll. Ecrivains de toujours, 1955, nouvelle éd. 2000, p. 109.

III 『嘔吐』を読む

第一章　植民地問題への視線

（1）Cf. OR 1678-1687.

（2）山田爵「冒険物語およびヌーヴェル」、福井芳男他『フランス文学講座』大修館、一九七六年、七二一—七三頁参照。また、近代の冒険小説に関しては、Jacques Rivière, « Le roman d'aventure », in *Nouvelles Etudes*, Gallimard, 1947（ジャック・リヴィエール「冒険小説論」渡辺一民訳、『世界批評体系』第5巻、筑摩書房、一九七四年）を参照。

（3）白井浩司の邦訳では、英訳同様、トルコ菓子となっている。アラビア語の原義は「喉の憩い」。

（4）旅行者としてのサルトルに関しては、黒川学の以下の二論文を参照。「旅行者サルトル——イタリア旅行をめぐって」『帝京大学外国語外国文学論集』第一号、一九九四年。« Le Tourisme dans "Dépaysement" de J.-P. Sartre, ou "pourquoi est-ce que je voyage ?" », *The Journal of Ryutsu Keizai University*, vol. 33 n° 1, 1998.

（5）岩尾龍太郎『ロビンソンの砦』青土社、一九九四年、五六頁の著者の訳による。

（6）現行のテクストではビジョワ叔母さんが初めのほうと終わりのほうに一度ずつ、また名前のない叔父が少年時代の記憶として現れるのみだが、削除された部分に次のような記述がある。「私は本当に一人ぼっちだ。家族といえば、ペリゴール地方に従兄弟が一人いるばかりだ。名字は同じだが、綴りが違って Roquentin と書く」（OR 1728）。サルトルの父がペリゴール出身であることを知っている私たちにとっては、そこに自伝的側面を見ることも可能だろう。

（7）岩尾龍太郎『ロビンソン変形譚小史』みすず書房、二〇〇〇年、一九頁。

（8）ちなみに、教員として長い夏期休暇を享受していたサルトル自身は、三一年からボーヴォワールとともに毎夏、国外を旅行していて、三一年はスペイン、三二年にはスペイン領モロッコ、三三年にはイタリア、そして三四年のドイツ留学中はオーストリア、プラハ、三五年には家族とノルウェーでクルージング旅行を楽しみ、三六年にはナポリ、ローマ、ヴェネツィアを散策し、三七年にはギリシャ、三八年には再びモロッコと毎年たっぷり休暇を過ごしていた。

（9）プレイヤード版の編集者コンタとリバルカは、そこに牛の町（bœuf＋ville）をも見ている（OR 1721）。もう一方で、Nauséeという語と、排水溝を意味するnauseとの近親性も無視できない。この語は沼地、湿地を意味するガリア語naudaを語源とするとされるが、液体のイメージは、小説全編に偏在するし、ねばねばしたものに対する嫌悪感もこのようなトポスと無縁ではなかろう。また、最初のタイトルだった「メランコリア」がアリストテレスに由来し、中世の四つの体液のうちで胆汁を意味することも思い起こしておこう。

（10）語源的に見れば、中世オランダ語hafenに由来するとされる。

（11）正木恒夫『植民地幻想――イギリス文学と非ヨーロッパ』みすず書房、一九九五年、二三六頁。

（12）『文学とは何か』で展開されるエキゾチスム批判はすでに、『戦中日記』にその素描が見られる。Cf. CDG 354-359/159-164.

（13）このアルファベット順の分類の問題と近代性に関しては内田隆三『探偵小説の社会学』岩波書店、二〇〇一年のアガサ・クリスティのABC殺人事件に関する記述が示唆的である。じっさい百科事典に代表されるアルファベットによる分類は抽象性の極みとして不条理と連繋しており、そこでは知識は完全に相対化される。そして総和はけっして全体性へとは至らない。

（14）この点に関してはミシェル・セール「第三教養人」『ルプレザンタション』第二号、一九九一年、一四七―一五五頁参照。

（15）ロビンソン物語のフライデーと同様、独学者が模倣者（imitateur）であると同時に通過儀礼を行う者（initiateur）であるという二重性に注意する必要があるだろう。

（1）小説作品における、共同体と孤立者の闘いはこのようにルソーを持ちだすまでもなく、近代文学に頻出するモチーフであるが、それがここでは単独者の問題、あるいは独自-普遍と関連するものであることは、後に見るとおりだ。

（2）Cf. Michel Foucault, « La folie et la société », in *Dits et écrits 1954-1988*, t. II, Gallimard, 1994, pp. 128-135（「狂気と社会」神谷美恵子訳、『ミシェル・フーコー思考集成』第三巻、筑摩書房、四六七―四七六頁）.

（3）もちろんフーコーも排除の問題をエクリチュールの問題とからめて考えていることを思い起こしておこう。Cf. Michel Foucault, « Folie, littérature, société », in *Dits et écrits 1954-1988*, t. II, op. cit., pp. 104-128（「文学・狂気・社会」渡辺守章他訳、『ミシェル・フーコー思考集成』第三巻、筑摩書房、四三六―四六六頁）.

（4）Jean-François Louette, « "La Nausée", roman du silence », in *Littérature*, n° 75, oct. 1989, pp. 3-20. この論文は後に単行本 *Silence de Sartre*, Presses Universitaires du Mirail, 1995 に収録された。

（5）『聖ジュネ』においても、コミュニケーションの両義性は強調される。たとえば、ジュネが書店に珍本を盗みに入る場面。「彼は自分の意思を疎通《コミュニケート》させた。ただ、それは真のコミュニケーションのすべての機会を破壊する偽のコミュニケーションだった。つまり、〔……〕彼は言語を破壊するための言語を用いるのだ」（SG 263/上 476）。

（6）その点でルエットの分析は沈黙をやや一枚岩的に捉えるきらいがある。前者に関してはルエットの分析はひじょうに鋭いが、後者に関してはほとんど触れられていない。

（7）この点に関しては、特にジュネ論、そしてフロベール論の scripta manent の部分を参照されたい。

（8）唐突に見えるかもしれないが、サルトルとルソーの比較研究はすでにいくつか存在する。また、たとえばアルチュセールはサルトルを「われらの時代のルソー」と呼んでいる。Louis Althusser, *L'avenir dure longtemps*, Stock/IMEC, 1992, rééd. 1994, p. 364.

（9）Jean-Jacques Rousseau, *Julie ou la Nouvelle Héloïse*, Gallimard, Bibl. de la Pléiade, t. II, 1964, p. 231.

（10）水林章『幸福への意志』みすず書房、一九九四年、三〇一頁。
（11）Jean-Luc Nancy, *La communauté désœuvrée*, op. cit., p. 31（ジャン＝リュック・ナンシー『無為の共同体』前掲書、二〇頁）。
（12）前節で、この日誌と航海日誌との類似について触れたが、それはまた旅行記とも似ていると言えよう。たとえば、ネルヴァルの『東方紀行』の一節。「わが身の上に起こることのいっさいを、偶然任せに、面白かろうが面白くなかろうがお伝えすることにしよう。できることなら日々欠かさず、クック船長流といきたいものだが、船長の記録を見ると、某日カモメを一羽、ペンギン一羽を目撃とか、某日は木が一本浮かぶのみ、などとある」（Gérard de Nerval, *Voyage en Orient*, in *Œuvres complètes*, Gallimard, Bibl. de la Pléiade, t. II, 1984, p. 201〔『ネルヴァル全集』第三巻、野崎歓他訳、筑摩書房、一九九八年、三〇頁〕）。
（13）ここで言う大文字の他者とは、ラカン的な Grand Autre のことではもちろんない。
（14）Jacques Deguy, *La Nausée de Jean-Paul Sartre*, Gallimard, coll. Foliothèque, 1993, p. 116.
（15）鈴木道彦『サルトルの文学』紀伊國屋書店、一九九四年（復刻版）、三〇頁。
（16）たとえば、以下のようなくだりを参照されたい。「声に出さないまま喋るものは、自分をとりまいている者たちに彼らの運命を預言し、彼らに最悪の不幸をもたらしたことに喜びを感じている。〔……〕独白は、それが聞こえないという形で完璧なのである。〔……〕ごく自然に、独白はフィクションへの傾向を示す。独白が想像界的なものであり、また同時に、自分を現実だと勘違いするときに、祈願が好んで預言へと変じやすいというふたつの理由で、そうなのだ。〔……〕事実、私は、文学への移行は、少年ギュスターヴにあって、二つの水準で行われているように思う。非現実的な欲望は、孤立した単語の水準で充足される。いっぽう独白によって表現される現実的な欲望は、書かれたフィクションによって充足される」（IF 943–944/II. 344–346）。
（17）ハイデガーは『存在と時間』では公共性を〈ひと（das Man）〉が支配する領域として、否定的に扱っている（Cf. SZ 167）。

（18）共同体と公共性はともに多義的な概念であるが、齋藤純一の明快な解説を援用すれば、以下のようになろう。「共同体が閉じた領域をつくるのに対して、公共性は誰もがアクセスしうる空間である。〔……〕第二に、公共性は、共同体のように等質な価値に充たされた空間ではない。〔……〕公共性の条件は、人びとのいだく価値が互いに異質なものであるということである。公共性は、複数の価値や意見の〈間〉に生成する空間であり、逆にそうした〈間〉が失われるところに公共性は成立しない。第三に、〔……〕公共性のコミュニケーションは〔……〕共通の関心事をめぐって行われる。〔……〕最後に、アイデンティティ〈同一性〉の空間ではない公共性は、共同体のように一元的・排他的な帰属を求めない」（齋藤純一『公共性』岩波書店、二〇〇〇年、五―六頁）。ここで挙げられている公共性の特徴は、私たちがこれまで見てきたサルトルの文学空間の理想とある程度まで合致しているように見える。

第三章　自伝というトポス

（1）プレイヤード版の編者によれば、一九三二年二月十五日、月曜日。サルトルの原文には曜日が記してあるのみである。OR 1724.

（2）この箇所の原文は以下のとおり。« Je suis J'existe je pense donc je suis ; je suis parce que je pense, pourquoi est-ce que je pense ? je ne veux plus penser je suis parce que je pense que je ne veux pas être, je pense que je...parce que... ».

（3）Georges Poulet, *Etudes sur le temps humain, III. Le Point de départ*, Plon/Rocher, 1964, pp. 227-228.

（4）このことは『嘔吐』が『方法序説』の設定を真似ていることにも見られるように思われる。それは冬の孤独な室内を主要な舞台に展開する。社会から孤絶し、思索生活に耽る主人公ロカンタンは、これまでに世界中を旅行してまわっている等々。また、両者とも具体的な日付をある程度前提としながら、ひとたび哲学的思索に入ると、そのような現実的時間は消え、読者は無時間的な場所に招じ入れられる。

（5）Jean Lafond, « Le Centon et son usage dans la littérature morale et politique », in *L'Automne de la*

Renaissance, Vrin, 1981, p. 123. この点に関しては次を併せて参照されたい。星野徹「もう一つの危機」『危機を読む』白水社、一九九四年。

（6） Serge Doubrovsky, *Autobiographiques de Corneille à Sartre*, PUF, 1988, p. 124.

（7） Paul Valéry « Poésie et pensée Abstraite », in *Œuvres complètes*, Gallimard, Bibl. de la Pléiade, t. 1, 1957, p. 1320（「詩と抽象的思考」佐藤正彰訳、『ヴァレリー全集』第六巻、筑摩書房、七二頁）.

（8） ここで問題としたいことは、たとえばラカンが指摘した言表と言表行為における〈私〉の分裂の問題とはまったく異なる地平にある問題だ。

（9） 作品中で用いられた一人称と三人称がそれぞれどのような影響を読者に及ぼすかについて、サルトル自身がひじょうに意識的であったことは、たとえば、フランソワ・モーリャック論に詳しい。Cf. « M. François Mauriac et la liberté », S. I 38-40/35-37.

（10） Emmanuel Lévinas, *Difficile Liberté*, op. cit., p. 129（エマニュエル・レヴィナス『困難な自由』内田樹訳、国文社、一九八五年、一一七―一一八頁）.

（11） サルトル自身がハイデガー受容との関係でこのような共同体について『戦中日記』で述べている。「私の教え子の一人、シャスタンは、ハイデガーの〈ひと（das Man）〉について論文を書きさえした。私はもちろん、自分がこの論文に対して責任がある（responsable）と言うつもりはない。ただ、自らをひとつの読者層と任じていた好奇心をもった研究者の共同体（communauté）に、どれほど私が積極的かつ責任のある一員として入っていた（inséré）かを示したいだけである。コルバンが翻訳をしたのは、われわれのためなのだ」（CDG 228/218）。

（12） 私たちは、ここでこれ以上、この問題を発展させる余裕はないが、これを、たとえば市民的公共性の問題を考察したハーバーマスの『公共性の構造転換』とからめて論じる必要があるだろう。

（13） Marcel Proust, *A la recherche du temps perdu*, Gallimard, Bibl. de la Pléiade, t. IV, 1989, pp. 489-490（マルセル・プルースト『失われた時を求めて』12、鈴木道彦訳、集英社、二〇〇〇年、三七七頁）.

付録　サルトル研究のための新資料

死せるサルトルは生者よりも多産と評されるほど、多くの遺稿が公刊されたが、残念ながら日本ではこれまでのところ、全体の翻訳刊行はおろか、その包括的な紹介すらなされていない。だが、これらの遺稿のなかには従来のサルトルのイメージを変えうるものや、新たな解釈を可能にする新資料も少なくない。そこで、これらの死後刊行著作の内容を整理し、覚書風に提示することも現時点ではけっして無意味なことではないと思われる。

現在、参照可能な〈新資料〉と呼びうるものは、大まかに四つに分類できよう。

Ⅰ　単行本として死後刊行されたサルトルのテクスト
Ⅱ　サルトルの死後公刊されたボーヴォワールによるサルトル関連の著書
Ⅲ　サルトルの旧著に新たな註などが付されて刊行された改版・新装版
Ⅳ　自筆・タイプ草稿、その他の形のみで参照可能な未定稿

それらを以下に簡単に整理し、特にⅠの未邦訳文献に関しては詳しく解説しておく。

I　単行本として死後刊行されたサルトルのテクスト

1　*Les carnets de la drôle de guerre, novembre 1939-mars 1940*, Gallimard, 1983, 432p.『奇妙な戦争——戦中日記』海老坂武／石崎晴己／西永良成訳、海老坂武解説、人文書院、一九八五年。

【梗概】編者はアルレット・エルカイム＝サルトル。第二次大戦が勃発し、動員されたサルトルは九月十四日から日録をつけ始め、その手帖は全部で十五冊に達した。日記は発表を視野に入れて書かれており、完全に私的なわけではない。海老坂が訳者解説で述べているように、この日記には、⑴読書ノート、⑵戦争についての証言、⑶哲学的省察、⑷自己の再検討という四つの側面がある。

本書は、日記のうち、刊行時に見つかっていた五冊を編集刊行したものである。手帖Ⅲ（一九三九年十一月—十二月）、手帖Ⅴ（一九三九年十二月）、手帖Ⅺ（一九四〇年二月）、手帖Ⅻ（一九四〇年二月）、手帖XIV（一九四〇年三月）。手帖のうちのいくつかはすでに戦時中に、また六〇年代、サルトルのアパルトマンがＯＡＳによって爆弾攻撃を受けたときに焼失したと言われている。だが後に見るように、その後、第Ｉ手帖が発見され、増補改訂版が出る。ボーヴォワールの『戦中日記』の十二月十一日の記述にサルトルから黒表紙の手帖二冊のはいった小包を受け取ったという記述があり、日付から見て、これは第Ⅱ、第Ⅲ手帖だと推定される。とすれば、少なくとも第Ⅱ手帖は戦時中に失われたわけではなく、いつの日かこの手帖が現れる可能性もあるだろう。

2　*Cahiers pour une morale*, Gallimard, 1983, 601p.『倫理学ノート』未訳。

単行本の形での邦訳はいまのところないが、抄訳として以下のものがある。⑴鈴木道彦訳「阿呆論——

『倫理学』断片」『海』一九七六年二月号（「ジャン＝ポール・サルトル未発表原稿」）、二四五―二五六頁。(2)鈴木道彦訳「倫理学ノート」『中央公論』一九七九年九月号、二〇六―二二五頁。(3)家根谷泰史訳「存在論的倫理の構想――サルトル『倫理学ノート』より」『サルトル研究II』（私家版）一九九四年。鈴木の二つの翻訳は、サルトル生前に雑誌 *Obliques* に掲載されたものを底本としている。家根谷のものは、単行本の pp. 484–514 である。

【梗概】編者はアルレット・エルカイム＝サルトル。サルトルは一九四七年から四九年にかけて、モラル論を準備し、それらは十冊のノートに書きためられていた。その後、それらのノートの大半は散逸してしまった。本書は、残っていた二冊をもとにしたものである。ノートと言ってもタイプ原稿の形になっている。サルトルの遺稿のなかでも質量ともに圧倒的な重要性をもつ。その一部はすでにサルトルの存命中一九七九年にミシェル・シカールが編集した *Obliques* 誌のサルトル特集に掲載された。

この遺稿によって、前期サルトルの道徳思想の片鱗を想像することは可能である。構想によれば、(1)存在の欠如としての実存、(2)物象化の社会的相としての疎外（マルクス主義批判）、(3)疎外された自由、(4)〈疎外〉の範疇、(5)疎外された世界（暴力論）、(6)疎外における自由、(7)回心、非共犯的反省、(8)他者への呼びかけ、(9)モラルの国の意義、へと記述は進み、有限性のモラルが語られるはずであった。だが、実際に残っているのは、疎外論、暴力論の部分が中心であり、対自として存在論の次元では自由であるはずの人間的現実が、具体的次元ではさまざまな反‐自由に出会うようになる過程が解明されているが、真の自由へと至ることを可能とする非共犯的反省に関する理論化は見られない。構成的には、次のようになっている。手帖I――モラル（11–26）、歴史の両価性、歴史的事実の両義性（26–53）、行動と疎外（53–60）、実在的なものの内在的弁証法（60–70）、人間と人間的なもの（71–86）、歴史と時間性（87–100）、否定的原因（101–178）、暴力について（178–224）、他者への依頼のさまざまなタイプ（225–

337）、抑圧の存在論的条件（338-419）、他者性と疎外（420-426）。手帖II――多様な主題についての考察（429-438）、作品プラン（484-487）、回心（488-594）。

3　*Lettres au Castor et à quelques autres*, Gallimard, 1983, 2 vols., 367p., 520p.『女たちへの手紙――サルトル書簡集1』朝吹三吉／二宮フサ／海老坂武訳、人文書院、一九八五年。『ボーヴォワールへの手紙――サルトル書簡集2』二宮フサ／海老坂武／西永良成訳、人文書院、一九八八年。邦訳全二巻で原書の第一巻に相当する。

【梗概】編者はボーヴォワール。第一巻には一九二六年から一九三九年まで、第二巻には一九四〇年から一九六三年までの書簡が収録されている。相手は、シモーヌ・ジョリヴェ、ボーヴォワール、ブリス・パランなどで、当時のサルトルの生活を知るうえで貴重な資料と言える。また、サルトル作品の生成の背景を研究する際には欠かせない。

4　*Le scénario Freud*, Gallimard, 1984, 580p. Préface de J.-B. Pontalis.『フロイト〈シナリオ〉』西永良成訳、人文書院、一九八七年。邦訳は全訳ではなく、最初から原書の p. 404 まで、つまり序文と第一稿の部分である。

【梗概】アメリカの映画監督ジョン・ヒューストンの依頼を受けて執筆されたもの。完成した映画『フロイト――秘かな情熱』（一九六二年公開）の出来に対してサルトルは大いに不満で、クレジットタイトルから名前を削らせた。じっさい、映画とシナリオの間には大きな違いが見られる。このシナリオ執筆作業を通して、サルトルがフロイト理解を深めたとは言えないとしても、少なくとも、フロイトへの親近感は増したようだ。ポンタリスの序文はシナリオ執筆の背景のみならず、サルトルと精神分析との関係にも触れた明快な解説になっている。

【構成】J＝B・ポンタリスの序文「シナリオ・フロイト、シナリオ・サルトル」(pp. 7-23)、『フロイト』第一稿(一九五九年)(pp. 25-404)、『フロイト』第二稿抄(一九五九―六〇年)(pp. 405-527)、補遺――Aシノプシス(一九五八年)(pp. 531-570)、B第一稿、第二稿対照表(pp. 570-580)。

5 *Critique de la raison dialectique*, Tome II (inachevé), *L'intelligibilité de l'histoire*, Gallimard, 1985, 469p.『弁証法的理性批判』第二巻、未訳。

【梗概】編者はアルレット・エルカイム＝サルトル。第三部「歴史の知解性」と題されている。一九五八年に執筆され、結局は放棄された『弁証法的理性批判』の第二巻。補遺に収められた構想プランによれば、第三部は、(1)革命後のソ連社会、(2)ブルジョワ民主主義の二つの分析からなるとされているが、書き上げられたのは、(1)のみであり、本書の本文もこの部分だけからなっている。その他の断片的なノートは補遺として若干が収録されている。この書の位置づけは微妙であろう。じっさい公刊されたテクストは、第一巻の終わりにサルトルが予告したものと内容的にはぴったりとは合わない。サルトルは、可知性の問題に、共時的全体化と通時的全体化の二つの側面からアプローチするといい、第一巻では主に共時的だったが、第二巻では通時的奥行を探ることによって、歴史と弁証法的理性との深い意味作用を考察すると述べていた。だが、実際には、第三部の記述は、第二部の延長のようにも見える。ボクシングの試合の例や、ソ連におけるスターリン主義の例など興味深い分析はあるが、それまでと違う展開という印象は薄い。

6 *Vérité et existence*, Gallimard, 1989, 142p.『真理と実存』澤田直訳、人文書院、二〇〇〇年。

【梗概】編者はアルレット・エルカイム＝サルトル。巻末に補遺として道徳論の新しいプラン、また索引が付けられている。

『倫理学ノート』の刊行後、さらに新しく発見されたモラル関連のノートの一冊が、『真理と実存』である。編者によれば、執筆の時期は四八年ころであり、『倫理学ノート』に続くものだが、内容的には独立性が高く、「現存する遺稿のなかでも完成したテクストと見なしうる唯一のもの」である。草稿で本文として書かれたものは右（奇数）頁に、欄外の書込みに関しては左（偶数）頁に配する形で、構成されている。

サルトルがこのノートを書きはじめてからすぐに、ハイデガーの『真理の本質について』の仏語訳が出版されたこともあって、ハイデガーの同書への言及が多く見られる。

7　*Ecrits de jeunesse*, Gallimard, 1990, 557p.『初期作品集』未訳。

【梗概】編者はミシェル・コンタとミシェル・リバルカ。現存するサルトルの最初期の創作を集めたもので、具体的には、高校時代から『嘔吐』まで、一九二二年から三三年ころまでの作品、「病的な者の天使（L'Ange du morbide）」、「ふくろうイエス（Jésus la Chouette, professeur de province）」、「種と潜水具（La Semence et le Scaphandre）」、「ある敗北」、「アルメニア人エルの第二の旅行」などを収録している。それらすべてが未刊なわけではなく、「病的な者の天使」と「ふくろうイエス」は『サルトル作品解題（*Les Ecrits de Sartre*）』にもすでに一部が付録として収録されていた。哲学的エッセイは、他日を期するとして、収録されていない。補遺として、サルトルが他の作家たちの文をメモした引用ノートである「ミディ手帖」が収録されている。

8 *La reine Albemarle ou le dernier touriste*, Gallimard, 1991, 201p.『アルブマルル女王もしくは最後の旅行者』未訳。

【梗概】編者はアルレット・エルカイム＝サルトル。中年期の『嘔吐』として、つとにその存在を知られていたイタリアをめぐる独特な紀行文を中心とした草稿群である。一九五一年から五二年に執筆されたとされる。内容としては、ナポリの方へ、カプリ、ローマ、ヴェネツィアといったある程度完成された断章と、ノート、プランとテーマからなる。また編者が『アルブマルル女王』の最後を構成すると考える「ヴェネツィア、我が窓から」（『シチュアシオンIV』所収）も収録されている。

9 *Carnets de la drôle de guerre, septembre 1939–mars 1940*, Gallimard, nouvelle édition augmentée d'un carnet inédit, Gallimard, 1995, 673p.『奇妙な戦争――戦中日記』増補版。増補部分は未訳。

【梗概】編者はアルレット・エルカイム＝サルトル。一九八三年に刊行された『奇妙な戦争――戦中日記』の増補版。一九九一年に、ある蒐集家が三十年にわたって秘匿していた「手帖I」（一九三九年九月―十月）の存在が確認され、その入手にフランス国立図書館が成功した。

この増補版では、補遺として、手帖が欠けている部分の出来事をボーヴォワール宛手紙で追えるようになっているほか、詳細な索引（人名、作品名、雑誌・新聞名別）がついているために、研究のためにはきわめて便利な形になっている。

残りの未発見の手帖の内容を、補遺を参照しつつ整理すると次のようになろう。

「手帖II」（一九三九年十月二十五日―十一月十二日）歴史性についての考察

「手帖IV」（一九三九年十二月七日―十二月十六日）哲学的省察が主

「手帖VI—X」（一九三九年十二月二十三日—一九四〇年一月三十一日）

個々の内容はよくわからないが、「手帖VIII」には自分とフランスとの関係が論じられている。また、一月十六日には、虚無に関する理論が見られる。

「手帖XIII」（一九四〇年三月一日—三月五日）

「手帖XV—?.」（一九四〇年四月十日—?.）

II　サルトルの死後公刊されたボーヴォワールによるサルトル関連の著書

1981 *La cérémonie des adieux*, suivi de *Entretiens avec Jean-Paul Sartre, août-septembre 1974*, Gallimard.『別れの儀式』朝吹三吉／二宮フサ／海老坂武訳、人文書院、一九八三年。

1990 *Journal de guerre, septembre 1939-janvier 1941*, édition présentée, établie et annotée par Sylvie Le Bon de Beauvoir, Gallimard.『ボーヴォワール戦中日記』西陽子訳、人文書院、一九九三年。

1990 *Lettres à Sartre*, édition présentée, établie et annotée par Sylvie Le Bon de Beauvoir, Gallimard, 2 vols.『サルトルへの手紙』未訳。

このなかでも『別れの儀式』には一九七四年に行われた「サルトルとの対話」も収録されており、晩年のサルトルを知るには貴重な資料である。いっぽう、ボーヴォワールの養女シルヴィー・ル・ボンの編集による『戦中日記』は、サルトルの『奇妙な戦争』とは異なり、思索的側面は少ないが、戦時の二人の生活を知るのに役に立つ。書簡集は、サルトルのものと対照させることによって、伝記的事実の裏付けが可能になるという意味で有用である（第一巻が一九三〇年から三九年の手紙を、第二巻が一九四〇年から六三年の手紙を収録している）。

III　すでに生前発表されていたテクストの新版

1981　*Œuvres romanesques*, édition établie par Michel Contat et Michel Rybalka avec la collaboration de Geneviève Idt et de George H. Bauer, Gallimard, Bibl. de la Pléiade. プレイヤード版『小説集』。ミシェル・コンタ、ミシェル・リバルカ編集による校訂版。『嘔吐』、『壁』、『自由への道』のほか、『嘔吐』の削除部分、「デペイズマン」を収録。特に『嘔吐』に関しては異文との照合なども含めた詳細な註が有用である。

1985　*Critique de la raison dialectique*, tome 1, texte établi et annoté par Arlette Elkaïm-Sartre, Gallimard.『弁証法的理性批判』第一巻。アルレット・エルカイム＝サルトルによる校訂版。ジュリエット・シモンとピエール・ヴェルストレーテンの作成による詳細目次、編者による人名索引が付されている。

1988　*L'Idiot de la famille*, nouvelle édition, Gallimard.『家の馬鹿息子』のアルレット・エルカイム＝サルトルによる校訂版。索引が付けられたほか、第三巻には『ボヴァリー夫人』に関する未完の部分のノートが収録されている。

1991　*L'espoir maintenant*, Verdier.『いま希望とは』。サルトルが亡くなる直前に *Nouvel Observateur* 誌に発表されたベニー・レヴィとの対話。海老坂武による邦訳がある。『朝日ジャーナル』一九八〇年四月十八日、二十五日、五月二日。

1993　*Critiques littéraires* (*Situations, I*), Gallimard, coll. Folio/Essais.『文芸批評』、『シチュアシオンI』の文庫本で、内容にはまったく変化はないが、人名と作品名の索引が新たに付けられている。

1998 *La responsabilité de l'écrivain*, Verdier.『作家の責任』。一九四六年ユネスコ創設の際に、ソルボンヌ大学で行われた講演。

＊この他に、現在、プレイヤード版の演劇集（全二巻の予定）の準備が進められている。

IV　自筆・タイプ草稿、その他の形のみで参照可能な未定稿

1　研究書ないしは雑誌などに採録されているもの。

« La conférence de Rome, 1961 », in *Les Temps Modernes*, n°. 560, fév. 1993.『ローマ講演ノート』。サルトルは何度かローマのグラムシ研究所で講演を行っている。一九六四年に行ったものは、生前すでに *Ecrits de Sartre* に付録として収録されていた。これは、一九六一年に行った講演のためのノートに Michel Kail が大幅に手を入れて、読めるようにしたもので、マルクス主義の枠組みのなかで主体性の問題が語られている点で興味深い。

Michel Contat (éd.), *Pourquoi et comment Sartre a écrit « Les Mots »*, PUF, 1996, pp. 417-443.『言葉』の草稿。ミシェル・コンタ編『なぜ、そしてどのようにサルトルは「言葉」を書いたのか』の補遺。うち八頁はファクシミリとなっている。

2　図書館などに所蔵されているもの。

フランスの国立図書館の草稿部門は、さまざまな機会にサルトルの自筆およびタイプ原稿を求め、そのコレクションを増やしている。主なものを以下に記す。

■ Carnet Depuis.「デピュイ手帖」。『嘔吐』の構想ノートを含む、ル・アーヴル時代の手帖。その一

部はプレイヤードに収録されている。

■『嘔吐』の手稿（五一三葉からなる自筆の原稿で数段階の加筆が見られる）。

■ミシェル・ヴィアン旧蔵草稿（『言葉』の草稿、『アルブマルル女王もしくは最後の旅行者』の草稿、サルトルのミシエル・ヴィアン宛書簡、等々）。

■アンドレ・ゴルツ旧蔵草稿（五〇年代に書かれた価値論、『家の馬鹿息子』の冒頭のタイプ草稿、その他）。

■ボーヴォワール旧蔵草稿（『弁証法的理性批判』第一巻の草稿、『家の馬鹿息子』第二、第三巻の草稿、サルトルのボーヴォワール宛書簡、等々）。

その他、種々の競売で購入したもの（『戦中日記』第I手帖、『神と悪魔』草稿、等々）。

以上は、本書を執筆するに際して、使用したコーパスを中心に紹介したものであり、不備もあろう。今後も内外の研究者と協力してより網羅的なリストアップをはかりたいと考えている。

あとがき

　サルトルが死去してから二十二年。その間、多くの遺稿や新資料が公表され、サルトルのコーパスは大きく変わった。一般の人があいかわらず、サルトル＝政治参加《アンガジュマン》の文学といった像《イメージ》を抱いているあいだに、研究者たちは新資料を用いて地道な読解を続け、その成果がいまようやく実を結びはじめている。

　サルトルに関する批評や研究は、これまでおよそ四つの段階で発展してきた。第一はフランシス・ジャンソンに代表される、戦後すぐに生身のサルトルの大きな影響を受けた人たち。サルトル思想の本質をそのモラルに見た『道徳問題とサルトル思想』（一九四七）によって本格的な研究は始まった。第二世代の代表はミシェル・コンタ、ミシェル・リバルカで、この二人が行った文献整理の仕事のおかげで、アカデミズムから異端視されていたサルトルへの学術的な研究の道が開かれた。第三世代は、構造主義の最盛期に人文諸科学の成果を取り入れたジュヌヴィエーヴ・イット、セルジュ・ドゥブロフスキー、ジョゼット・パカリといった人たちだが、文体論、構造分析、精神分析的アプローチなど多岐にわたる成果をもたらした。また、アニー・コーエン＝ソラルの浩瀚な伝記『サルトル』や、アンナ・ボスケッティの『知識人の覇権』など、人間サルトルに光をあてる本も数多く出版された。第四世代は文学ではジャン＝フランソワ・ルエット、哲学ではジュリエット・シモンなど、サルトルと直接の交流をもった経験もなく、研究者としての形成期にサルトルの失墜を目のあたりにした現在四十歳前後の人びとである。心情的にも精神的にも必ずしも盲目的なサルトル主義者ではない彼らは、徹底的なテクスト主義を採っている。私自身も世代的にも研究スタンスとしてもこの世代に属す。

私がサルトルの本を本格的に読みはじめてから二十年になる。これまで論文集や翻訳書などは発表してきたが、単著としてはこれが最初の本だ。遅々とした歩みに我ながら呆れるばかりだが、それでも一冊の本にまとめえたことにある種の感慨をおぼえずにはいられない。

本書では、呼びかけ、冒険、贈与などを鍵として、サルトルの読解に取り組んでみた。途中、哲学の細かい話に入るところもあるが、狭い意味での研究者以外の人にも分かってもらえるように心がけたつもりである。専門的にすぎる部分は飛ばして読んでいただいてもかまわない。本書は論文集ではなく、書下しとして構想されたものだが、これまでに各所で発表した論考を出発点としている。それらの論文がそっくりそのまま用いられた例は稀であり、多くの場合は全面的な改稿を施されているとはいえ、論旨のうえからは既発表の論文と重なる部分が多い。参考文献の末尾に拙論のリストを付け加えたのは、より専門的な興味をもつ向きには、そちらを参照していただきたいためである。また、本書に続いて執筆され、ほぼ同時に出版される一般向けの概説書『新・サルトル講義——未完の思想、実存から倫理へ』（平凡社新書）とも共通する部分があることをお断りしておく。

＊

拙い仕事とはいえ、この本の成立までには多くの人のお世話になっている。恩師の先生方、諸先輩、日ごろ迷惑をかけることの多い同僚諸兄など、お礼を述べはじめればきりがなく、ここではお名前を挙げるのは控えさせていただく。

ただ、鈴木道彦先生にはこの機会を借りてあらためて感謝の気もちを伝えたい。直接の教えを受けたわけではないが、サルトル研究を通じて知り合って以来、先生からいただいたご指導と公私にわたるご支援がなければ、怠惰な私がこのような本をまとめることはできなかっただろう。

文学や哲学などを通して得た友人たちや編集者の方々、なかでも、よき協力者でありライバルである日本とフランスのサルトル研究の仲間たちからは、貴重な助言をいただいた。謝意を表するとともに、いつものように厳しい批判を待っていることも記しておきたい。

この本を企画してくださった人文書院の谷誠二さんに、「ぜひサルトル論を近いうちに完成させてください」と熱のこもった声で言われたのは、いまからもう五年以上も前のことだ。延び延びになってしまったが、なんとか約束が果たせてほっとしている。また、実際の担当で、細部にわたって助言を惜しまなかった松井純さんには色々と助けていただいた。お二人に、この場を借りてお礼を申し上げます。

最後に、家族のみんなにも感謝したい。つきあいが悪く、なにかと身勝手な私を見放すことなく、見守ってくれている彼らのおかげで、なんとかここまでやってこれたのだから。多謝。

二〇〇二年春分、パリ

澤田　直

参考文献

以下に掲げる文献は，本書で直接に言及引用された著作論文のほかに，ここで取り扱う問題を考察するにあたり特に益することの多かった文献である．ただし，頻出し略号で引用される文献は除いてある．

I　サルトルに関するもの

1　欧語文献

AAVV, *Sur les écrits posthumes de Sartre, Annales de l'Institut de Philosophie et de Sciences morales*, Ed. de l'Université de Bruxelles, 1987.

Adloff, Jean-Gabriel, *Index du corpus philosophique*, Klincksiek, 1981.

Anderson, Thomas C., The *Foundation and Structure of Sartrean Ethics*, Regents Press of Kansas, 1980.

Boschetti, Anna, *Sartre* et « *Les Temps modernes* », Minuit, 1985.

アンナ・ボスケッティ『知識人の覇権，20世紀フランス文化界とサルトル』石崎晴己訳，新評論，1987.

Boulé, Jean-Pierre, *Sartre médiatique*, Minard, 1992.

Burgelin, Claude (éd.), *Lectures de Sartre*, Presses Universitaires de Lyon, 1986.

Campbell, Robert, *Jean-Paul Sartre ou une littérature philosophique*, Pierre Ardent, 1945.

Cohen-Solal, Annie, *Sartre 1905-1980*, Gallimard, 1985.

Colombel, Jeannette, *Sartre ou le parti de vivre*, Grasset, 1981.

Contat, Michel (éd.), *Pourquoi et comment Sartre a écrit « Les Mots »*, PUF, 1996.

Coorebyter, Vincent de, *Sartre face à la phénoménologie*, Ed. Ousia, 2000.

Denis, Benoît, *Littérature et engagement, de Pascal à Sartre*, Seuil, 2000.

Deguy, Jacques, *La Nausée de Jean-Paul Sartre*, Gallimard, Foliothèque, 1993.

Derrida, Jacques, « " Il courait mort " : Salut, salut. Notes pour un courrier aux *Temps Modernes* », in *Les Temps Modernes*, n° 587, pp. 7-54.

ジャック・デリダ「『彼は走っていた，死んでもなお』やあ，やあ」梅木達郎訳，クロード・ランズマン編『レ・タン・モデルヌ50周年記念号』緑風出版，1998, pp. 12-76.

Doubrovsky, Serge, *Autobiographiques de Corneille à Sartre*, PUF, 1988.

Frondizi, Risieri, " Sartre's early ethics : A critique ", in P. A. Schilpp(éd), *The Philosophy of Jean-Paul Sartre*, Open Court Publishing Company, 1981, coll. The Library of Living Philosophy.

Howells, Christina, *Sartre, The Necessity of Freedom*, Cambridge University Press, 1988.
Idt, Geneviève, *La Nausée : analyse critique*, Hatier, 1971.
——*Les Mots*, Belin, 2001.
Ireland, John, *Sartre un art déloyal*, Jean-Michel Place, 1994.
Jeanson, Francis, *Le Problème moral et la pensée de Sartre*, Seuil, 1947, rééd. 1965.
——*Sartre par lui-même*, Seuil, coll. Ecrivains de toujours, 1955, nouvelle éd. 2000.
——*Sartre dans sa vie*, Seuil, 1974.
フランシス・ジャンソン『伝記サルトル』権寧訳，筑摩書房，1976.
Kail, Michel, « Sartre, lecteur de Descartes », in *Les Temps Modernes*, n° 531-533, pp. 474-503.
——« La Critique sartrienne du cogito », in *Magazine littéraire*, n° 342, pp. 79-81.
Louette, Jean-François, *Silence de Sartre*, Presses Universitaires du Mirail, 1995.
——*Sartre contra Nietzsche*, Presses Universitaires de Grenoble, 1996.
Noudelmann, François, *Sartre, L'incarnation imaginaire*, L'Harmattan, 1996.
Philippe, Gilles, *Le Discours en soi*, Honoré Champion, 1997.
Renaut, Alain, Sartre, *le dernier philosophe*, Grasset, 1993.
アラン・ルノー『サルトル，最後の哲学者』水野浩二訳，法政大学出版局，1995.
Sartre, Un film réalisé par Alexandre Astruc et Michel Contat, Gallimard, 1977.
Sicard, Michel, *Essais sur Sartre, Entretiens avec Sartre (1975-1979)*, Galilée, 1989.
Simont, Juliette, *Jean-Paul Sartre, Un demi-siècle de liberté*, De Boeck & Larcier, 1998.
Verstraeten, Pierre, *Violence et éthique, Esquisse d'une critique de la morale dialectique à partir du théâtre politique de Sartre*, Gallimard, 1972.
——(ed.) *Autour de Jean-Paul Sartre : littérature et philosophie*, Gallimard, coll. Idées, 1981.

2　新聞・雑誌の特集（欧語）

L'Arc [Aix-en-Provence], n° 30, 1966 : « Jean-Paul Sartre ».
Cahiers de Sémiotique Textuelle, n° 2, « Etudes sartriennes I », Université de Paris X, 1984.
Cahiers de Sémiotique Textuelle, n° 5-6, « Etudes sartriennes II-III », Université de Paris X, 1986.
Cahiers de Sémiotique Textuelle, n° 18, « Etudes sartriennes IV », Université de Paris X, 1990.
Ritm, n° 5, « Sartre, Itinéraires, Confrontations », Université de Paris X, 1993.

Ritm, n° 11, « Sartre en sa maturité », Université de Paris X, 1995.
Ritm, n° 18, « Sartre : trois lectures », Université de Paris X, 1998.
Ritm, n° 24, « Sartre une écriture en acte », Université de Paris X, 2001.
Les Temps modernes, n° 531-533, octobre-décembre 1990, « Témoins de Sartre ».
Libération, 17 avril 1980 ; l' édition spéciale : Sartre ; 23／24 juin 1990.
Magazine littéraire, n° 55-56, septembre 1971, « Spécial Sartre ».
Magazine littéraire, n° 103-104, septembre 1975, « Sartre dans son histoire ».
Magazine littéraire, n° 176, septembre 1981.
Magazine littéraire, n° 282, novembre 1990, « Sartre dans tous ses écrits ».
Magazine littéraire, n° 384, février 2000 « Pour Sartre ».
Obliques, n° 18-19, 1979 : « Sartre », dirigé par Michel Sicard.
Obliques, n° 24-25, 1981 : « Sartre et les arts », dirigé par Michel Sicard.

3　邦語文献（単行本）

石崎晴己編『いま，サルトル』思潮社，1991.
石崎晴己／澤田直編『サルトルの遺産』日本サルトル学会・青山学院大学，2001.
市倉宏祐『ハイデガーとサルトルと詩人たち』日本放送出版協会，1997.
清眞人『〈受難した子供〉の眼差しとサルトル』御茶の水書房，1996.
澤田直『新・サルトル講義』平凡社新書，2002.
鈴木道彦『サルトルの文学』紀伊國屋新書，1994.
滝沢克己『デカルトとサルトル』創言社，1980.
竹内芳郎／鈴木道彦編『サルトルの全体像』ぺりかん社，1966.
竹内芳郎『サルトル哲学序説』筑摩叢書，1972.
――『サルトルとマルクス主義』紀伊國屋新書，1965.
西永良成『サルトルの晩年』中公新書，1988.
箱石匡行『サルトルの現象学的哲学』以文社，1980.
長谷川宏『同時代人サルトル』河出書房新社，1994.
平井啓之『ランボオからサルトルへ』講談社学術文庫，1989.
三宅芳夫『知識人と社会』岩波書店，2000.
渡辺幸博『サルトルとポスト構造主義』関西大学出版部，1992.

4　雑誌の特集（邦語）

『現代思想』1980年７月号，特集「サルトル――ある時代の終焉」.
『現代思想』1987年７月号，特集「サルトル以降のサルトル」.
『理想』665号，特集「サルトル・今」2000.

5　論　文

阿部文彦「不在なる『モラル論』――サルトルのモラル論草稿をめぐって」『現代

思想』1983年 9 月号.
伊吹克己「アンガージュマンと美的なものの行方——サルトルとアドルノ」『理想』665号，特集「サルトル・今」2000.
生方淳子「二〇〇〇年，世界はサルトルから遠く離れて——ゲノムとデジタルの時代の対自存在」『理想』665号，特集「サルトル・今」2000.
北見秀司「サルトルにおける二つの『他者』——『道徳論手帖 Cahiers pour une morale』の問いかけるもの」『現代思想』1987年 7 月号，特集「サルトル以降のサルトル」.
北村晋「非 - 表象的コギトの系譜——デカルト，サルトル，アンリ」掛下栄一郎／富永厚編『フランスの智慧と芸術』行人社，1994.
黒川学「旅行者サルトル——イタリア旅行をめぐって」『帝京大学外国語外国文学論』第 1 号，1994.
——« Le Tourisme dans “ Dépaysement ” de J.-P. Sartre, ou “ pourquoi est-ce que je voyage ? ” », *The Journal of Ryutsu Keizai University*, vol. 33 n° 1, 1998.
清真人「実存と暴力——サルトル『道徳論ノート』の研究」『倫理学年報』日本倫理学会，1992.
鈴木正道「書かれえぬもの——ロカンタンの幻の小説を求めて」『ふらんぼー』27号，2001.
鈴木道彦「アンガージュマンの文学」岩波講座「文学 8」「表現の方法 5　新しい世界の文学」岩波書店，1987.
——「倫理学ノート」（解説）『中央公論』1979年 9 月号.
竹内芳郎「アンガジュマン文学の言語論的再検討」（上）（中）（下）『思想』岩波書店，569号，1972．570号，1972．571号，1972.
谷口佳津宏「サルトルにおけるアンガジュマンの誕生」『アカデミア』人文社会学編，第68号，1998.
——「『道徳論ノート』における創造の問題」『理想』665号，特集「サルトル・今」2000.
平井啓之「マラルメの責任敢取——詩と自殺の観念について」（1）（2）『ユリイカ』1979年11月，12月号.
水野浩二「サルトルにおける本来性のモラル」『実存思想論集』VI，実存思想協会，1991.
——「サルトルの真理論——遺稿『真理と実存』をめぐって」『哲学』第29号，北海道哲学会，1993.
——「サルトルの『相互承認』論——遺稿『倫理学ノート』をめぐって」『静修女子大学紀要』第 2 号，1993.
——「二つの『ローマ講演』——一九六〇年代のサルトルの遺稿をめぐって」『札幌国際大学紀要』（人文・社会学部）第 5 号，1998.
三宅芳夫「来るべき幽霊，或いはデリダとサルトル」『現代思想』1999年 3 月号，特集「デリダ」.
家根谷泰史「J・P・サルトルにおける倫理の一断面——générosité をめぐって」『札幌大学教養部紀要』第30号，1987.

II その他

1 欧語文献（その邦訳書）

Althusser, Louis, *L'avenir dure longtemps*, Stock/IMEC, 1992, rééd. 1994.
Anderson, Benedict, *Imagined Communities*, Verso Editions, 1983.
ベネディクト・アンダーソン『想像の共同体』白石隆／白石さや訳，リブロポート，1987.
Appel, Karl-Otto, "The problem of Philosophical Fundamental Grounding in Light of a Transcendental Pragmatics of Language", in *Man and World*, Vol. 8 Nr. 3, 1975.
カール＝オットー・アーペル「知識の根本的基礎づけ――超越論的遂行論と批判的合理主義」，ガーダマー他著『哲学の変貌』竹市明弘編訳，岩波現代選書，1984.
Arendt, Hanna, *Between past and future*, Penguin Books, 1968.
ハンナ・アーレント『過去と未来の間』引田隆也／齋藤純一訳，みすず書房，1994.
Aristote, *Ethique à Nicomaque*, trad. en francais, Vrin, 1994.
アリストテレス「ニコマコス倫理学」加藤信朗訳，『アリストテレス全集』13巻，岩波書店，1968.
――*Rhétorique*, texte établi et traduit par M. Dufeur, Ed. Belles Lettres, 1960.
「弁論術」山本光雄訳，『アリストテレス全集』16巻，岩波書店，1968.
Barthes, Rolland, *Le degré zéro de l'écriture*, in *Œuvres complètes*, t. I, Seuil, 1993.
ロラン・バルト『零度のエクリチュール』渡辺淳／沢村昴一訳，みすず書房，1971.
――*Le plaisir du texte*, in *Œuvres complètes*, t. II, Seuil, 1994.
『テクストの快楽』沢崎浩平訳，みすず書房，1977.
Bataille, Georges, *La littérature et le mal*, in *Œuvres complètes,* t. IX, Gallimard, 1976.
ジョルジュ・バタイユ『文学と悪』山本功訳，ちくま学芸文庫，1998.
Baudelaire, Charles, « La Fanfarlo », in *Œuvres complètes*, t. I, Gallimard, Bibl. de la Pléiade, 1975.
『ボードレール全集』V巻，阿部良雄訳，筑摩書房，1989.
Beauvoir, Simone de, *Pour une morale de l'ambiguïté*, suivi de *Pyrhus et Cinéas*, Gallimard, 1947, 1944, coll. Idées, 1972.
ヴァルター・ベンヤミン「セントラル・パーク」久保哲司訳，『ベンヤミン・コレクション1』ちくま学芸文庫，1995.
Berger, Gaston, *Le Cogito dans la philosophie de Husserl*, Ed. Aubier Montaigne, 1941.
ガストン・ベルジェ『フッサールのコギト』北村浩一郎訳，せりか書房，1977.
Blanchot, Maurice, *La communauté inavouable*, Minuit, 1983.

モーリス・ブランショ『明かしえぬ共同体』西谷修訳，ちくま学芸文庫，1997.
Calvino, Italo, *Se una notte d'inverno un viaggiatore*, Einaudi, 1979, reed. Mondadori, 2002.
イタロ・カルヴィーノ『冬の夜ひとりの旅人が』脇功訳，ちくま文庫，1995.
——*Perche leggere i classici*, Mondadori, 1991.
『なぜ古典を読むのか』須賀敦子訳，みすず書房，1997.
Clément, Bruno, *Le lecteur et son modèle*, PUF, 1999.
Compagnon, Antoine, *La seconde main*, Seuil, 1979.
——*Le Démon de la théorie, littérature et sens commun*, Seuil, 1998.
M・クランストン『自由——哲学的考察』小松茂夫訳，岩波新書，1976.
Darnton, Robert, *The great cat massacre and other episodes in French cultural history*, Penguin, 1985.
ロバート・ダーントン『猫の大虐殺』海保真夫／鷲見洋一訳，岩波書店，1986.
Defoe, Daniel, *The life and adventures of Robinson Crusoe*, Penguin, 1985.
ダニエル・デフォー『ロビンソン漂流記』吉田健一訳，新潮社，1998.
Deleuze, Gilles ; Guattari, Félix, *L'Anti-Œdipe*, Minuit, 1972.
ジル・ドゥルーズ＝フェリックス・ガタリ『アンチ＝オイディプス』市倉宏祐訳，河出書房新社，1986.
——« Je me souviens », propos recueillis par Didier Eribon, in *Le Nouvel Observateur*, n° 1619, 12-22 nov. 1995.
「思い出すこと」鈴木秀亘訳，『批評空間』II-9，1996.
Derrida, Jacques, *L'écriture et la différence*, Seuil, 1967.
ジャック・デリダ『エクリチュールと差異』若桑毅他訳，法政大学出版局，1977［上］，1988［下］.
——*Marges de la philosophie*, Minuit, 1972.
——*Donner le temps*, Galilée, 1991.
Descartes, *Œuvres et lettres*, Gallimard, Bibl. de la Pléiade, 1953.
デカルト『デカルト』野田又男編，中央公論社，世界の名著22，1967.
Eco, Umberto, *Six walks in the fictional woods*, Harward University Press, 1994.
ウンベルト・エーコ『エーコの文学講義——小説の森散策』和田忠彦訳，岩波書店，1996.
——*Lector in fabula : la cooperazione interpretativa nei testi narrativi*, Bompiani, 1979.
『物語における読者』篠原資明訳，青土社，1993.
Flaubert, *Correspondance* t. II, Gallimard, Bibl. de la Pléiade, 1980.
Foucault, Michel, *Dits et écrits 1954-1988*, t. II, Gallimard, 1994.
ミシェル・フーコー『歴史学／系譜学／考古学』『ミシェル・フーコー思考集成』第3巻，渡辺守章他訳，筑摩書房，1999.
Frank, Manfred, *L'Ultime raison du sujet*, trad. en fr., Actes Sud, 1988.
Godelier, Maurice, *L'énigme du don*, Athème Fayard, 1996.
モーリス・ゴドリエ『贈与の謎』山内昶訳，法政大学出版局，2000.

Green, Martin, *The Robinson Crusoe story*, Pennsylvania State University Press, 1990.
マーチン・グリーン『ロビンソン・クルーソー物語』岩尾龍太郎訳，みすず書房，1993.
Grimaldi, Nicolas, *Six études sur la volonté et la liberté chez Descartes*, Vrin, 1988.
Guédon, Jean-Claude, *La planète cyber : Internet et cyberspace*, Gallimard, 1996.
Habermas, Jürgen, *Strukturwandel der Offentlichkeit*, Suhrkamp, 1990.
ユルゲン・ハーバーマス『公共性の構造転換』細谷貞雄／山田正行訳，未來社，第2版，1994.
Heidegger, Martin, *Question I*, Gallimard, 1968.
——*Questions III*, Gallimard, 1966.
——*Questions IV*, Gallimard, 1976.
Henry, Michel, *L'essence de la manifestation*, PUF, 1963.
Hollier, Denis (éd), *Le Collège de sociologie : 1937-1939*, Gallimard, 1979, coll. Idées.
ドゥニ・オリエ編『聖社会学』兼子正勝／中沢信一／西谷修訳，工作舎，1987.
Holub, Robert C., *Reception theory : a critical introduction*, Routledge, 1989.
R＝C・ホルブ『「空白」を読む——受容理論の現在』鈴木聡訳，勁草書房，1986.
Jauss, Hans Robert, *Pour une esthétique de la réception*, Gallimard, coll. Tel, 1978.
ハンス・ローベルト・ヤウス『美的経験と文学解釈学』轡田収訳，岩波書店，1976.
イーザー『行為としての読書——美的作用の理論』轡田収訳，岩波書店，1982.
——「作品の呼びかけ構造」轡田収訳，『思想』1972年9月号.
Jankélévitch, Vladimir, *Traité des vertus*, Bordas, 1949.
Lafond, Jean, « Le Centon et son usage dans la littérature morale et politique », in *L'Automne de la Renaissance*, Vrin, 1981.
Lejeune, Philippe, *L'autobiographie en France*, Armand Colin, 1971.
フィリップ・ルジュンヌ『フランスの自伝』小倉孝誠訳，法政大学出版局，1994.
——*Le Pacte autobiographique*, Seuil, 1975.
『自伝契約』花輪光監訳，水声社，1993.
Lévinas, Emmanuel, *Difficile liberté*, Albin Michel, 1963, 3e éd. Livre de poche, 1976.
エマニュエル・レヴィナス『困難な自由』内田樹訳，国文社，1985.
——*En découvrant l'existence avec Husserl et Heidegger*, Vrin, 1974.
——*Théorie de l'intuition dans la phénoménologie de Husserl*, Vrin, 1970.
『フッサール現象学の直観理論』佐藤真理人／桑野耕三訳，法政大学出版局，1991.
——*Les imprévus de l'histoire*, Fata morgana, 1994.
『歴史の不測』合田正人／谷口博史訳，法政大学出版局，1997.
Lévi-Strauss, Claude, *Les structures élementaires de la parenté*, PUF, 1949.

クロード・レヴィ＝ストロース『親族の基本構造』福井和美訳，青弓社，2000.
——« Introduction à l'œuvre de Marcel Mauss », in Marcel Mauss, *Sociologie et anthropologie*, PUF, 1950, 4e éd. 1991.
『マルセル・モースの世界』アルク誌編，足立和浩他訳，みすず書房，1974.
Marcel, Gabriel, *Journal métaphysique*, Gallimard, 1927.
ガブリエル・マルセル『形而上学日記』三嶋唯義訳，春秋社，1977.
Marion, Jean-Luc, « Le cogito s'affecte-t-il ? », in *Question cartésienne*, PUF, 1991.
ジャン＝リュック・マリオン『還元と贈与』芦田宏直他訳，行路社，1994.
Mauss, Marcel, *Sociologie et anthropologie*, PUF, 1950, 4e éd. 1991.
マルセル・モース『社会学と人類学』Ⅰ，有地亨他訳，弘文堂，1973.
Malka, Salomon, *Lire Lévinas*, Editions du Cerf, 1989.
サロモン・マルカ『レヴィナスを読む』内田樹訳，国文社，1996.
McLuhan, Marshall, *Pour comprendre les média*, trad. fr., Mame／Seuil, 1968.
マーシャル・マクルーハン『グーテンベルクの銀河系——活字人間の形成』森常治訳，みすず書房，1986.
Merleau-Ponty, Maurice, *Sens et non-sens*, Nagel, 1948.
モーリス・メルロー＝ポンティ『意味と無意味』滝浦静雄訳，みすず書房，1982.
Mounier, Emmanuel, *Ecrit sur le personnalisme*, Seuil, coll. Points／Essai, 2000.
Nancy, Jean-Luc, *La communauté désœuvrée*, Ed. Christian Bourgois, 1986, 2e éd. augumentée, 1990.
ジャン＝リュック・ナンシー『無為の共同体』西谷修他訳，以文社，2001.
——*L'Expérience de la liberté*, Galilée, 1988.
『自由の経験』澤田直訳，未來社，2000.
Nerval, Gérard de, *Voyage en Orient*, in *Œuvres complètes*, t. II, Gallimard, Bibl. de la Pléiade, 1984.
ジェラール・ド・ネルヴァル『東方紀行』『ネルヴァル全集』第３巻，野崎歓／橋本綱訳，筑摩書房，1998.
Proust, Marcel, *A la recherche du temps perdu*, t. IV, Gallimard, Bibl. de la Pléiade, 1989.
マルセル・プルースト『失われた時を求めて』11，12，鈴木道彦訳，集英社，2000.
——« Journées de lecture », *Contre Sainte-Beuve*, Gallimard, Bibl. de la Pléiade, 1971.
『プルースト文芸評論』鈴木道彦編訳，筑摩書房，1977.
——*Correspondance de Marcel Proust*, établie par Philip Kolb, t. XI, Plon, 1984.
Ricœur, Paul, *Temps et récit*, 3 tomes, Seuil, 1983, 1984, 1985, coll. Points／Essai.
ポール・リクール『時間と物語』久米博訳，新曜社，全３巻，1987．1988．1990.
Rousseau, Jean-Jacques, *Julie ou la Nouvelle Héloise*, in *Œuvres complètes*, t. II, Gallimard, Bibl. de la Pléiade, 1964.
Rogozinski, Jacob, «Le don du monde», in Michel Deguy et al., *Du sublime*,

Belin, 1988.
ジャコブ・ロゴザンスキー「世界の贈与」, ミシェル・ドゥギー他『崇高とは何か』梅木達郎訳, 法政大学出版局, 1999.
ミシェル・セール「第三教養人」『ルプレザンタシオン』第2号, 1991, pp. 147-155.
Spengemann, William C., *The Forms of autobiography*, Yale University, 1980.
ウイリアム・C・スペンジマン『自伝のたかち』船倉正憲訳, 法政大学出版局, 1991.
Starobinski, Jean, *Jean-Jacques Rousseau : la transparence et l'obstacle*, suivi de sept essais sur Rousseau, Gallimard, 1971, rééd. coll. Tel, 1991.
ジャン・スタロバンスキー『ルソー透明と障害』山路昭訳, みすず書房, 1993.
——Préface à *Pour une esthétique de la réception* de Hans Robert Jauss, Gallimard, coll. Tel, 1978.
Said, Edward, *Orientalism*, Georges Borchardt, 1978.
エドワード・サイード『オリエンタリズム』上・下, 板垣雄三／杉田英明監修, 平凡社, 1993.
Thibaudet, Albert, *Réflexions sur le roman*, Gallimard, 1938.
アルベール・ティボーデ『小説の美学』生島遼一訳, 白水社, 1953.
Valéry, Paul, « Je disais quelquefois à Stéphane Mallarmé... », in *Œuvres complètes*, t. 1, Gallimard, Bibl. de la Pléiade, 1957.
「私は時をりステファヌ・マラルメに語った」鈴木信太郎訳, 『ヴァレリー全集』7巻, 筑摩書房, 1967.
——« Poésie et pensée abstraite », in *Œuvres complètes*, t. 1, Gallimard, Bibl. de la Pléiade, 1957.
「詩と抽象的思考」佐藤正彰訳, 『ヴァレリー全集』6巻, 筑摩書房, 1967.
Vargas Llosa, Mario, *Contra viento y marea*, Barcelona, Seix Barral, 1986, 2 vols.
Waquet, Francoise, « Qu'est-ce que la république des lettres ? : essai de sémantique historique », in *Bibliothèque de l'Ecole des Chartes*, I. 147, 1989.
Yovel, Yirmiyahu, *Spinoza and other heretics*, Princeton University Press, 1989.
イルミヤフ・ヨベル『スピノザ, 異端の系譜』小岸昭他訳, 人文書院, 1998.
Wimsatt, W. K. & Beadsley, Monroe C., " The Intentional Fallacy ", in W. K. Wimsatt, *The verbal Icon : Studies in the Meaning of Poetry*, University of Kentucky Press, 1954.

2 邦語文献

伊藤幹治『贈与交換の人類学』筑摩書房, 1995.
岩尾龍太郎『ロビンソンの砦』青土社, 1994.
——『ロビンソン変形譚小史』みすず書房, 2000.
岩田靖夫『倫理の復権——ロールズ・ソクラテス・レヴィナス』岩波書店, 1994.

鵜飼哲『抵抗への招待』みすず書房，1997.
内田隆三『探偵小説の社会学』岩波書店，2001.
梅木達郎『放浪文学論——ジャン・ジュネの余白に』東北大学出版会，1997.
岡田紀子『ハイデガーの真理論』法政大学出版局，1999.
木田元『ハイデガー』岩波書店，1983.
——『ハイデガーの思想』岩波新書，1993.
工藤庸子『恋愛のレトリック——『ボヴァリー夫人』を読む』東京大学出版会，1998.
——「エキゾチズムをめぐる試論」，ピエール・ロティ『アジヤデ』工藤庸子訳，新書館，2000.
熊野純彦『レヴィナス——移ろいゆくものへの視線』岩波書店，1999.
合田正人『レヴィナスを読む』日本放送出版協会，1999.
——『レヴィナス——存在の革命へ向けて』ちくま学芸文庫，2000.
——「境界のラプソディー——ジャンケレヴィッチ試論」『みすず』1995-2001（全29回）.
小林道夫『デカルト哲学の体系』勁草書房，1955.
齋藤純一『公共性』岩波書店，2000.
斉藤慶典『思考の臨界』勁草書房，2000.
——『力と他者』勁草書房，2000.
坂部恵『かたり』弘文堂，1990.
佐々木健一『作品の哲学』東京大学出版会，1985.
鈴木雅雄／真島一郎編『文化解体の想像力——シュルレアリスムと人類学的思考の近代』人文書院，2000.
鈴木道彦『プルースト論考』筑摩書房，1985.
——『最終講義——自伝的文学』私家版，2000.
嶋田義仁『異次元交換の政治人類学——人類学的思考とはなにか』勁草書房，1993.
末次弘『表現としての身体——メルロ＝ポンティ哲学研究』春秋社，1999.
高田環樹『ハイデガー』講談社，1996.
高橋允昭『デリダの思想圏』世界書院，1989.
中川久定『自伝の文学』岩波新書，1979.
西谷修『不死のワンダーランド』講談社学術文庫，1996.
——『離脱と移動』せりか書房，1997.
西村晧／牧野英二／舟山俊明編『ディルタイと現代』法政大学出版局，2001.
野家啓一『物語の哲学』岩波書店，1996.
星野徹「もう一つの危機」『危機を読む』白水社，1994.
正木恒夫『植民地幻想——イギリス文学と非ヨーロッパ』みすず書房，1995.
水林章『幸福への意志』みすず書房，1994.
——「公衆の誕生——公共的世界のアルケオロジーのために」『総合文化研究』第4号.
山田弘明『デカルト「省察」の研究』創文社，1994.
湯浅博雄『バタイユ』講談社，1997.

——『他者と共同体』未來社，1992.
湯川佳一郎「『高邁』について」『哲学年誌』（法政大学大学院）29号.
吉田城『「失われた時を求めて」草稿研究』平凡社，1993.
渡辺諒『バルト以前／バルト以後』水声社，1997.

III　既発表論文リスト

本書は，これまでに発表した論考を出発点としており，論旨のうえからは重なる部分も少なくないので，以下にサルトル関係の拙論のリストを記しておく．興味のある方に読んでもらえれば幸いである．

1987 「サルトルにおける自由概念の発展」『法政大学大学院紀要』18号.
1991 「エクリチュールとモラル」，石崎晴己編『いま，サルトル』思潮社.
1993 « Ecriture et morale : Question éthique chez Sartre » Thèse de doctorat, nouveau régime, Université de Paris I, U. F. R. de Philosophie.
1995 « Communication et silence chez Sartre : une lecture de *La Nausée* », *Etudes de langue et littérature françaises*, n°66.
1995 「〈共同作業〉という夢——ゴダールとサルトル」『現代思想』総特集「ゴダールの神話」.
1996 「沈黙の共同体——サルトルにおけるコミュニケーションの問題」『流通経済大学論集』30号第4巻.
1996 「〈自由〉と〈語る主体〉——サルトルのデカルト読解」『思想』869号.
1996 「自伝的なものの哲学——デカルトを読むサルトル」『フランス哲学・思想研究』第1号.
1998 「〈呼びかけ〉としての文学」『思想』888号.
1999 「『存在と無』を初めて読む人のために」，ジャン＝ポール・サルトル『存在と無』別冊解説，人文書院.
1999 「ジャン＝ポール・サルトル，個人主義的反抗からアンガージュマンへ」『第三帝国の野望1930—1939』毎日新聞社（〈20世紀の記憶〉).
2000 「générosité（高邁／寛大／贈与）について——サルトルを中心に」『法政哲学会会報』18号.
2000 「植民地への密かな視線——『嘔吐』を再読する」『理想』665号.
2000 「贈与としての真理」，ジャン＝ポール・サルトル『真理と実存』解説，人文書院.
2000 「負けるが勝ち」『週刊　世界の文学』75号，朝日新聞社.
2000-2001 「新しい世紀の中のサルトル」1—11，『ふらんす』75巻5号—12号，76巻1号—3号.
2001 「間主体性の場所としての批評」，ジャン＝ポール・サルトル『哲学・言語論集』解説，人文書院.
2001 「サルトルのシュルレアリスム批判——戦争とエキゾチスム」『現代詩手帖』44巻4号.

2001 「贈与性をめぐって――サルトルにおける倫理の可能性」『フランス哲学・思想研究』第 6 号.
2001 « Sartre ou la conversion perpétuelle », 石崎晴己／澤田直編『サルトルの遺産』日本サルトル学会.
2001 « La littérature comme appel »『白百合女子大学研究紀要』37号.

著者略歴

澤田　直（さわだ・なお）

1959年生．パリ第Ｉ大学哲学科博士課程修了（哲学博士）．専攻は哲学，フランス語圏文学，地中海思想．現在，白百合女子大学教授．著書に『新・サルトル講義』（平凡社新書），『多言語主義とは何か』（共著，藤原書店），『デカルト読本』（共著，法政大学出版局），訳書に『カタルーニャ現代詩15人集』，ペソア『不穏の書，断章』（以上編訳，思潮社），サルトル『真理と実存』（人文書院），ナンシー『自由の経験』（未來社），ペン・ジェルーン『気狂いモハ，賢人モハ』（現代企画室）など．

〈呼びかけ〉の経験　サルトルのモラル論

2002年5月20日　初版第1刷印刷
2002年5月30日　初版第1刷発行

著　者　澤田　直

発行者　渡辺睦久

発行所　人文書院

〒612-8447　京都市伏見区竹田西内畑町9
電話075-603-1344　振替01000-8-1103

印刷所　創栄図書印刷株式会社
製本所　坂井製本所

落丁・乱丁本は小社送料負担にてお取替えいたします

ISBN4-409-04057-X　C3010

J-P・サルトル著作

嘔吐
白井浩司訳　存在の不条理に「吐き気」を感じる青年ロカンタンの日常を、内的独白と細かな心理描写で見事に展開させた今世紀十大小説の一つ。
¥2200

実存主義とは何か
伊吹武彦／海老坂武／石崎晴己訳　実存主義への非難に応えたサルトルの講演と討論からなる入門書。初期論文五篇と新たな解説を付した増補版。

¥1900

存在と無（A5判上・下）
松浪信三郎訳　人間存在を鋭く凝視し、混迷する現代の思想的拠点を示す、今世紀哲学の精髄。本書著者・澤田直によるフレッシュな解説を付す。
各¥7600

文学とは何か
加藤周一／白井健三郎／海老坂武訳　書くことはどういうことなのか、なぜ書くのか、誰のために書くのか。サルトルの実践的文学論。海老坂武解説。

¥3200

植民地の問題
鈴木道彦他訳　海老坂武解説　単一文化神話が否定され、文化相対主義が叫ばれる今日、サルトルの発言は今なお重い。植民地問題を集めた論九篇。
¥2900

自我の超越　情動論粗描
竹内芳郎訳・解説　全集版『哲学論文集』に収録の上記二作品の単行本化。現象学的心理学の立場とその限界、現代的意義に踏み込み解説は明快。
¥2200

真理と実存（待望の本邦初訳）
澤田直訳・解説　『倫理学ノート』（未刊）に続く倫理観の深化。小論ながら『存在と無』から『弁証法的理性批判』への思想の軌跡を示す最良の鍵。
¥2400

表示価格（税抜）は2002年４月現在